UDO KÖSTER
LITERARISCHER RADIKALISMUS

WISSENSCHAFTLICHE PAPERBACKS
LITERATURWISSENSCHAFT

herausgegeben von

Willi Erzgräber · Erich Köhler
Reinhold Grimm · Walter Hinck · Klaus von See

10

ATHENÄUM VERLAG

UDO KÖSTER

LITERARISCHER RADIKALISMUS

Zeitbewußtsein und Geschichtsphilosophie
in der Entwicklung
vom Jungen Deutschland zur Hegelschen Linken

ATHENÄUM VERLAG

Gedruckt mit Unterstützung der Ernst-Reuter-Gesellschaft
der Förderer und Freunde der Freien Universität Berlin e. V.

D 188
© 1972 by Athenäum Verlag GmbH · Frankfurt/M.
Einbandentwurf: Gottfried Pott
Herstellung: Fränkischer Tag GmbH & Co. Bamberg
Papier: Gebr. Buhl Papierfabriken KG, Ettlingen/Baden
Printed in Germany
ISBN-3-7610-4614-6

Inhalt

Vorbemerkungen

Das Junge Deutschland hat in der Literaturgeschichte nicht recht einen Platz gefunden. Es kann für eine verhältnismäßig belanglose Episode gelten, deren rein dichterischen Produktionen — durchweg von minderem Rang — auch keine historische Bedeutung in der Geschichte der repräsentativen Literatur zukommt. Werke wie Gutzkows »Kaperbrief« (L 65) oder »Der Prinz von Madagaskar« (ebd.), »Der Basilisk« (L 108) oder »Madelon« (L 117) von Mundt, sowie Kühnes Novellen (L 88) finden ihren Platz in der Trivialliteratur der Zeit, und Horowitz' Einordnung in die Tradition der Gartenlaube (L 208) überzeugt gerade für diesen Zweig des jungdeutschen Schaffens.

Eigene Gestalt gewinnt das Junge Deutschland in Werken, bei denen das Absichtsvolle und Theoretische die romanhaften Züge überwiegt. Der Reiz etwa von Gutzkows »Wally« (L 75), Kühnes »Quarantäne im Irrenhause« (L 90), Mundts »Modernen Lebenswirren« (L 116) und »Madonna« (L 118) und von Laubes »Poeten« (L 94), jener Romane aus der jungdeutschen Epoche also, die in der Regel als beispielhaft genannt werden, liegt nicht in ihrem Kunstcharakter, sondern im polemischen Gehalt, der im Element der ‚fiction‘ sich darstellt. Durch die Auseinandersetzung mit der Zeit, mit der Religion, mit Hegel und mit der ‚Kunstperiode‘ der Vergangenheit hat das Junge Deutschland vorwiegend Interesse erweckt, wenngleich es auch hier, sieht man von der Wirkung der jungdeutschen Ästhetik auf die Konzeption der frühen »Gartenlaube« ab, in der Literatur folgenlos geblieben ist.

Dem Ausnahmecharakter der jungdeutschen Literatur entsprechend fehlt es der Literaturwissenschaft an Kriterien zu ihrer historischen Bestimmung. Eine wertende Einschätzung reproduziert nur den Kanon am Nicht-Kanonischen und erklärt das Inkommensurable zum Mangelhaften: dem Jungen Deutschland fehlt »das Naturgefühl, das doch den Dichter ausmacht« (Draeger, L 188, 137, vgl. Houben, L 211, 414), aber auch das jungdeutsche Denken ist nicht »eigenständig« (Burkhardt, L 184, 217) und »ohne Weisheit und Tiefensicht« (Alker, L 177, 39); Gegenstand seiner Kritik sind nur die Unzulänglichkeiten der äußeren Lebensgestaltung (Thrum, L 252a, 31), aber seine Psychologie ist auch nicht realistisch, sondern voll von »Ungeheuerlichkeiten und Verstößen gegen die Lebenswahrheit« (Draeger, L 188, 136); es stellt eine Welt in Frage, aber seine Brust birgt nicht solche Gegensätze wie die Brentanos oder der Annette von Droste (R. M. Meyer nach Thrum, L 252a, 40). Das Junge Deutschland, zeitlich zwischen Romantik und Realismus, ist zu deren Werten exzentrisch; es steht, anders als die zeitgenössische Literatur des Biedermeier, außerhalb der repräsentativen Literaturtradition, und man könnte sehr wohl das Junge Deutschland »aus der Geschichte der deutschen Literatur . . . streichen, ohne ihren roten Faden zu verletzen« (Mehring nach Dietze, L 187a, 6)[1].

Die fast erblich gewordene Fehleinschätzung des Jungen Deutschland als früher Realismus (Franck, L 193, 91) trifft weder die hervorstechenden Stilmerkmale noch die grundsätzliche Einstellung der jungdeutschen Literatur zur Wirklichkeit. Gerade die durchschaubare »reelle Unwirklichkeit« (Gutzkow, L 122, 35, 694), die Gestaltlosigkeit der Helden und ihre Funktion als Träger von Ideen sind die wichtigsten jungdeutschen Stilmittel.[2] Allenfalls die politischen Charakteristiken könnte man als »Surrogat einer künftigen realistischen Dichtung« (Lublinski, L 228a, 88) bezeichnen. Für die Gesamterscheinung des Jungen Deutschland gilt aber wohl Sengles Bemerkung, daß »der jungdeutsche Liberalismus . . . nur die dialektische Ergänzung der christlichen Restauration, eine neue Mythologie, aber keineswegs Realismus war« (Sengle, L 249a, 151).

Die wichtigsten Arbeiten über das Junge Deutschland werten diese Literaturgruppe deshalb nicht als eine Erscheinung der Dichtungsgeschichte im engen Sinne, sondern nehmen jungdeutsche Äußerungen über Literatur zum organisierenden Prinzip ihrer Untersuchungen. Die jungdeutsche Ästhetik, der wohl am gründlichsten erforschte Teilbereich, ist nach systematischen Gesichtspunkten von Kleinmayr (L 220), nach historischen von Dietze (L 187a) umfassend dargestellt; hinzu kommt eine Fülle von Einzeluntersuchungen.

Wenn nun auch die Vorstellungen des Jungen Deutschland zur Literatur eigentümlich genug sind, um einiges Interesse zu verdienen, so birgt doch die Übergewichtung dieses Momentes Mißlichkeiten. Horowitz hat in einer wenig bekannten Studie (L 208) gezeigt, daß die Literaturtheorie des Jungen Deutschland eine, wenn auch zunächst akademisch formulierte, Ästhetik der politisierten Trivialliteratur ist. So wichtig diese Einsicht für eine literaturwissenschaftliche Einschätzung sein mag, als Aussage über das Junge Deutschland kommt ihr nur geringe Relevanz zu; denn die Litera-

---

1 Dietze widerspricht Mehring zwar, erweist aber selbst den Standort des jungen Deutschland in der Entwicklung der Theorien über Literatur, in deren Perspektive Friedrich Engels in seiner Linkshegelschen Zeit steht; in diese philosophische Tradition ist das Junge Deutschland in der Tat sehr viel entschiedener einzuordnen.

2 Das Verhältnis von Jungem Deutschland und Realismus war vorwiegend polemisch. Proelß, obwohl er im allgemeinen die realistischen Züge des Jungen Deutschland überschätzt, bemerkt zutreffend, daß der literarische Realismus sich gerade im Kampf auch gegen die jungdeutsche »Tendenzliteratur« gebildet habe (L243, 10). (Zur Abgrenzung der jungdeutschen Literatur zum Realismus vgl. Bieber, L 180a, 130, Franck, L 193, 91 f., Kleinmayr, L 220, 76 ff., Iben, L 213, 233 ff.).

turtheorie ist nur ein sehr untergeordnetes Moment innerhalb der jungdeutschen Vorstellungen. In der Perspektive des Jungen Deutschland steht
nicht eine Literatur der Zukunft, sondern eine »neue Schöpfung« (Gutzkow, L 78, I, 115), eine veränderte Welt, in der dann die Literatur ihren
Platz findet. Bis dahin jedoch wird sie betrachtet als eine Variable in politischen Gleichungen. Die jungdeutsche Ästhetik ist nicht innerhalb der repräsentativen Tradition von Theorien über (wie auch immer geartete)
‚Schönheit‘ zu beurteilen, sondern als Element einer politischen Theorie.
Teil einer idealistischen Handlungstheorie, geht sie in der Konsequenz auf
eine Anti-Literatur, auf die Zerstörung des Kunstcharakters durch agitatorische Elemente. Die jungdeutschen Zumutungen an die Literatur finden
ihre Begründung erst in den Geschichtsvorstellungen der Jungdeutschen;
hier auch, und nicht auf dem Gebiet der Literatur, stellt sich sinnvoll das
Junge Deutschland der Kritik.

Um das zunächst diffus wirkende Muster jungdeutscher Einstellungen
zu strukturieren, erweist sich eine enge Beziehung auf die Philosophiegeschichte als hilfreich. Dabei ist diese Beziehung auch für die Philoso-
phiegeschichtsschreibung nicht ohne zurückwirkende Bedeutung. Was sich
einer an großen Gestalten orientierten Geisteswissenschaft als der »revolutionäre Bruch im Denken des neunzehnten Jahrhunderts« (Löwith,
L 226) darstellt, läßt sich unter Einbeziehung minderer Potenzen als eine
Entwicklung zeigen, die an Hegel und an die konservative theologische
Hegelkritik anknüpft, deren Ursachen aber nicht nur in ‚Problemen‘ der
Philosophiegeschichte, sondern in politischen Erfahrungen und Absichten
liegen. Herausgelöst aus der Esoterik geisteswissenschaftlicher Betrach-
tungsweisen soll dieser Abschnitt der Philosophiegeschichte jene Konkret-
heit der Bedingungen und Ziele zurückgewinnen, die dem Selbstverständnis der Hegelschen Linken angemessener ist.

Versucht wird in dieser Arbeit, die — falls ein klassifikatorisches Bedürfnis besteht — vielleicht als ein Beitrag zur Geschichtsschreibung der
politischen Theorien in einem sehr weiten Sinne verstanden werden kann,

1. eine in bestimmter Weise konsequente Anknüpfung an die Hegelsche
   Philosophie darzustellen und zu zeigen, wie sie sich nicht nur aus Denk-
   ansätzen entwickelte,
2. in diesem Zusammenhang die revolutionäre Literaturbewegung des Jungen Deutschland einzuordnen und damit zugleich Voraussetzungen der
   Hegelschen Linken zu entwickeln und
3. vor dem Hintergrund der Zeit die politischen Anstöße und Zielrichtun-
   gen der Denkaktionen beider zu zeigen.

Um diesen Zusammenhang zu entwickeln, ist eine Abstraktionsebene
gesucht, die überhaupt erst einen Vergleich des Jungen Deutschland und

der Hegelschen Linken ermöglichen soll[3]; denn ohne Zweifel haben unter bestimmten Gesichtspunkten beide Gruppen nur wenig gemein miteinander. Die Aspekte des Vergleichs, über dessen Relevanz schließlich diese Arbeit selbst Auskunft gibt, sind

1. die kritischen Vorstellungen der jungdeutschen und der linkshegelschen Bewegung über ihre Zeit,
2. einige gemeinsame Bezugspunkte in der vorangegangenen Tradition, insbesondere die Voraussetzungen in der Hegelschen Philosophie und in der konservativen Hegelkritik und
3. die analoge Entwicklung einer vermeintlich revolutionären Position aus diesen Voraussetzungen.

Die umfassendste Hypothese, die diese Arbeit zu bestätigen versucht, könnte lauten, daß Jungdeutsche und Linkshegelianer jene revolutionäre Wendung der Philosophie in Deutschland einleiteten, die Marx in der 11. These über Feuerbach vollzieht, und daß sie aus bestimmten Gründen, von denen einige gezeigt werden sollen, theoretisch wie praktisch dabei scheiterten. Marx' 11. These über Feuerbach lautet: »Die Philosophen haben die Welt nur verschieden *interpretiert*; es kommt darauf an, sie zu *verändern*.« (L 156, 341).

---

3 Anzumerken ist vielleicht, daß diese Abstraktionsebene nicht in dem Bemühen gewählt ist, eine sehr gegenwärtige Problematik zu vermeiden, obwohl im ganzen versucht wird, dem Spiel der Analogien zu entgehen und einem fragwürdigen Bedürfnis nach Aktualisierung auszuweichen.

Technische Anmerkungen

Zitate werden in normalisierter Orthographie wiedergegeben. Sie sind im fortlaufenden Text in runden Klammern nachgewiesen mit dem Namen des Autors, der durch ein vorangestelltes L kenntlichen Ziffer des Literaturverzeichnisses, der römischen Bandzahl und der Seitenzahl. Bei Zitaten aus zeitgenössischen Zeitschriften folgt auf die Ziffer des Literaturverzeichnisses die um die ersten beiden Stellen verkürzte Jahreszahl (z. B. 39 für 1839).

Abkürzungen werden beim Nachweis von Zitaten aus folgenden Zeitschriften verwendet:

An	Anekdota zur neuesten Philosophie (L 137)
HJ	Hallische Jahrbücher (L 153)
DJ	Deutsche Jahrbücher (L 152)
JWK	Jahrbücher für wissenschaftliche Kritik (L 26)
EKZ	Evangelische Kirchenzeitung (L 29)

Hervorhebungen innerhalb der Zitate sind kenntlich gemacht durch Sperrung, wenn sie vom jeweiligen Autor, durch *Kursivdruck*, wenn sie von mir stammen.

Hinzugefügte Wörter in Zitaten stehen in eckigen, geringfügig (vor allem in Tempus und Stellung) geänderte Wörter in runden Klammern.

Zeitkritik

I. Die Jungdeutsche Kritik der Vergangenheit

1. Die Polarisierung der Übergangszeit

Dem Jungen Deutschland galt die Zeit von 1830 bis etwa 1838, die Periode der eigenen Wirksamkeit gegen die politische Restauration und gegen die quietistische Kultur des Biedermeier, nicht eigentlich für seine Gegenwart. Es lebte nur gleichzeitig mit einer Wirklichkeit, die, wie immer in Deutschland, »ein schlechtes Surrogat höherer Intentionen« (Wienbarg, L 132, 51) war und emphatische Gegenwärtigkeit gar nicht für sich beanspruchen konnte; denn nicht ein wirklich zeitgemäßer Geist, sondern ein abgelebtes Prinzip der Vergangenheit kam in ihr zur Darstellung. Die anachronistische Gegenwart zeigte dem Jungen Deutschland nur »die Larve der alten Zeit« (Wienbarg, L 128, 75), aus der alles Leben endgültig gewichen war, eine erstarrte Vergangenheit, die das wahre Leben, »das Leben, das sich im Innern entfaltet, ... nur noch ... drückt, verschließt und beängstigt« (ebd.). Allein »Umstände, Hindernisse, Vergangenheiten« (Gutzkow, L 126, 42, 134) gab es in ihr; »mit ... Vergangenheiten rechnet man, addiert, subtrahiert« (ebd.), klagte Gutzkow, und für Mundt war die Gegenwart nicht eine »moderne«, sondern eine »modernde« Zeit (L 118, 432): die herrschende Vergangenheit zerfiel in ihr, auch wenn sie sich als drückende Gegenwart real geltend zu machen suchte. Sie blieb historisch, trotz ihrer Existenz, und gerade der Begriff der Historie bezeichnete sie zutreffend als »ein totes Residuum von Kräften, die längst ... zerstoben und verflogen, ... Muschel, kalkene Schale auf den Gebirgen, die nur schwache, unsichre Spuren ehemaliger Beseelung erlugen läßt« (Wienbarg, L 128, 31).

Das jungdeutsche »Protestieren gegen die Historie« (ebd. 24), die als Gegenwart »selber zur Lüge geworden« war (ebd. 26), zielte nicht auf eigentlich Vergangenes, sondern meinte die Gegenwart der Restaurationszeit, deren Legitimität vergangen war. Gleichzeitig aber mit dieser dominierenden Vergangenheit und durch sie verhüllt sah das Junge Deutschland in der Gegenwart auch die Anzeichen für den Beginn einer zukünftigen Wirklichkeit. Zu ihr waren schon »die Empfindungen, die Saatspitzen ... da« (Gutzkow, L 73, 42), und es galt jetzt, »für vorhandene Gefühle neue Institutionen« zu schaffen (ebd.). Real neben der Vergangen-

heit bestand die Zukunft; »noch nie (hatte) die Geschichte in der einen
Waagschale soviel Werdelust ... und in der andern soviel Todesschmerz
gehalten« (Mundt, L 136, 35, 177); wie die alte Zeit zerfiel, so würde
und müßte »sich eine neue Zeit bilden« (Laube, L 94, I, 110), diese Gewißheit blieb unerschüttert, auch wenn sie sahen, daß sie vorerst »freilich
in keiner (lebten)« (ebd.).

In der Realität der Gegenwart selbst trennte so das Junge Deutschland
eine Zukunft, die nur als Tendenz, als »notwendige Perspektive« der
Zeit (Mundt, L 124, 39, 1) erkennbar war: sie allein wäre die wahrhaft
zeitgemäße Gegenwart, hätten die Deutschen sie nicht »zur Zukunft werden lassen« (Börne, L 51, III, 551), und stellte ihr entgegen »die Vergangenheit, die unsere Gegenwart ist« (ebd.). Als eine Epoche mit eigener
Gestalt gab es die Gegenwart für die Jungdeutschen nicht; ein »Mittel-
glied in einer Kette von Gewesenem und Kommendem« (Gutzkow, L 78,
II, 366), war sie ein bloßer »Zwischenraum auf der Brücke der Zeiten«
(Laube, L 94, I, 110), in dem auf verschiedene Weise nur Vergangenheit
und Zukunft wirklich *sind*.

Nicht in der Weise der Tradition, vermittelnd zwischen dem unwirklichen Vor und Nach[1] und selbst als sinnerfüllte Folge, stand die Gegenwart zwischen den Zeiten, sondern sie war nur noch das Medium, in dem
die realen Gegensätze von Vergangenheit und Zukunft sich antagonistisch
begegneten. Als »Übergangszeit«, in der nur »gleichsam der Kampf alter und neuer Zeit« (Immermann, L 286, IV, 265) ausgetragen wurde,
konnte sie nicht Kontinuität, sondern nur Widerspruch darstellen: was in
ihr als Resultat der Vergangenheit erschien, wurde als Historie abgeschrie-
ben, die nichts wahrhaft Gegenwärtiges erzeugte, und die Jungdeutschen
verlangten gegen sie, »daß das neue Geschlecht eine neue Geschichte er-
findet« (Laube, L 135, 33, 318). »Die neueste Literatur läugnet die Geschichte und verlangt tabula rasa« (Laube, L 105, 36, 75); denn was sich
von der Zukunft schon in der Gegenwart zeigt, gilt in allem für einen radikalen Gegensatz der Vergangenheit. Es ist die »Morgenröte einer neuen
Schöpfung« (Gutzkow, L 75, 292), die auf eine säkulare Erneuerung der
gesamten Wirklichkeit hindeutet, zu der sich in der Vergangenheit »nirgends eine passende Analogie« finden läßt (Gutzkow, L 57, 219).

Schien die Vergangenheit nicht mehr entwicklungsfähig, so war ihr die
Zukunft inkommensurabel und mußte einen neuen Anfang bringen; denn
den Glauben an eine vernünftige Fortentwicklung aus dem Alten hatte

---

1 »Le présent est chargé du passé et gros de l'avenir«; Hegel hatte diesen
Leibnizschen Satz aufgenommen: »Nur die Gegenwart ist, das Vor und Nach ist
nicht; aber die konkrete Gegenwart ist das Resultat der Vergangenheit und sie
ist trächtig von der Zukunft. Die wahre Gegenwart ist somit die Ewigkeit« (L 22,
IX, 86). Vgl. hierzu Horowitz (L 208, 6); Cassirer (L 187, 38).

die Politik der Restauration zerstört. Die deutsche Geschichte, von Wienbarg in der fünfzigjährigen Geschichte einer Hamburger Armenanstalt gespiegelt, stellte sich nur als Verfall dar. Indem Wienbarg mit dem »Stück Armengeschichte, das strenge sich in seine Grenzen (abschließt), eine ganze Stadtgeschichte, ja die Weltgeschichte mit« umblättert (L 48, 38, 1127), zeigt er den Rückschritt der letzten Jahre: »Von der denkwürdigen Blütezeit des 18. Jahrhunderts« (ebd.) gelangte Deutschland nach den Napoleonischen Kriegen in die »Abspannung einer wüsten ... Geschichtsnacht« (ebd.). Die Bürger begaben sich — in der Geschichte der Armenpflege wie in der Geschichte überhaupt — »der Verantwortlichkeit ... für Freiheit, Sittigung, Menschenbeglückung« (ebd.) und strebten nur noch, geschützt »durch einen gewissen Soldatismus des Friedens, ... bureaukratisch, industriös, merkantilisch, projektvoll, ideenlos« (ebd.) das Bestehende zu reproduzieren und zu vermehren. Die vernünftigen Ideen der Aufklärung hatten sie darüber vergessen und überließen einer vernunftlosen Praxis die Herrschaft über die Geschichte.

In der Gegenwart war also keine Vernunft mehr zu erblicken, und daraus zog das Junge Deutschland den Schluß, daß die Vernunft in der Geschichte gegen die vernunftlose Wirklichkeit überhaupt nur eine prekäre Existenz behaupte. Gutzkow sah jeden vernünftigen Plan in der Geschichte durchkreuzt durch stets latente »natürliche« Faktoren: die »schadenfrohe Natur, ... die absolute Negation des väterlich fürsorgenden Christengottes, springt unvermutet über jeden Kalkül und zerstört den Schematismus, wo er vorhanden scheint« (L 67, 128); Laube erklärte »den Naturphilosophen zum Trotz« (L 97, II, 189), daß das Bestehende niemals aus sich selbst vernünftig war, und Wienbarg hielt es bald überhaupt für ein vergebliches Bemühen, in der deutschen Geschichte Vernunft zu suchen; denn sie hatte zwar »mehr ideelle Embryonen, als die Geschichte der übrigen Völker zusammengenommen«, aber »unsere Zukunft war immer eine Täuschung, unsere Gegenwart ein schlechtes Surrogat für höhere Intentionen« (L 132, 51). »Dumme Geschichte« bedeutete für Börne einen »Pleonasmus«, und er behauptete, »die Geschichte der Menschheit ist nichts als eine Geschichte der Dummheit« (L 51, III, 590)[2].

2 Weil die Jungdeutschen Vernunft im Bestehenden kaum zu erblicken vermochten, stellte sich für sie auch »die Frage, was für (sie) Wahrheit sei, ... gewissermaßen auf den Kopf« (Kühne, L 90, S. VI): die erklärten Narren waren es, die das Vernünftige aussprachen, und die Vertreter der scheinbar vernünftigen Wirklichkeit mußten eigentlich unter Kuratel gestellt werden. (So geschieht es auch in Kühnes »Quarantäne im Irrenhaus«). Heine bezeichnete sich in der Nachrede zum zweiten Band der Reisebilder als den Hofnarren des deutschen Volkes, der ihm Trost und Rat bringt (L 80, III, 491); Gutzkow schrieb »Briefe eines Narren an eine Närrin« (L 57). — Es war »die Emanzipation der Wahnsinnigen ... das zeitgemäße Werk« (Kühne, L 90, 255).

Obwohl die Jungdeutschen nicht an die notwendige Erscheinung der Vernunft in der vergangenen Geschichte glaubten, folgte ihrer Skepsis doch kein Gefühl der Ohnmacht gegenüber der historischen Wirklichkeit. Zwar gab es, da die herrschende Vergangenheit nicht vernünftig und die vernünftige Zukunft noch nicht wirklich war, nur »provisorische Zustände, in der Literatur, wie in den politischen Konstellationen der Welt; ebenso (gab) es auch provisorische Menschen. Sie (waren) das Produkt einer Krisis« (Kühne, L 90, 317). Aber diese Zeitkrisis machte die Jungdeutschen nicht unsicher und ließ ihnen ihre eigenen Ansichten nicht provisorisch erscheinen, sondern stärkte ihre Zukunftshoffnung. Ihre Reaktion konnte nicht in Unbehagen und »heimlichem Verzagen« (Immermann, L 286, III, 416) bestehen; für bloß »malcontent« — wie Immermann nach dem Urteil Laubes und Gutzkows (L 135, 33, 850; L 77, IX, 303) — wollten sie nicht gelten, denn der Widerspruch, der die Zeit trennte, spaltete nur die Gesellschaft und teilte nicht ihr Herz. Die junge Literatur selbst war sich »sehr im reinen über ihre Zwecke und Bestrebungen; sie (war) heitern Sinnes und arbeitet(e) singend im Dienste Gottes und der Natur« (Gutzkow, L 56, I, 243). Den Vorwurf der Zerrissenheit wies sie für sich selbst zurück: »Die Zerrissenen sind nur jene Schwächlinge, die wie Schatten zwischen den Parteien hin- und herschwanken« (ebd.), während die Jungdeutschen ohne Bedauern über die scheidende Vergangenheit auf der Seite des Fortschritts standen. Ihr Selbstbewußtsein erfüllten nur Ungeduld und hochgespannte Zukunftserwartung. In einer »Zeit des heiligen Geistes« (Gutzkow, L 75, 301), welcher rastlos an der Befreiung der Menschen arbeitete, meinten sie zu leben. Deutschland schien Gutzkow »wie ein Mädchen, das gern Nonne sein möchte, von der aber das ganze Kloster weiß, daß sie ein Kind an der Brust säugt« (L 57, 213); Wienbarg zehrte von dem »prophetischen Gefühl einer neu beginnenden Weltanschauung, das sich von Tage zu Tage bewußter und deutlicher wird« (L 128, 99), und Laube sah die opponierende Vergangenheit gewiß unterliegen, denn »es gibt eine Opposition, die bisher ewig Unrecht behalten hat, ... das ist die Opposition gegen die Zeit« (L 97, I, S IX f.).

Eine vernünftige Notwendigkeit in der Geschichte, welche das Junge Deutschland für die Vergangenheit leugnete, wurde so angesichts der Zukunft zur unumstößlichen Gewißheit. Nicht ein ohnmächtiges Sollen oder bloße Postulate, die als »etwas Besonderes in den Köpfen einiger Menschen« (Hegel, L 22, XI, 35) bestanden, sondern das Vorauswissen der zukünftigen Wirklichkeit setzten sie gegen die Vergangenheit. Aus einer vermeintlichen Notwendigkeit der Geschichte leiteten sie ihren Zukunftsglauben ab und sahen »das, was kommen muß, ... so klar vorbedeutet, daß es wahrhaftig gleichgültig (war), ob sich die Majorität der Zeit auf der linken oder der rechten Seite« befand (Mundt, L 124, 39, I). Der Zeitgeist selbst war es, der ihre Bewegung trug, der den Argumenten Gewicht verlieh und die Ziele der Zukunft durchsetzte.

Wie Hegels Weltgeist, schien dieser Zeitgeist dem Jungen Deutschland allmächtig und allgegenwärtig. Er durchdrang wie »eine Art Miasma« (Laube, L 94, I, 24) die ganze Wirklichkeit; auf die Dauer konnte ihm niemand Widerstand leisten, so daß »selbst der wildeste Ultra ... allmählich zum Mittelpunkt gedrängt (würde), er möge sich sträuben, so viel er wolle« (ebd.). Aus seiner »unsichtbaren Offenbarung« (Gutzkow, L 55, 10) kamen die Ideen der Schriftsteller, »der Geist der Zeit, der unsichtbar über allen Köpfen waltet, ergreift des Schriftstellers Hand und schreibt im Buch des Lebens mit dem ehernen Griffel der Geschichte« (Wienbarg, L 128, 188). Der göttliche Geist zugleich ist dieser Zeitgeist des Jungen Deutschland, und »die Sünde wider den Geist der Zeit« (Laube, L 97, II, 273) ist die moderne Form der »Sünde wider den heiligen Geist« (ebd.).

Als Künder des heiligen Geistes der Zeit verstand sich das Junge Deutschland und nicht vornehmlich als eine Generation von Schriftstellern. »Propheten« (Wihl, L 122, 35, 706) waren die Jungdeutschen, Apostel einer »neuen Religion« (Wienbarg, L 48, 36, 911), die ein »umfassendes Dogma« (Laube, L 105, 36, 76) brachten und deshalb für die »wahren Prediger Gottes« (Mundt, L 214, 19) gelten wollten. Diesen gewaltigen Anspruch bestätigten ihnen in gewisser Weise auch ihre orthodox protestantischen Gegner, wenn sie in der Evangelischen Kirchenzeitung bemerkten, daß die Jungdeutschen »nicht als ... obszöne Romanschreiber, mit denen sie Menzel in eine Klasse wirft, sondern als Irrlehrer, als falsche Propheten oder Prophetentrabanten ... mit einer Macht der Verführung ausgestattet (sind) zum Schaden dieser Zeit« (EKZ 35, 730).

Besaß äußerlich der Zeitgeist, als dessen Apostel die Jungdeutschen sich fühlten, Ähnlichkeit mit Hegels Weltgeist, den als »Geist der Zeit« zu »ergreifen und ... mit Bewußtsein an den Tag zu bringen« (L 22, XIX, 691) Hegel seine Zuhörer am Ende der Vorlesungen zur Geschichte der Philosophie aufforderte, so stand hinter dem jungdeutschen Appell, sich dem Geist der Zeit hinzugeben, nicht wie bei Hegel die Gewißheit, daß der Geist der Zeit schließlich identisch sei mit jenem vernünftigen Geist der Geschichte, der sich in der Vergangenheit dargestellt hatte. Das Junge Deutschland dachte den Zeitgeist als polemischen Gegenbegriff zum Geist der Vergangenheit. Er würde »eine neue Geschichte« (Laube, L 49, 32, 1273), »eine neue Schöpfung des Himmels und der Erde« (Gutzkow, L 78, I, 15), die Wiedergeburt des alten Adam (Mundt, L 116, 12) bringen. Angesichts dieser Erneuerung schien die Vergangenheit überhaupt irrelevant, nichts anderes als belanglose Vorgeschichte, die als »historischer Ballast ... hinausgeworfen« (Laube, L 97, II, 197) werden mußte.

Die Spannung und die Unsicherheit einer provisorischen Gegenwart hatte das Junge Deutschland mit der prinzipiellen Trennung von Vergangenheit und Zukunft subjektiv überwunden. Die Vermischung von Elementen der Tradition und Ansätzen des Neuen, auf die das zeitgenössische Biedermeier mit diffuser Angst reagierte, war zu klaren Gegensätzen stilisiert, und eine komplexe Wirklichkeit schien, nach zwei Prinzipien geordnet, eindeutig und bot ungebrochene Möglichkeiten des Handelns.

In eigentümlicher Weise entsprach diese Polarisierung der Gegenwart durch das Junge Deutschland auch den Grundannahmen seiner politischen Gegner. Gentz und Metternich bedienten sich ähnlicher dualistischer Theoreme, um die historische Welt nach »Grundkräften« aufzuschlüsseln. Sie glaubten, daß die »immerwährenden Antagonismen« (Srbik, L 283, 351), besonders »die beherrschendsten dieser Gewalten, ... die des Beharrens und der Bewegung« (ebd.), wie die Geschichte überhaupt, so auch die Gegenwart bestimmten. Es seien, schrieb Gentz an Adam v. Müller, zwei Prinzipien, welche die historische Welt konstituieren, »das eine ist das des immerwährenden Fortschritts, das andere das der notwendigen Beschränkung dieses Fortschritts« (ebd., 252). Monarchie und Demokratie, die jetzt im Kampfe lägen, könnten nur für den zeitgenössischen Ausdruck derselben Kräfte gelten, die sich in der Vergangenheit zum Beispiel als Protestantismus und Katholizismus begegneten.[3] Der Sieg werde zwar notwendig dem Fortschritt zufallen, aber es müsse doch »neben der großen, zuletzt immer überwiegenden Anzahl derer, welche für das Neue arbeiten, auch eine kleine geben, die mit Maß und Ziel das Alte behauptet und den Strom der Zeit, wenn sie ihn auch nicht aufhalten kann noch will, in einem geregelten Bett zu erhalten versucht« (ebd., 356). Die Option für die Vergangenheit geschah so ohne Leidenschaft und ohne den Glauben an den schließlichen Sieg des eigenen Prinzips. Daß der Fortschritt sich durchsetzen werde, stand für Gentz und für Metternich theoretisch nicht weniger fest als für das Junge Deutschland, und in der Einschätzung der eigenen Erfolgsaussichten war Metternich durchaus pessimistisch. Bereits 1820 glaubte er, »daß es morsche Gebäude seien, die er stützte« (ebd., 419) und im Alter »wuchs seine Überzeugung, daß seiner Sache der Sieg versagt sei, daß ein Wildbach nicht aufgehalten, sondern nur eingedämmt werden könne« (ebd.).

---

3 Derselbe Gedanke findet sich dann im Jungen Deutschland und in der Hegelschen Linken wieder, die sich auf das »protestantische Prinzip« berufen, das ihnen als Vorläufer und Rechtfertigung des Liberalismus gilt.

Auf der Grundlage seiner dualistischen Geschichtsvorstellung konnte dieses Eindämmen aber nur im unbeugsamen Beharren bestehen[4], und so galt, obwohl er abstrakt die Notwendigkeit und die Berechtigung einer fortschrittlichen Opposition anerkannte, für seine Praxis die Maxime: »Die Revolution wird siegen oder totgeschlagen werden« (Schoeps, L 278, 540). Fortschritt und Beharrung, die, wie im Jungen Deutschland Vergangenheit und Zukunft, unvereinbare gegensätzliche Prinzipien darstellten, würden in der Geschichte nur sinnvoll wirken, wenn sie ohne den Gedanken der Vermittlung gegeneinander stünden.[5]

Seiner konservierenden Politik gab Metternich schließlich, wie das Junge Deutschland seinem Zukunftspathos, jene religiöse Weihe, welche beide Konzeptionen vollends unbeweglich machte. So sprach er davon, »daß sein Leben zu einer Art von Apostolat geworden sei« (Srbik, L 283, 256). Die Revolution und ihre verderblichen sozialen Folgen zu vernichten erklärte er für »seine von Gott gegebene Bestimmung und hielt sich beinahe wirklich ... für inspiriert« (ebd.).

Selbsternannte Apostel des Fortschritts und der Beharrung standen sich so in der Restaurationszeit mit ähnlichen Vorstellungen und entgegengesetztem Engagement gegenüber; ihre Polarisierungen schlossen den Gedanken an eine Fortentwicklung der Geschichte aus den bestehenden Verhältnissen aus, und das religiöse Pathos, mit dem sie für ihre Prinzipien eintraten, erreichte die Wirklichkeit nicht: Metternichs System konnte die Integration des aufsteigenden Bürgertums in die Monarchie nicht leisten (Huber, L 270, I, 539), und der Liberalismus des Jungen Deutschland blieb als politische Bewegung isoliert und bedeutungslos.

Die Kämpfe, die Reaktion und Revolution gegeneinander führten, wurden zwar durch Machtsprüche entschieden, aber man trug sie aus als Auseinandersetzung zwischen quasi-metaphysischen Prinzipien. Dadurch erhielten sie einen fast unpolitischen, abstrakt ideologischen Charakter: das Junge Deutschland attackierte auf dem Felde der Theorie und versuchte, »den Liberalismus als eine Sache der Religion zu entwickeln« (Gutzkow, L 55, 16), um durch die Umdeutung des Christentums das anachronistische Prinzip, welches die Wirklichkeit konstituierte, und damit die Wirklichkeit selbst umzustürzen. Metternich, der an diese Möglichkeit

---

4 Der Versuch einer Synthese der gegensätzlichen Kräfte etwa in einer konstitutionellen Monarchie schien Metternich gefährlicher als die Republik selbst (Srbik, L 283, 368).

5 Auf dieser Folie einer prinzipiellen Polarisierung der politischen Richtungen der Zeit entstand auch in Preußen die Ablehnung konstitutioneller Regelungen: »Zwischen monarchischem Prinzip und Demokratie gebe es keinen Kompromiß; da man nicht für Demokratie eintreten könne, müsse man für die Monarchie und damit gegen die Verfassung sein« (Huber, L 270, I, 313).

ebenso wie das Junge Deutschland glaubte, betrieb das politische Verbot
mit theologischen Argumenten, und als man sich in Preußen darüber mo-
kierte — der Fürst Metternich sei »auf dem Wege, unter den Kirchenvä-
tern zu glänzen, ja vielleicht einst kanonisiert zu werden« schrieb Ancil-
lon an Sayn-Wittgenstein (Schoeps, L 278, 552) — verteidigte sich Metternich: »Die Tatsache, daß ich heute auf theologischem Felde stehe, ist ganz
richtig, und deren Ursache ist, weil es genügt, die Augen zu öffnen, um sich
zu überzeugen, daß die Revolution sich auf dasselbe fortgestellt hat ...
Mittels Untergrabung der *Basis* soll das Gebäude zusammenstürzen«
(ebd.).

2. Die Kritik des Christentums

Metternich hielt das Christentum für die Basis des Obrigkeitsstaates der
Restaurationszeit. Es galt ihm zwar nicht, wie etwa der politischen Romantik, für das organisierende Prinzip des Staates selbst, sondern war
bloß ein Mittel zur allgemeinen Disziplinierung des Volkes, aber als solches schien es unverzichtbar für die Stabilisierung der bestehenden Herrschaftsordnung. »Die Religion (war) Metternich, wie so vielen Wortfüh-
rern der Ratio status seit Machiavelli, eine politische Notwendigkeit, ein
unentbehrliches Mittel des rationellen Ordnungsstaates« (Srbik, L 283,
383) und wurde in dieser Funktion verteidigt von der Restauration[6] und
angegriffen vom Jungen Deutschland.

Für ein Muster der ideologischen Ablenkung der Menschen von ihren
Gegenwartsinteressen galt das Christentum den Jungdeutschen, und sie bekämpften in ihm einen Komplex von Vorstellungen, denen allen ein Moment der Weltflucht, der Vergeistigung und des Sich-Schickens ins Bestehende gemeinsam war. In der Literatur und in der Philosophie fanden
sich solche Einstellungen ebenso wie in der Religion und schufen bei den
Zeitgenossen jene Disposition zum Rückzug aus einer widrigen politischen
Wirklichkeit ins Jenseits des Glaubens, der Spekulation und der Kunst, die
eine Überwindung der bedrückenden Verhältnisse unmöglich machte, weil
sie das Interesse an der Wirklichkeit überhaupt verkümmern ließ. Das
Junge Deutschland richtete daher seine Kritik am Christentum (aber auch

---

6 Eigentlich dogmatischen Inhalten gegenüber war Metternich indifferent. Nur
als diszipliniertere Spielart des Christentums verdiente nach seiner Meinung der
Katholizismus den Vorzug vor dem Protestantismus. Durch seinen Ursprung als
revolutionäre Massenbewegung und als Erfinder des Prinzips der Geistesautono-
mie, das Metternich »politisch immer als gefährlich angesehen« hat (Srbik, L 283,
309) und dem er die Urheberschaft jenes »Universitätsunfuges« (ebd.) zuschrieb,
mit dem seine restaurative Politik nur schwer fertig wurde, war ihm der Protestantismus kompromittiert.

an der Philosophie und an der klassizistischen Literatur) gegen deren ‚idealistische‘, weltfremde oder die Welt verachtende Attitüde und vertrat pathetisch den Anspruch des Lebens. Ob es im einzelnen für oder gegen Goethe, für oder gegen Hegel, für oder gegen die ‚Idee‘ des Christentums stritt, kann dabei für fast bedeutungslos gelten, und darin bestand auch keine Einigkeit unter den Jungdeutschen (vgl. Kap. V, 3). Verbindend in den oft widersprüchlichen Anschauungen war die Absicht, die politische Handlungsbereitschaft der Zeitgenossen zu stärken, so daß alle ihre Argumente zu der Pointe geführt wurden, es müsse »wieder empirisch zugehen in der Welt« (Kühne, L 90, 85), die Menschen sollten sich nicht durch »vergeistigungssüchtige« (Laube, L 135, 34, 485) Ideologien vom Anspruch auf die Verwirklichung ihrer Interessen ablenken lassen und ihr Schicksal fortan selbst bestimmen.

Unmittelbar wurde die Erfüllung dieser Forderung zwar gehindert durch die politische Wirklichkeit der Restaurationszeit, diese aber schien abzuhängen von ideologischen Faktoren. Wenn sich daher die jungdeutschen Angriffe kaum je gegen politische Institutionen und fast nur gegen Bewußtseinsphänomene, gegen den »Geist« der Vergangenheit richteten, so waren die strengen Zensurbestimmungen, die sich in Erörterungen zur Religion und Philosophie eine Zeitlang umgehen ließen, nur ein verhältnismäßig belangloser Grund. Weil das alte Regime nicht zerstört werden konnte, solange ein asketisches Christentum als seine hauptsächliche Stütze noch Einfluß übte auf die Menge (Heine, L 80, V, 176), richteten sie ihre Anstrengungen darauf, das Bewußtsein der Bürger zu beeinflussen. Die Hauptumwälzung würde nach ihrer Meinung nicht in der Politik, sondern in der Ethik geschehen; wenn, so glaubte Mundt, die Politik »in die Gesinnung zurücktritt, wird die Gesinnung, nachdem sie ihre innere Umgestaltung aus sich vollbracht hat, allmählich in die äußere Politik, und dann unwiderstehlich hinübertreten« (L 118, 435), und Gutzkow forderte auf, »die Revolution der Zeit mit der Revolution des Herzens zu beginnen« (L 55, 13).

Diese Revolution des Herzens richtete sich vor allem gegen das Christentum. Ihm hatte Heine vorgeworfen, es erhebe die Entbehrung zum Prinzip des Lebens und festige mit seiner Verachtung der weltlichen Güter die bestehende soziale Ungerechtigkeit; indem es die Entsagung durch ein himmlisches Glück nach dem Tode aufzuwiegen verspreche, tröste es zwar die Armen, raube ihnen aber auch zugleich das Motiv zum Aufbegehren. Nur in den vergangenen Zeiten des objektiven Elends mochte seine Lehre von der Kompensation im Jenseits »eine Wohltat für die leidende Menschheit« gewesen sein (Heine, L 80, V, 181). Inzwischen war dieser Trost obsolet, denn man hatte es »nicht nötig, die größere und ärmere Klasse an den Himmel zu verweisen« (ebd., 126), und die »privilegierten

Priester« (ebd., 231), die dennoch weiterhin »Hundedemut und Engels-
geduld« (ebd., 15) predigten, nutzten nur noch sich und der herrschenden
Klasse. Sie hatten sich »verbündet mit Cäsar und Konsorten zur Unter-
drückung der Völker« (ebd.) und verteidigten das Interesse der Herrschenden, weil sie daran partizipierten. Aber den Sturz des Christentums
und die Veränderung der Lebensverhältnisse würden sie damit nicht aufhalten; denn »die Menschen haben jetzt das *Wesen* dieser Religion erkannt, sie lassen sich nicht mehr mit Anweisungen auf den Himmel abspei-
sen, ... und sie vindizieren jetzt die Genüsse der Erde, dieses schönen
Gottesgartens, unseres unveräußerlichen Erbteils« (Heine, L 80, V, 15 f.).
Mit der Ablehnung des illusorischen Glücks der Religion ging so bei Heine
die Forderung eines allgemeinen sozialen Glücks einher, und Heine über-
schritt damit entschieden den Rahmen des jungdeutschen Liberalismus.

Dennoch übernahmen die Jungdeutschen von Heine einige Motive der
Kritik am Christentum. So zeigte Gutzkow die Verbindung der physischen Not mit metaphysischem Trost auf ähnliche Weise wie Heine, wenn
er das Christentum eine Religion nannte, die »für Jahre passen (mochte),
wo die Ernte nicht geraten ist« (L 75, 299) und über die Deutschen spottete, die so »gern vom Himmel Vorschüsse« nehmen, um ihre »irdischen
Rückstände zu bezahlen« (L 67, 101). Die »Frage der Armen und Reichen«
könne aber »in der Art, wie sie von unserm Jahrhundert gestellt ist, von
dem Christentum nicht gelöst werden« (Gutzkow, L 67, I, 398); denn die
Zeitgenossen würden sich nicht durch Glaubenswahrheiten von ihrer materiellen Not ablenken lassen. Man könne nicht mehr »den Fabrikarbei-
tern, die Brot haben wollen, den ‚Eckstein‘ des Lebens, Christus, vorhal-
ten und ihnen die Entbehrung als die Würze der kargen Kost, an welcher
sie nagen, schildern« (ebd., 397).

Im allgemeinen hat jedoch das Junge Deutschland die soziale Frage
kaum je gegen das Christentum ins Feld geführt. Bemerkungen wie die
eben angeführten blieben vereinzelt bei Gutzkow und untypisch für das
Junge Deutschland. Laube nahm Heines Vorstellung von der Emanzipation des Fleisches die Spitze, indem er (L 135, 34, 485) nur eine neue Vereinigung von Sittlichkeit und Sinnlichkeit forderte und sie im Grunde auf
die sexuelle Emanzipation beschränkte, und Mundt gelangte in seinem ge-
wagtesten Werk (»Madonna«, L 118) nicht weiter als Laube. Während
Heines Sensualismus die Anerkennung der materiellen Bedürfnisse der
»Armen« einschloß, dachten Laube, Mundt und Gutzkow bei ihrer Polemik gegen das Christentum vor allem an die politische Freiheit des Liberalismus und allenfalls an die Emanzipation des Weibes.

Von Heine übernahmen sie zwar, besonders nach Erscheinen der »Romantischen Schule« und der »Geschichte der Religion und Philosophie in
Deutschland«, einzelne wichtige Argumente, das Grundmuster ihrer Kri-

tik blieb aber deutlich von dem Heines unterschieden. Heine setzte gegen das »spiritualistische« Wesen des Christentums seine sensualistische Lebensphilosophie. Sie sollte der *Gegensatz* und die Überwindung des Christentums sein.

Das Junge Deutschland dagegen wandte sich kaum je offen gegen das Christentum selbst, sondern behauptete, mit seinen eigenen Ansichten das Wesen des Christentums besser zu treffen als seine ordinierten Vertreter. Leidenschaftlich polemisierte es daher gegen Theologen und Pfaffen, ohne doch etwas anderes als nur die »zeitgemäße Umgestaltung« der Theologie (Laube, L 135, 33, 11) zu fordern. Sie mußte nur deshalb, weil »von den Theologen ... keine Reform der Theologie zu erwarten (war), ... von außen, von den sogenannten Laien kommen« (ebd.). Wenn auch, wie noch zu zeigen ist, in Wirklichkeit die Umgestaltung der Theologie durch die jungdeutschen Laien ihre Auflösung und Umwandlung in eine liberale Ideologie bedeutete, bemühte sich — anders als Heine — das Junge Deutschland doch, formal auf dem Boden des Christentums zu argumentieren und behauptete, daß es keineswegs »etwas anderes im Sinne habe, als eine Verbesserung des mißverstandenen Christentums« (Gutzkow, L 73, 34).

Um die Grundlagen ihrer politischen Ziele als neues Christentum zu verbreiten, knüpften die Jungdeutschen zunächst an die theologische Tradition des Rationalismus an.[7]

7 Reimarus, über das Junge Deutschland hinaus bis zu David Friedrich Strauß Vorbild der theologischen Kritik und neben den englischen Deisten der bedeutendste Anreger des theologischen Rationalismus, hatte die biblische Dogmatik der protestantischen Orthodoxie mit dem Argument bestritten, es handele sich bei den (vor allem die Trinität und die Messianität Christi betreffenden) dogmatisch relevanten Stellen der Bibel um spätere Zusätze. Er leugnete deshalb Gottessohnschaft und übernatürlichen Charakter Christi und behielt damit »aus allem, was Jesus in Absicht auf sein Himmelreich gelehrt, zu glauben befohlen und gestiftet hat, nichts weiter übrig« (L 289, 68); es sei »im geringsten nicht zu erkennen, daß derselbe [Jesus] entweder die im Gesetze verordnete und übliche jüdische Religion ... abschaffen und ändern, oder statt derselben neue Lehren oder Geheimnisse predigen und neben einer neuen Religion auch neue Zeremonien einführen wollte; sondern es erhellet vielmehr, daß Jesus selbst neben seinen Jüngern vollkommener Jude gewesen, daß er eines Teils nichts anders gelehrt, als daß sich die Juden rechtschaffen bekehren, und sich einer bessern Gerechtigkeit als der äußerlichen scheinheiligen, pharisäischen befleißigen sollen« (ebd.). Eine selbständige christliche Lehre hält Reimarus für eine aus der enttäuschten messianischen Erwartung der Jünger hervorgegangene Fälschung.
Der theologische Rationalismus gab den Erkenntnissen Reimarus' ein theologisches Gewand, indem er zwar den Gedanken der Messianität, nicht aber den Glauben an Christus aufgab und Leben und moralische Lehre des Menschen Jesus als ewiges Muster der Ethik und die vernünftig und natürlich (d. h. als menschliche Biographie) ausgelegte Schrift als deren authentische Quelle festhielt. Die

Sie warfen dabei zwar dem Rationalismus Inkonsequenz und Halbheit in der Verfolgung seines Ansatzes vor, erklärten aber das rationalistische Prinzip selbst für einen Fortschritt in der Theologie, aus dem sich ein der Vernunft der Zeit angemessenes Christentum begründen ließe. Es war für Laube »die letzte Anerkennung des theologischen Christen-

Zuverlässigkeit der Bibel als historisches Dokument wurde so unter Aufgabe eines Teils des übernatürlichen Gehalts bewahrt.

Kants Philosophie, die auf das Junge Deutschland keinen unmittelbaren Einfluß ausübte, wirkte besonders stark auf den Rationalismus. In einer Weise war sie dessen Umkehrung: sie begründete eine vernünftige Sittenlehre und verlangte dann die Fassung der Religion in Übereinstimmung mit der Moral. Die Frage, »ob die Moral nach der Bibel oder die Bibel vielmehr nach der Moral ausgelegt werden müsse« (L 287, VII, 771, Anm.), löste er im letzteren Sinne. Der historischen Religion blieb bei Kant höchstens noch eine pragmatische Funktion; aus sich gültig war sie nicht. D. F. Strauß nannte die dieser Philosophie entsprechende Bibelexegese eine Sonderform der allegorischen Auslegung, bei der der übertragene (sittliche) Sinn in höherem Sinn gewiß war, als die historisch-gegenständliche.

Lessings Auseinandersetzung mit Reimarus, auf die sich das Junge Deutschland gelegentlich bezog, bedeutete zunächst der Form nach eine Abschwächung der Kritik Reimarus'; denn wenn Lessing auch seine Einwände gegen die dogmatische Bedeutung der Bibel gelten ließ, so bestritt er doch deren Relevanz, indem er die Wahrheit des Christentums vom »Buchstaben« unabhängig zu machen und zu zeigen versuchte, wie die wichtigsten dogmatischen Inhalte aus der Tradition der frühchristlichen Gemeinde entstanden seien. Was Lessing hier *defensiv* gegen die Orthodoxie formulierte, ließ sich jedoch ebenso offensiv und in die Zukunft gerichtet ausdrücken. Der Gedanke, daß die Religion sich in der Entwicklung der Tradition (und nicht ein für alle Mal in einer positiven Urkunde) offenbare, bedeutete dann auch, daß aus der fortschreitenden Geschichte ein Fortschritt der Religion folgen könne und schloß nicht aus, daß der Mensch in der Zukunft die Maximen seines Handelns ohne die Fiktion einer göttlichen Offenbarung aus sich selbst finde. (Zumal die Offenbarung nach Lessings Ansicht sowieso »dem Menschen nichts (gab), was er nicht auch aus sich selbst haben könnte« [L 288, XIX, § 4, 173]).

Diese progressive Konsequenz, die in der »Erziehung des Menschengeschlechts« sichtbar wurde, bestimmte z. B. die Lessingrezeption des Saint-Simonismus, der in ihm einen Apostel der Perfektibilität sah. Als einen Propheten der Zukunft, »der aus dem zweiten Testamente ins dritte hinüberdeutete«, feierte ihn Heine (L 80, V, 254): »In allen seinen Werken lebte dieselbe große soziale Idee, dieselbe fortschreitende Humanität, dieselbe Vernunftreligion, deren Johannes er war, und deren Messias wir noch erwarten« (ebd., 25).

Die Konsequenz aus der »Erziehung des Menschengeschlechts« übernahmen zwar einige Jungdeutsche, und machten die Ausbildung einer reinen Vernunftreligion zu ihrer Sache. Die Geschichte aber gleichzeitig, wie Lessing, als eine »pädagogische Ökonomie« (Gutzkow, L 67, 102) zu sehen, in der Gott als der »fromme Gärtner« (ebd.) selbst außerhalb der Veränderungen der Geschichte blieb, schien ihnen eine Ungereimtheit, und sie setzten an die Stelle ihre von Hegel beeinflußte pantheistische Konzeption.

tums, als die Rationalisten aufstanden und die scharfen Waffen gegen die alten, zähen Schleier erhoben« (L 49, 32, 763). Sie hatten damit wieder »angefangen zu gehen in der Kirchengeschichte« (L 94, II, 132), waren aber schon »nach einer kurzen Weile ... müde« geworden (ebd.), und wie ihre Nachfolger glaubten, »weil Wegscheider, Paulus oder Röhr dort stehen geblieben, da (sei) die Sache fertig« (ebd., 132 f.), blieb schließlich auch die rationalistische Theologie bei ihrer vernunftgemäßen Umbildung des Christentums auf halbem Wege stehen. Einerseits lehrte sie, »der Stifter jener Religion sei ein vortrefflicher Mensch, aber nur ein Mensch gewesen« (ebd., 137), andererseits hielt sie an der historischen Gestalt der für das Produkt eines Menschen erklärten Religion fest und behauptete, »*dieser* Mensch soll(te) ... eine Sittenlehre gegeben haben, die nach achtzehnhundert Jahren ... noch unverändert gelten« könne (ebd.).

Damit kam nach Laubes Meinung der Rationalismus zu einem Schluß, der inkonsequent und im Grunde noch weniger haltbar war, als die unvernünftige Dogmatik der Orthodoxie. Denn schärfer noch als für eine biblische Dogmatik stellte sich für eine aus der Bibel begründete Sittenlehre die Frage, wie, wenn »die Vorbedingungen verändert (sind), die Folgerungen noch jenen gemäß bestehen« sollten (Laube, L 94, II, 138). Man könne dann ebensogut verlangen, »daß sich unsere Gesellschaft mit einem Gesetzbuche Solons oder Lykurgs glücklich« fühle (ebd., 137 f.). Es sei doch nicht zu erwarten, daß, »nachdem alle gesellschaftlichen Verhältnisse zehnmal umgestürzt und umgeändert worden sind« (ebd., 137), eine Moral gelte, die zur Zeit Christi der Wirklichkeit gerecht wurde. Vorzuwerfen sei deshalb auch den Rationalisten der »Unsinn, ... nach achtzehnhundert Jahren noch immer ungestört von einem Buch sich gängeln zu lassen, was unwissende Schüler einem großen Meister nachlallten« (L 94, I, 108). Anstatt mit der orthodoxen Dogmatik auch ihre Quelle aufzugeben und zu erkennen, daß die natürliche und vernünftige Moral nicht biblisch, sondern zeitgemäß sein müsse, konserviere der Rationalismus ein historisches Dokument, an dessen übernatürlichen Ursprung er (im Gegensatz zur Orthodoxie) nicht mehr glaube.

Die rationalistische Ansicht, daß das Christentum eine verbindliche Sittenlehre sei, ließ sich aber nach jungdeutscher Ansicht in der Gegenwart nur vertreten, wenn man die bestimmten, in der Bibel fixierten Inhalte aufgab und nur am sittlichen Wesen der Religion, wie es sich in der Geschichte entwickelte und sich weiter entwickeln würde, festhielt. Dann galt, daß »das geistige Christentum ... in alle Fugen der *Weltgeschichte* gedrungen« (L 49, 32, 762) war. Es »verhüllt und entpuppt sich [dort] tausendfach« (ebd.) und hat jene historische Gestalt, mit welcher die Pfaffen die Entwicklung der Menschheit hindern wollen (L 94, II, 141), längst verlassen.

Die Perfektibilität und nicht (wie der sich selbst mißverstehende Rationalismus meinte) die historische Authentizität des Christentums zu predigen, konnte deshalb die Erfüllung der rationalistischen Forderung einer
vernünftigen Religion sein. Ihren apart-theologischen, biblischen Charakter mußte sie damit allerdings ganz verlieren, denn im Begriff der Perfektibilität waren die theologische und die historisch-zukünftige Vernunft
identisch. »Mit der aufgestellten Perfektibilität hört auch das Pfaffentum
auf, denn es tritt dann der Theologe in die Reihe aller übrigen, die sich
dem Kriterium beugen, was uns das höchste ist, weil es kein andres gibt,
welches uns sagen könnte, was das höchste sei. Die Vernunft aber ist jenes
Kriterium, unter welchem am Ende alle Parteien fechten« (Laube, L 94,
II, 131).

Wie die Vernunft, der sich fortan alle beugen, sich in der Gegenwart
gerade in politischen Forderungen äußert, ist der wahre Geist des Christentums nun in der Politik zu suchen: »Die unsterbliche Seele des großen
Stifters ... schlägt soeben ihre rauschenden Flügel als Lehre eines gesunden Liberalismus über Europa« (Laube, L 49, 32, 763).

Neben Laube die engste Verbindung zum Rationalismus läßt sich bei
Gutzkow in den Schriften aus der jungdeutschen Epoche nachweisen. Von
den ersten Rezensionen im »Morgenblatt« (L 106) über »Maha Guru«
(L 62) bis zum zeitkritischen Feuilleton-Roman »Die Zeitgenossen«
(L 78) setzte sich Gutzkow mit der rationalistischen Theologie auseinan-
der, und sein berühmtester Roman aus dieser Zeit, »Wally, die Zweif-
lerin« (L 75), war zum Teil nur ein Roman-Vorwand, ersonnen, um ein
Reimarus-Fragment nebst Vorrede unterzubringen, die kein Verleger zu
veröffentlichen wagte. Die »Geständnisse über Religion und Christentum« darin paraphrasieren zum größten Teil Reimarus' Überlegungen
»Vom Zwecke Jesu und seiner Jünger« (L 289). Es heißt auch bei Gutzkow, daß aus der Lehre Jesu, einer »Moral, welche allerdings veredelnde
Kraft hat, aber nie mehr gibt und geben will, als das lauterste Judentum«
(L 75, 275), erst durch die Apostel, »Menschen von borniertem Verstande, ... (die) überhaupt viel Ähnlichkeit mit unseren Theologen hatten« (ebd., 277), eine Heilslehre geworden sei.

Als, nicht zuletzt wegen der unchristlichen Tendenz dieses Romans,
nach Menzels Angriff die Schriften des Jungen Deutschland vom Bundestag für alle Zukunft verboten wurden, verteidigte sich Gutzkow mit der
Bemerkung, es sei, was er über das Christentum schreibe, »nichts anders,
als was auf den Lehrstühlen eines Wegscheider und Paulus seit Jahrzehn-
ten gelehrt wurde« (L 55, 9).

In Wirklichkeit blieb jedoch Gutzkow nicht auf dem rationalistischen
Standpunkt, sondern warf ihm, wie Laube, die Halbheit vor, zwischen
Vernunft und Offenbarung »mit einem Obgleich-Sodoch« (L 56, II, 226 f.)

stehenzubleiben. Eine Religion in Übereinstimmung mit der Vernunft gebe keinen rechten Sinn, wenn man gleichzeitig eine bestimmte Positivität verteidige. In ihrer historischen Gestalt sei die christliche Erlösungslehre deshalb nicht zu erhalten. Sie »konnte zu einer Zeit gepredigt werden, als es für den Schwächern gegen den Stärkern keine Garantie der Billigkeit gab, zu einer Zeit, als die Juden von den Römern wie alle Völker ohne Aussicht auf Rettung geknechtet wurden« (L 78, I, 397 f.). Unter veränderten geschichtlichen Bedingungen werde aber »keine Verklärung und Wiedergeburt des Christentums in unserm Jahrhundert möglich sein, wenn wir uns nicht zu Ehren seines Inhalts ganz und gar von seiner Form befreien. Wenn das Christentum nur noch auf die Bibel begründet werden soll, wenn diese durchaus mangelhaften Urkunden zum größten Teil die Göttlichkeit beweisen sollen; dann ... würde das Christentum in eine bedrängte Lage kommen« (L 78, II, 172).

Man müsse deshalb davon ausgehen, »daß in der alten Erlösung, an ... welcher die Zeitgenossen Christi teilhaftig waren, die evangelische Geschichte in der Gestalt, wie sie uns überliefert ist, die Geschichte der damaligen ersten, durch Zeit und Ort, Denk- und Gefühlsweisen bedingten Erlösung war« (ebd., 174). Wie deren Wahrheit in der Angemessenheit an die damalige Vorstellungswelt lag, so müßte der unvergängliche Gedanke der Erlösung auch in der Gegenwart eine zeitgemäße Form erhalten. Eine übernatürliche Erlösung, die von außen kommt, könne man sich nun nicht mehr recht vorstellen, denn der Mensch besitze eine Kenntnis der Welt und eine Selbständigkeit, die dazu im völligen Widerspruch stünden.

Eine Erlösung sei vielmehr nur noch denkbar durch den Menschen selbst. Er berge die Möglichkeit dazu in sich selbst und brauche, um seine evangelische Geschichte zu beginnen, »nichts als sich in den Jordan seines innern Menschen zu tauchen« (ebd., 174). »Jetzt schafft man sich selbst sein Evangelium« (ebd., 175)[8].

Von dem Schicksal jener Blätter, »auf welchen Märchen von Wundern, Auferstehung und Himmelfahrt geschrieben sind« (Gutzkow, L 78, II, 173), war das Christentum damit unabhängig. Mochte auch noch »den Stamm der Kirche, der das Ganze zu tragen vorgibt, der Wurm der Zeit anfressen« (ebd.), die Substanz der Religion, der Gedanke der Erlösung, blieb davon unberührt; denn als Glaube der Zeit war er längst im Selbstbewußtsein der Menschen bewahrt und gab dem Menschen die Würde des Erlösers. Einen neuen »Ernst in göttlichen Dingen« (ebd., 179) konnte so

---

8 Das theologische Vorbild der Subjektivierung des Christentums bei Gutzkow gab sein Lehrer Schleiermacher. Gutzkow benutzte diese theologische Wendung jedoch, wie später Feuerbach, um das Christentum mit politischen Gehalten anzufüllen.

Gutzkow fordern, weil er verbunden war mit »Freiheit in menschlichen« (ebd.). Es war ein verwandeltes Christentum und das »Edelste, was die *Zeit* geben kann« (ebd., 179 f.).

Die Umwandlung der rationalistischen Grundsätze in eine Art politisch-religiöser Fortschrittsideologie durch die Theologen der jungdeutschen Bewegung geschah so in der Anknüpfung an einen bestimmten Problemstand der geistesgeschichtlichen und besonders der theologischen Entwicklung. Daß jedoch gerade der Rationalismus die Möglichkeit einer politischen Umdeutung zu bieten schien, lag nicht zuletzt daran, daß er – trotz seiner Bestrebungen, eine politisch indifferente Stellung zu behaupten – von seinen orthodox protestantischen Gegnern als eine Lehre angegriffen wurde, die vor allem auf politischem Gebiete gefährlich war. »Faktisch ist der Rationalismus ... nicht erst gestern und heute widerlegt, sondern er hat sich eigentlich selbst schon den Tod bereitet in den Schreckenstagen von Paris« (EKZ 38, 547), schrieb die Evangelische Kirchenzeitung[9] und stellte so ihrerseits die Verbindung zwischen theologischen Vorstellungen und politischen Konzeptionen her.

Entsprechend sahen die Jungdeutschen, daß die Theologie der Orthodoxie in der Restaurationszeit nicht die Oberhand gewann, weil sie bessere Lösungen für ein theologisches Problem hatte, sondern weil sie von politischen Konstellationen profitierte. 1815 »gelang es, an den Haß gegen die Franzosen und ihren politischen Liberalismus auch eine religiöse Reaktion gegen den Rationalismus anzuknüpfen. Wie man in politischer Hinsicht die seit der Revolution durch französischen Einfluß großenteils umgestürzten alten Staatsformen des damaligen deutschen Reiches mit seiner feudalistisch-aristokratischen Herrlichkeit wieder zurückwünschte, so strebte man auch in religiöser Hinsicht, die Trümmer des zersprengten alten Glaubens wieder zu einem Gebäude des Kirchenglaubens zusammenzufügen. Die politische Restauration verband sich mit einer religiös-kirchlichen« (Mundt, L 114, 414). Deutlicher noch hieß es in einem Bericht des Berliner Korrespondenten der Zeitung für die elegante Welt, es sei offensichtlich, daß man in Preußen den pietistischen (theologisch orthodoxen)

---

9 Der Rationalismus verteidigte sich gegen diese Angriffe auch keineswegs durch eine besondere Loyalität gegen die Monarchie, sondern bemerkte gegen die Orthodoxen, die Bibel habe gar nichts, »was das monarchische Prinzip vorzugsweise begünstigt und der Demokratie entgegensteht« (Bretschneider, L 9, 58). Außerdem würden auch die staatsfrommen Theologen »durchs Predigen doch nichts ... ausrichten, wenn man nicht auch von Seiten der Regierungen das Nötige tut, um die Revolutionslust zu beschwichtigen und die Ursachen gründlich zu entfernen, welche Unzufriedenheit und Erbitterung immerfort wieder erzeugen« (ebd., 85). Unter den Rationalisten fanden sich auch die einzigen Verteidiger des Jungen Deutschland (Hase, L 204 und Paulus) und später der Hegelschen Linken (Krug, L 31).

Mystizismus begünstigt und »nach dem Ende des glücklichen sogenannten Befreiungskrieges[10] allzuviel auf Gottes Hilfe gegeben, oder vielmehr sich bestrebt (habe), alles dem Lenker über den Sternen beizulegen, damit es dem Volke nicht etwa beikomme, sich und seine zum Markte gebrachten Glieder als die wahren Urheber der Erfolge zu betrachten« (L 135, 33, 603).

Leicht durchschaubar schien also der *politische* Charakter der theologischen Veränderungen nach 1815, und so mischte sich das Junge Deutschland nicht nur in die Theologie, weil »die Politik . . . damals ein sehr dorniges Gebiet« war (Engels, L 157, XXI, 271), sondern weil theologisch und politisch freisinnige Bewegungen ein im Grunde gleiches Schicksal hatten. Das Verlangen nach Pressefreiheit zum Beispiel schien Gutzkow aus dem rationalistischen Verlangen nach Lehrfreiheit hervorgegangen zu sein, und die Rationalisten hatten nach seiner Ansicht auch die Forderung der Volkssouveränität vorbereitet (L 106, 32, 210). Daß also der radikale Liberalismus an den Rationalismus anzuknüpfen und ihn in einer »konsequenten« Deutung mit dem Liberalismus zur Deckung bringen wollte, war selbst eine Folge der politischen Geschichte der Restaurationszeit.

Wie der ideologiekritische Ansatz des Jungen Deutschland, mit dem das Verhältnis dogmatischer theologischer Aussagen zu den herrschenden politischen Interessen bestimmt werden sollte, aus dem bewußten Erleben der jüngsten Geschichte und der Schicksale der kontroversen theologischen Strömungen in ihr kam, sah das Junge Deutschland auch, daß eine politische Wirkung der Aufklärung in Deutschland vor allem durch die Theologie vermittelt war. Es mochte deshalb weder zutreffend noch zweckmäßig scheinen, das Christentum in jeder Form als eine der geschichtlichen Entwicklung feindliche Macht zu bekämpfen, wenn es in seiner rationalistischen Gestalt selbst die fortgeschrittenste geistige Bewegung begründen konnte.

Während Heine auch den Rationalismus verspottete, berief sich das Junge Deutschland gerade auf dessen theologische Tradition und kehrte sie gegen die vermeintliche orthodoxe Fälschung des Christentums in »Pietismus und Mystizismus« (Laube, L 94, II, 133): kompromittiert war für die Jungdeutschen vor allem das offizielle Christentum jener Priester, die aus der Religion den »Vorwand einer politischen Tendenz der Zeit« (Gutzkow, L 75, 283) gemacht hatten und deren Sieg nicht wirklich ein Sieg des Glaubens, sondern nur »ein neuer Sieg der Hierarchie« werden

---

10 Die übliche Bezeichnung als »Freiheitskriege« war bei der Reaktion mißliebig geworden, weil sie an die liberalen Strömungen der Reformzeit und damit im Zusammenhang an die drei königlichen Verfassungsversprechen erinnerte. »Befreiungskriege« bezeichneten nur die antifranzösische Tendenz.

konnte (Gutzkow, L 78, I, 400). Nicht seiner Inhalte also, sondern »der Geistlichen wegen glaubt man nicht mehr an das Christentum« (ebd., 126); die Allianz der Priester und Monarchen, »die eigentliche große Verschwörung, welche ... bis zum Jahre 1789 gedauert hat« (Laube, L 97, II, 184), schadete ihm mehr als alle Neuerer, weil sie seinen fortschrittlichen Kern, die Perfektibilität und die Freiheit, verbarg.

Heines Kritik am christlichen Spiritualismus und die Forderung einer neuen Heiligung der Materie mochten deshalb nach Mundts Meinung zwar richtig sein; sie trafen aber das *Wesen* des Christentums nicht als Vorwurf. Nur in der gegenwärtigen entstellten Erscheinung, im offiziellen Christentum der Zeit, gab es die starre Entgegensetzung von Geist und Materie, Seele und Leib, und die Forderung der Überwindung dieses Gegensatzes mußte gar keine Abkehr vom wahren Christentum bedeuten. »Die Versöhnung liegt in der positiven Offenbarung des Christentums selbst, und wenn sie in trüben und nur als Gärungsprozesse vorübergehenden Jahrhunderten verkannt und verlorengegangen, so wird es Aufgabe eines gesunden und tüchtigen Geschlechts, sich dieser ursprünglichen und echten Bedeutung seiner Religion wieder zu bemächtigen, sie zu entwikkeln, in seine menschlichen und bürgerlichen Einrichtungen einzubilden, und daran sich zu erneuern und zu erstarken« (L 113, 2; vgl. L 118, 365)[11].

Schien den meisten Jungdeutschen die theologische Richtigkeit der orthodoxen Position bereits auf dem Boden des Christentums selbst durch eine dessen progressivem Wesen angemessene Fortführung in der rationalistischen Theologie widerlegt, so galt ihnen doch diese Widerlegung nicht für die entscheidende Überwindung ihrer konservativen Gegner. Wichtiger als die theologischen Kämpfe war eine in der Gegenwart sich herausbildende praktische Einstellung, die überhaupt das Bedürfnis nach religiösen Beschwichtigungen gar nicht entstehen ließ und die in der Beschränkung »auf die Lösung jener Aufgaben, welche rein irdischer Natur« waren (Gutzkow, L 78, I, 276), dem orthodoxen Christentum »nichts zur Anknüpfung« mehr bot (Gutzkow, L 78, II, 141). Wenn sie sich im Volk durchgesetzt hätte, könnten die Priester mit ihren Drohungen und Verheißungen »die Menge nicht mehr blenden« (ebd., 397); dann würde »der gesunde Teil der Menschheit ... in eine andere Strömung des stürmenden Weltgeistes gerissen werden« (Gutzkow, L 75, 298) und den Gedanken an eine jenseitige Ewigkeit preisgeben »als etwas, das von selbst

---

11 Mundts prononcierte Christlichkeit, die ihn nach Meinung einiger Interpreten vom übrigen Jungen Deutschland unterscheidet (Draeger, L 188, 140), bestand darin, noch nachdrücklicher im Namen des Christentums zu verkündigen, daß die *Welt* heilig sei und daß Christus *in* ihr als der Geist der Fortentwicklung lebe (L 118, 141).

kommt oder auf sich beruhen möge« (L 78, I, 276). Laube hielt diesen Zustand für bereits erreicht und tat den Widerstand der Theologen mit der Bemerkung ab, es gehöre »wirklich aller Dünkel der theologischen Handwerksleute dazu, ... für das Geschrei Gehör zu verlangen, während die Welt ringsum mit allen Richtungen, Gedanken, Forschungen und Empfindungen eine andere geworden ist« (Laube, L 79, 32, 762).

Indem so das Junge Deutschland von Fragen der Wahrheit zu solchen der Bedürfnisse, der Interessen und des Nutzens überging, machte es, wenn auch mit geringer Konsequenz und ohne klares Bewußtsein dieses Ansatzes, die Schlüsselfrage der Ideologiekritik, die Frage nach der Funktion von Aussagen innerhalb der politischen Wirklichkeit, zu einem Punkt der Auseinandersetzung mit dem Christentum. Mit dem pointierten Aufzeigen des Zusammenhangs der orthodoxen Theologie und der politischen Reaktion zeigte es, daß beide nur gemeinsam untergehen konnten mit der wirklichen Veränderung der Verhältnisse: die »lockenden Verheißungen des Himmels« (Kühne, L 91, II, 213) waren nicht durch das selbstgenügsame aufklärerische Raisonnement über die Gestalt der Religion innerhalb der Grenzen der bloßen Vernunft, sondern »durch die Gewährung eines reellen Erdenglückes außer Kraft zu setzen« (ebd.). Gutzkow hatte geschrieben, »die Religion ist die Verzweiflung am Weltzweck« (L 75, 263) — erkannte man nun, daß das Erdenglück durch menschliche Tätigkeit zu erreichen sei, so war der imaginäre Trost der Religion überflüssig, man hatte das Christentum der Priester »nicht mehr nötig«; es fand nach Gutzkows Ansicht nichts mehr zur Anknüpfung.

3. Die Auseinandersetzung mit der Philosophie

Das Junge Deutschland hatte seine Ablehnung religiöser Ablenkungsversuche und metaphysischer Scheinbefriedigungen realer Forderungen durch eine jenseitsgläubige Frömmigkeit als Kritik der orthodoxen Theologie der Zeit vorgebracht. Bei dem Versuch, deren Anschauungsweise immanent zu überwinden, war es zur Umbestimmung der Theologie in eine Künderin des fortschrittlichen Geistes des Christentums gelangt und hatte damit aus der Religion den Ansatz einer emanzipatorischen Geschichtstheorie gewonnen. Ein Ursprung der positiven Theorie des Jungen Deutschland lag so in der Auseinandersetzung mit der Theologie, und er führte, wie noch zu zeigen ist, zu einer im ganzen theologisch-philosophischen Begründung der politischen Theoreme des Jungen Deutschland.

Die Voraussetzungen seines Pathos »der Tat und des Ereignisses« (Gutzkow, L 67) und der unablässigen Forderung einer politischen Praxis dagegen gewann das Junge Deutschland aus der Auseinandersetzung mit der Philosophie. Als Kritik der Philosophie vor allem formulierten die Jungdeutschen ihr Mißvergnügen über den politischen Quietismus der Zeitgenossen, und als Überwindung der philosophischen »Denk«-Attitüde durch das »Leben« konzipierten sie ihre Praxis[12].

Dank der Philosophie, schrieb Laube, »wissen wir alles und haben nichts« (L 49, 32, 649). Die »krankhaften Richtungen des metaphysischen Charakters der Deutschen« (L 116, 40) hatten nach Mundts Ansicht zum Verkümmern »eines bürgerlichen, nur in Staat und Familie menschlich und werktätig wurzelnden Lebens« (ebd.) geführt. Kühne beklagte, daß die Deutschen »das Leben verlernt haben durch die Philosophie« (L 90, 111), und in Wienbargs ‚Ästhetischen Feldzügen‘ hieß es: »Wir haben uns herausstudiert aus dem Leben (L 128, 55) ... (und) sind aus wandernden Helden Stubensitzer, aus Kriegern und Jägern lebenssieche, tatenscheue Magister geworden« (ebd. 48).

Kulturelle Entwicklung und historisches Zurückbleiben schienen zusammenzuhängen, »die Franzosen und Engländer machten die Geschichte« (Laube, L 93, II, 517), während sich die Deutschen »von jeher für Taten durch Geschichte der Taten entschuldigt« haben (Laube, L 135, 33, 811). Für »krank bis ins Herz hinein« hielt Laube dieses Land der Denker, denn »seine Vorzüge sind seines Übels Wurzel: die Wissenschaftlichkeit hat die Leute zum wirklichen Federvieh gemacht, ... ein Quantum Bücher, das ist die Münze, womit wir Schulden zahlen« (L 97, II, 254).

Im Ansatz traf sich dieses jungdeutsche Ungenügen an der abstrakten Wissenschaftlichkeit der Deutschen mit einem kritischen Allgemeinplatz der Zeit, der fable convenue in Europa seit Madame de Staël vom »metaphysischen Deutschland« (Mundt, L 241, 19) und seinen ‚tatenarmen und gedankenschweren‘ Bewohnern. Ihnen galten schon Hegels spöttische Anmerkungen in den Vorlesungen zur Geschichte der Philosophie, auf sie bezog sich auch Heines komische Verzweiflung[13].

---

12 Die theoretisierende philosophisch-theologische Gestalt ihrer Argumente unterschied die jungdeutsche Zeitkritik deutlich von den überwiegend politischen ad-hoc-Polemiken z. B. Börnes. Deshalb schrieb Börne: »Gutzkow und seine Freunde ... haben nicht von Politik gesprochen, sondern nur von Philosophie, Religion, Moral« (L 51, II, 404), und Gutzkow wandte dagegen ein, es sei »ein großer Leichtsinn [Börnes], das Jahrhundert nur auf die konstitutionelle Frage zu reduzieren« (L 56, I, 92).

13 »Bei den Deutschen finden wir« — im Gegensatz zu den Franzosen — »Quäkelei«; ihnen fehlt der »Sinn der Wirklichkeit, des Handelns, Fertigwerdens ... (Sie) haben allerhand Rumor auf dem Kopfe; dabei läßt der deutsche Kopf seine Schlafmütze ganz ruhig sitzen und operiert innerhalb seiner« (L 22, XIX, 511, 553), bemerkte Hegel. Und Heine schrieb über seine Arbeit als Redakteur einer politischen Zeitschrift Cottas: »Ich mußte politische Annalen herausgeben, Zeitinteressen verteidigen, revolutionäre Wünsche anzetteln, die Lei-

Aber die Jungdeutschen reagierten auf diesen kritischen Befund doch um eine Nuance schärfer, indem sie es nicht dabei beließen, den vermeintlichen Quietismus der Deutschen aus ihrem »dunklen, metaphysisch verwachsenen Herz« (Kühne, L 90, 42) abzuleiten und auf sich beruhen zu lassen. Sie glaubten, die bestimmende Ursache gerade in der Rolle zu finden, welche jene »Gelehrsamkeit, ... die nur w i s s e n, aber nicht t u n will« (Laube, L 49, 33, 146), in Deutschland spielte: sie hielt sich zwar für eine neutrale Macht und meinte, daß jene wissenschaftliche Wahrheit, die allein sie suchen wollte, unpolitisch blieb. In Wirklichkeit aber übte sie (nicht zuletzt durch diese Meinung) einen verhängnisvollen Einfluß auf die Jugend aus; denn unter der despotischen Herrschaft der Restaurationsregierungen war »nicht bloß die Unwissenheit ... der Stützpunkt der Despoten, sondern ebenso sehr die Wissenschaft, wenn sie mit keinen öffentlichen Tatsachen in Verbindung gesetzt« wurde (Gutzkow, L 78, I, 410).

Eine solche »Wissenschaft ohne Zusammenhang mit der Nation und mit der Geschichte« (ebd.) blieb nämlich entweder — so sah es Laube — »bloß gelehrt, um alles beweisen zu können« (L 49, 32, 1437) und nahm dann alles zum Gegenstand und rechtfertigte schließlich auch alles, weil sie ihren Ehrgeiz daransetzte, für alles und jedes gute (historische) Gründe zu finden[14]; oder — diesen Einwand erhob vor allem Gutzkow — sie stützte das Bestehende, ohne unmittelbar apologetisch zu sein, indem sie davon ablenkte: »Eine glänzende Philosophie hatten wir, welche fünfzig Jahre hindurch die Geister beschäftigte, ... sie ist nur dagewesen, den Schmerz zu verhüllen und durch bunte Erfindungen unsern gierigen Augen einige ablenkende und zerstreuende Nahrung zu geben« (Gutzkow, L 56, 133).

In besonderem Maße richtete Gutzkow dieses letzte Argument gegen den »Enthusiasmus des achtzehnten Jahrhunderts« (L 78, I, 6). Wenn auch nicht selbst christlich, so war er doch nicht minder weltfremd und weltflüchtig, weil er seine Seligkeit darin suchte, »die Welt zu vergessen und den Himmel offen zu sehen, Gott in sich zu fühlen oder bei mystischen Naturen sich in Gott« (ebd.). Seine Stütze hatte er an einer Philosophie, die »ihre Bestrebungen an die Eroberung des Himmels an-

---

denschaften aufstacheln, den armen deutschen Michel beständig an der Nase zupfen, daß er aus seinem gesunden Riesenschlaf erwache ... Einst wollte ich aus Verzweiflung seine Nachtmütze in Brand stecken, aber sie war so feucht von Gedankenschweiß, daß sie nur gelinde rauchte« (L 80, VI, 114).

14 »Die deutsche Gelehrsamkeit oder richtiger, die Gelehrsamkeit der Deutschen, ist wie ein böhmischer Musikant: sie spielt alles auf, sie gewährt alles, bloß um zu zeigen, sie vermöge alles« (Laube, L 49, 32, 1437). Sie hat schließlich in Deutschland »so viel Unglück angerichtet, weil sie die Wissenschaft der Vergangenheit mit der Liebe für die Vergangenheit« identifizierte (ebd., 146).

(knüpfte), . . . nach der Enthüllung Gottes und seiner Geheimnisse« drang
(ebd., 276) und in ihren politischen Entwürfen die Sphäre des Tatsächlichen zu überschreiten suchte. Ihr Ziel waren glückselige Inseln, der Historie enthobene Idealreiche, in denen der Versuch unternommen wurde,
»den Menschen allmählich aus den Fugen der Geschichte loszulösen und
ihn in eine Humanitätssphäre einzuführen, welche, keiner Zeit angehö-
rend, vielmehr die Blüte, das Ergebnis aller Zeiten sein sollte« (L 78, II,
24 f.). Es war eine »arkadienhafte Weltanschauung« (ebd.), die gleich-
wohl die Revolution erzeugte.[15] Dem Selbstverständnis des neunzehnten
Jahrhunderts konnte dieser utopische Idealismus nicht mehr genügen;
denn »all unser Stolz, alle unsere großen Ideen, von welchen sich unsre
Zeitgenossen jetzt getragen fühlen, all unsere Debatten sind politischer
Natur« (Gutzkow, L 78, I, 275). Der Idealismus der Vergangenheit hatte
allen Kredit verloren, denn man war »durch mannigfache Erfahrung . . .
längst dahin gelangt, an keine Idee zu glauben, die man nicht ebensogut
eine Tatsache nennen dürfte« (Gutzkow, L 77, VIII, 280).

Aus ihrer einmütigen Kritik der Philosophie zogen die jungdeutschen
Schriftsteller jedoch ganz verschiedene Konsequenzen. Während Gutzkow
der Meinung war, daß trotz der unpraktischen Tendenz der Philosophie
grundsätzlich »den Formen, die dem Leben gegeben werden sollten, . . .
der bildende *Geist* vorangehen« müsse (L 77, XI, 128), so daß es vor
allem darauf ankäme, »die mumienhaft von den Systemen umwickelte
Wahrheit (zu) lösen« (L 67, 114) und sie vom Katheder auf die »Straße
des Lebens« (ebd.) zu führen, gelangten Mundt und Laube zu einer
grundsätzlichen Verwerfung der Philosophie.[16]

»Von den sieben Weisen Griechenlands herunter haben die Leute philo-
sophiert, systematisiert und doch nichts gelernt«, schrieb Laube (L 94, I,
23); es gebe »in der Tat keine schädlichere Erfindung [als die Philo-
sophie]. Da sitzt man nun und konstruiert und abstrahiert sich ein Leben
und einen Begriff von dem und jenem, anstatt zu leben und den Sachen

---

15 Man muß darin nicht unbedingt einen Widerspruch erblicken; weil diese
weltflüchtige Philosophie doch den Himmel erstürmen und ihr Arkadien erobern
wollte, mußte sie, einmal zur praktischen Wirksamkeit gelangt, die radikale Zerstörung des Bestehenden bringen. Als Gutzkow diese Ansicht äußerte, lag für ihn
im Aufzeigen der revolutionären Perspektive der Philosophie auch ein Grund,
sie abzulehnen; denn Gutzkow trat nach 1836 für eine evolutionäre Lösung der
Gegenwartsprobleme ein. Er glaubte, das 19. Jahrhundert könne seine Absichten
nur *im* Staat durchsetzen und müsse deshalb an das Bestehende anknüpfen; es
gelte, nicht (wie das 18. Jahrhundert) einen erst zu schaffenden Staat dem vorhandenen vorzuziehen, sondern »aus ihm das Beste, was er vor der Hand enthält
zu entnehmen« (L 78, II, 374).

16 Trotz dieser Differenz traf sich dann das Junge Deutschland im Postulat
des Verwirklichens (Vgl. Kap. V, 1).

herzhaft, ohne Skrupel nahe zu treten« (ebd., 79). Man müsse deshalb die ganze philosophische Attitüde aufgeben und sich ins Leben stürzen. »Handele, lebe!« (ebd., 23), läßt er einen seiner Helden raten, denn die Philosophie mit ihrem Formalismus macht die Menschen nur »die Zeit vergessen, während welcher sie glücklich sein könnten. Lebe!« (ebd.).

In ähnlicher Weise behauptete Mundt: »Es hängt mit einem philosophierenden Zug der Zeit zusammen, es ist das Reflektierprinzip der Zeit, ... die sich selbst bewachende Selbstreflexion, an der heute alles Leben untergeht, siech und unproduktiv wird« (L 116, 195); man müsse deshalb die Philosophie zunächst ganz aufgeben und sich »in unmittelbares Leben ... tauchen« (ebd., 146); es sei ein neuer »Leichtsinn ... nötig« (ebd., 147), um geradezu »mitten ins Leben hinein« zu fliegen (L 118, 189)[17].

Wie Heine für die spätere Hochschätzung der Philosophie[18], so hatte Börne dem Jungen Deutschland für ihre Ablehnung das Muster gegeben. Zunächst polemisierte er nur gegen die Gelehrten; sie glichen »dem Kassierer eines Bankiers: er hat den Schlüssel zu vielem Gelde, aber das Geld gehört ihm nicht« (L 51, I, 259). »Närrische Schatzmeister der Aufklärung« seien die Gelehrten deshalb, »die sich einbildeten, sie würden von den Regierungen gut bezahlt, damit sie ihren Schatz in Ruhe und Frieden genießen« (ebd.). Der typische Gelehrte sei zwar ein Mensch von hohem Verstande, aber kein politischer Kopf, er kenne die wirkliche Welt gar nicht (ebd., III, 449). Dann aber richtete Börne die Angriffe weniger gegen die närrischen Schatzmeister, als vielmehr gegen ihren Schatz, die Wissen-

17 Wienbarg lehnte nur die akademische Philosophie ab und behauptete, die Philosophie sei »nichts, was sich lehren und lernen« lasse (L 128, 39). Das wildbewegte, großartige Leben sei die Quelle aller Produktivität, auch der philosophischen.

18 Wahrscheinlich unmittelbar gegen Börne und gegen die anti-philosophische Tendenz der frühen jungdeutschen Literatur wandte Heine in der ‚Geschichte der Religion und Philosophie in Deutschland‘ ein: »Wenn man überhaupt bemerkte, daß die deutsche Jugend, versenkt in metaphysische Abstraktionen, der nächsten Interessen vergaß und untauglich wurde für das praktische Leben: so mußten wohl die Patrioten und Freiheitsfreunde einen gerechten Unmut gegen die Philosophie empfinden, und einige gingen so weit, ihr als einer müßigen Luftfechterei ganz den Stab zu brechen. — Wir werden nicht so töricht sein, diese Malcontenten ernsthaft zu widerlegen ... Mich dünkt, ein methodisches Volk wie wir mußte mit der Reformation beginnen, konnte erst hierauf mit der Philosophie sich beschäftigen und durfte nur nach deren Vollendung zur politischen Revolution übergehen ... Durch diese [philosophischen] Doktrinen haben sich revolutionäre Kräfte entwickelt, die nur des Tages harren, wo sie hervorbrechen« (L 80, V, 305).
Erst nach der Veröffentlichung der ‚Geschichte der Religion und Philosophie in Deutschland‘ setzte sich im Jungen Deutschland diese Ansicht vom revolutionären Charakter der deutschen Philosophie durch.

schaft selbst: im Grunde verderbe das viele Denken den Kopf, man finde
»wahre menschliche Bildung nur im Pöbel und den wahren Pöbel nur in
den Gebildeten« (ebd., 136); denn nur dem ungebildeten Volk habe »weder der Reichtum das Herz verdorben, noch das Wissen den Kopf« (ebd.).
Deshalb seien die Gelehrten nicht nur nutzlose Verfertiger abseitiger
Theorien, sondern geradezu Verderber der Jugend: »Jede Universität
macht das Land zehn Meilen in der Runde dumm« (L 51, III, 551), und
es besteht »keine Hoffnung, daß Deutschland frei werde, ehe man seine
besten lebenden Philosophen, Theologen und Historiker aufknüpft und
die Schriften der Verstorbenen verbrennt« (ebd., 131). Auf ihre Erkenntnisse kann man gut verzichten, denn »die Not ist eine bessere Lehrerin
als die Philosophie« (ebd., 54).

Börnes ungehaltene, ressentimentgeladene Abkanzelung der Philosophie
schien in dieser Form zwar dem Jungen Deutschland nicht akzeptabel;
aber sie gab der Kritik doch jene grundsätzliche Wendung, mit der sich die
antiphilosophische Gruppe der Jungdeutschen von der Philosophie (insbesondere von der Hegelschen) befreite: nicht falsches Denken, auch nicht
schlecht verwaltetes Denken traf hier der Vorwurf, sondern vielmehr das
»Reflectir-Princip« (Mundt, L 116, 195) überhaupt, das prinzipiell keine
zureichende Basis zur Ermittelung der existentiellen »Lebens«-Wahrheit
besaß. Eine neue Unmittelbarkeit sollte deshalb das Denken ersetzen und
allenfalls dann eine ganz neue Philosophie hervorbringen[19].

An die logische Stelle des ‚unverdorbenen Volkes‘ bei Börne trat damit
bei den Anti-Philosophen des Jungen Deutschland der Begriff des Lebens.
Ihm gegenüber war das Denken nur von minderer Relevanz; für nur erklärend, selbst aber notwendig unproduktiv hielt es Wienbarg (L 128, 9),
und als etwas dem Leben geradezu Feindliches bestimmte es Mundt: »Die
Reflexion lauert wie eine Schlange auf das Schaffen, um es in seinen schönsten Bewegungen zu umstricken und die jungen Blütenknospen des unmittelbaren Lebens gleich da, wo sie herausbrechen, abzunagen ... Das Bewußtsein vernichtet« (L 116, 147).

Wenn auch die jungdeutsche Auseinandersetzung mit der Philosophie
oft (und so zunächst auch in dieser Darstellung) als eine Kritik der Philosophie überhaupt vorgebracht wurde, so war doch ihr konkreter Bezugspunkt fast ausschließlich die Hegelsche Philosophie. Sie repräsentierte für
Mundt die gesamte philosophische Tradition, denn ihre Logik war »die systematische Geschichte der Philosophie selbst, aber zugleich auch der Hades der ganzen Philosophie« (L 116, 216), mit dessen anderen Schatten
man sich nicht besonders zu befassen brauchte. Ebenso bemerkte Gutz-

---

19 Vgl. im Gegensatz dazu Gutzkows oben zitierte Bemerkung, daß der Geist
dem Leben *voran*gehen müsse.

kow, daß Hegels System als »die notwendige Schlußfolge einer vierzigjährigen spekulativen Aufregung in Deutschland ... alle Radien vergangener Bestrebungen in seinem Mittelpunkte zusammenfassen« mußte (L 67, 107).

Das Selbstverständnis Hegels, die Geschichte der Philosophie in seinem System zu begreifen, hatten die Jungdeutschen so anerkannt und ihre Auseinandersetzung mit ihm zur Auseinandersetzung mit der Philosophie überhaupt gemacht. Ihr Widerspruch erwuchs erst aus dem weitergehenden Anspruch Hegels, nicht nur die Philosophie, sondern überhaupt die Wirklichkeit in ihrer vernünftigen Gestalt darzustellen.

Einen »Knalleffektsatz der Vernunftarroganz« (L 49, 32, 238) nannte Mundt den Gedanken einer absoluten Übereinstimmung von Sein und Wissen oder von Vernunft und Wirklichkeit. Ihn könne ein Mensch gar nicht aussprechen, weil er dazu erst die Vernunft in ihrer absoluten, göttlichen Gestalt besitzen müsse. Hegel usurpiere daher mit einer solchen Behauptung für sich den Thron Gottes, raisoniere »wie ein Gott« (L 116, 215) und habe sich, indem er die Philosophie zu dieser »übermenschlichen Vermessenheit« trieb (L 49, 32, 238), »sogar beikommen lassen, den lieben Gott selber zu schulmeistern« (L 136, 35, 409). Gutzkow teilte diese Einschätzung der Hegelschen Philosophie, wenn er über ihre Hybris spottete: Hegel »hockte dem Schöpfer der Welt auf der Schulter und begann, am siebenten Tage, wo jener zur Ruhe gegangen, den Himmel und die Erde, die Tiere ... und den Menschen so nachzuformen, wie er am Allvater sich die Handgriffe gemerkt hat« (L 67, 108), und auch Wienbarg, der sich zunächst kaum mit Hegel auseinandersetzte, formulierte in den ‚Ästhetischen Feldzügen‘ eine solche Unterstellung, wenn er schrieb, daß möglicherweise »der verstorbene Hegel ... den Grund und das Wesen der Dinge nicht allein tiefer erforscht hätte, als alle seine Vorgänger, sondern auch wirklich und wahrhaftig in diesem Grunde angelangt wäre und von da aus imstande wäre, die ganze Welt dem lieben Gott nachzukonstruieren« (L 128, 9).

Gegen diese Hegelsche Vermessenheit des Gedankens wandten sich die Jungdeutschen und versuchten, das absolute Maß des Denkens wieder auf endliche menschliche Tätigkeiten herabzumindern, indem sie entweder, wie Mundt und Wienbarg, gegen die Philosophie überhaupt die Kreativität des Künstlers setzten, oder indem sie, wie Gutzkow, die Annahmen Hegels psychologisierten. Wenn man Hegels Formeln nicht für »eine große Torheit« (L 56, II, 213) halten wollte, so durfte man in ihnen nach Gutzkows Ansicht nichts anderes sehen, als »den belauschten Zustand des Denkenden, die einfache Beschreibung einer reflektierenden Tätigkeit im Menschen, die psychologische Erklärung einer nur historischen Tatsache« (ebd.).

Versuchte Gutzkow mit dieser psychologischen Erklärung Hegels Denk-
ergebnisse zu verteidigen, so griff Mundt Hegel aus einem ähnlichen
Grunde an und bemerkte, gerade weil es nur menschliches Denken und
keine anderen als menschliche Begriffe gebe, könne auch Hegels Anspruch,
in einer Philosophie des Geistes die Wirklichkeit ganz zu begreifen, nie
eingelöst werden; denn der »sich selbst begründende Begriff« Hegels
(Mundt, L 49, 32, 234) sei, wie alle menschlichen Begriffe, bloß die Abstraktion aus einer vorab gegebenen Wirklichkeit und müsse als Produkt
der Reflexion »innerhalb des Lebens wurzeln und aus diesem sich erzeugen« (L 121, 71). Er enthalte deshalb auch nicht, wie Hegel glauben machen wollte, das schöpferische Wesen der Dinge, sondern sei »gegen das
Geschaffene nur ein Zweites, Untergeordnetes« (L 110, 201). Wo er sich
von der Wirklichkeit, die er ausdrücke, lösen und sich selbständig machen
wolle, werde er unwirklich wie »ein abgeschiedener Geist, der, nachdem
er das sterbliche Körperleben von sich abgeworfen, aus dem Jenseits der
Reflexion herüber in die hinter ihm zurückgebliebene Sinnlichkeit hinein-
scheint« (L 121, 71)[20].

Ihre eigentliche Schärfe bekamen diese im Grunde belanglosen und für
Mundt als solche auch gar nicht interessanten erkenntnistheoretischen Bemerkungen erst damit, daß Mundt die logischen Begriffe als zeitliche Folge
deutete und damit aus der Struktur des Erkenntnisprozesses die Notwendigkeit des konservativen Charakters der Philosophie und zugleich
die Begründung ihrer radikalen Verwerfung ableitete. Folgte nämlich
der Begriff auch zeitlich auf die Wirklichkeit und das Leben, so konnten Begriffe nur Vergangenheitsformen des Lebens sein und waren damit
prinzipiell ungeeignet zur Bestimmung der Zukunft.

20 Die grundsätzliche Differenz zu Hegel, die Mundts Kritik schließlich so un-
angemessen machte, brachte Kühne in einem fingierten Dialog mit Mundt zum
Ausdruck (»Über den Anfang im Philosophieren«, L 82, II, 125 ff). Hegels Position verteidigend bemerkte Kühne: »Vor allem Denken der Wahrheit war das
Sein der Wahrheit da, allmächtig in seiner Kraft und Wirkung, der Individuen
nie bedürftig, die sie in sich nicht erst erzeugen, sondern sie dem Sein nachdenken
(ebd., 131) ... Im Sein selbst ist auch schon alles, nur verhüllt, vorhanden, was,
zum Bewußtsein erwacht, im Begriffe sich herausstellt und in der Idee sich als
Einheit des Seins und Denkens erweist. Die Idee ist der Gedanke Gottes, wie
Gott die Welt gedacht, so ist sie ... Dem Gedanken Gottes nachdenken ... heißt
Philosophieren« (ebd., 135 f.). Dagegen ließ Kühne Mundt den Standpunkt vertreten, es sei »weit heimischer und menschlicher, wenn wir so den Menschen und
die Natur in diesem Verhältnis zu einander denken: die Materie als wüste Masse
gegeben, und das Ebenbild des Schöpfers ihr gegenüber« (ebd., 137). Kühnes
Hinweis auf die Mißverständnisse in seiner Hegelkritik wies Mundt in den ,Mo-
dernen Lebenswirren' mit der Bemerkung zurück: »Kann jemand so borniert
sein, mir noch wohlmeinend zu raten, ich möchte es doch begreifen? In meinem
Angreifen steckt ja eben auch mein Begreifen drin, und ich spreche es eo ipso offen
damit aus. Ich begreife es so, wie ich es angreife« (L 116, 228).

Im Ansatz des Hegelschen Systems, in der Überschätzung des Denkens, lag deshalb auch der größte Irrtum seiner Philosophie, dem zufolge sie konsequent das entwicklungsfähige, unvollendete Leben durch den erstarrten Begriff um die Zukunft bringen mußte; »denn wenn alles nur Bewußtsein, alles nur denkende Betrachtung sein soll, so muß auch alles, was sich als Tat entwickeln kann, schon entwickelt, abgeschlossen und fertig vor uns liegen … Auf eine Zukunft des Lebens ist keine Hoffnung mehr, weil sich das Bewußtsein, das nun alles in allem sein soll, ja nur auf eine schon vollendete Schöpfung beziehen kann, denn es ist nur auffassend, ordnend und schauend, aber nicht produzierend« (L 110, 201). Ihm stellt sich die Geschichte dar, »als befände sich das Geschlecht unserer Zeit jeden Augenblick in der Vorbereitung zum Abscheiden in eine ewige Zukunft, und die Philosophie wäre dann seine letzte Ölung« (L 116, 24). Eine Morgue der Geschichte war deshalb Hegels Philosophie, sie bewahrte in ihren »encyklopädischen Katakomben« (L 121, 34) nur Mumien und beschrieb das Vergangene, um die Zukunft zu leugnen.

Als eine Gegenwart ohne Zukunft wurde Hegels Philosophie für Mundt zugleich das theoretische Korrelat der politischen Gegenwart der Restaurationszeit, die das Junge Deutschland bekämpfte. Sie reproduzierte in ihren Grundzügen die Zeit, indem sie einen »abgeschiedenen Geist« (Mundt, L 121, 71) gegen das zukunftsträchtige Leben setzte und damit »das Leben selbst, das sich in einer Zukunft entfalten möchte, in seiner Produktion« hemmte (L 241, 11), und sie zeigte die Züge der Zeit im einzelnen, wenn sie dem unzeitgemäßen politischen Absolutismus »die absolute Monarchie im Reiche des Gedankens« (L 116, 120) zur Seite stellte. Dem Legitimitätsprinzip der Restauration entsprechend »wurde durch diese Philosophie … ein l e g i t i m e s Reich des Gedankens auf Erden gestiftet« (L 118, 400), dessen »universelles Autoritätssystem« (L 49, 32, 239) den politischen Obrigkeitsstaat widerspiegelte und dessen »Philosopheme … die Mausoleen, die Königsgräber .. der menschlichen Freiheit« (L 116, 120) im Geistigen ebenso waren, wie die Gesetze der restaurativen Regierungen in der Politik.

Nur »die zum Bewußtsein gekommene Barbarei unseres Jahrhunderts« (Mundt, L 241, 11) repräsentierte sie daher. Wie für Wienbarg ‚Historie‘ die ‚Larve der alten Zeit‘, so war Hegels Philosophie als »versteinerte Gegenwart ohne Zukunftshimmel« (Mundt, L 118, 403), der anachronistischen Gegenwart entsprechend, »weder mehr an der Zeit, noch überhaupt dem Zustande der heutigen Geisteskultur angemessen und vorteilhaft« (Mundt, L 49, 32, 239). Ihr »stabil gewordenes Reich des Gedankens, das keine Zukunft hat« (L 118, 403), würde zusammen mit dem legitimistischen Stabilitätssystem untergehen; denn »diese Periode«, deren Ausdruck die Hegelsche Philosophie ist, »ungeachtet ihrer Weltge-

richtsmiene, ist auch nur eine Übergangszeit ... An diese Übergangsperiode ist dann bereits das Hegelsche System ... verfallen« (ebd. 410).
Die wichtigsten Argumente gegen Hegels Philosophie entwickelte
Mundt so aus dem jungdeutschen Zeitbewußtsein. Gegen die restaurative
Erstarrung der Philosophie wie der Politik setzte er den Gedanken der
»Entwicklungsfähigkeit« (L 136, 35, 409) der Geschichte und erwartete,
daß das »Entzücken des Lebens, das *höher* als alle Vernunft« (L 116,
219), eine neue Gestaltung der Wirklichkeit wie des Gedankens hervorbringe. Kühne, der in Mundts Forderung nach der Überwindung der
provisorischen Gegenwart einstimmte und ebenso von der Maxime ausging, daß »das Leben selber ... der Inbegriff aller Wahrheit« sei (L 90,
148), verband doch, im Gegensatz zu Mundt, diese jungdeutsche Vorstellung positiv mit der Hegelschen Philosophie. Indem er aus dem Satz von
der Identität von Vernunft und Wirklichkeit die Konsequenz zog, daß
dann die jungdeutsche Hingabe an das Leben und an die Wirklichkeit auch
den der Hegelschen Philosophie gemäßen Weg zur Wahrheit darstellte,
konnte er behaupten, gerade durch Hegel sei »der neue Gott des Lebens«
eingesetzt worden, nach Hegel müsse man »leben aus Prinzip, jubeln und
trunken sein kraft (seines) Bewußtseins« (ebd., 148). Ihm selbst bleibe
deshalb beim Begreifen der Hegelschen Philosophie »die Atharaxie der
Gemüter fremd« (ebd.), und sie bedeute für ihn gerade einen »Stachel
zum Leben« (ebd.).
   Die gemeinsame Absicht des Jungen Deutschland, die Handlungsbereitschaft der Zeitgenossen durch die Betonung des ‚Lebens‘ zu stärken, erreichte so Kühne in der Anknüpfung an Hegel, während Mundt sie gegen die
Hegelsche Philosophie durchsetzen wollte. Daß das Leben, welches die Deutschen durch die Philosophie verlernt hätten, nun ihre wichtigste Aufgabe
sei, blieb der vereinigende Gedanke beider auch in diesem Widerspruch.
   Die bei einer gemeinsamen Grundtendenz widersprüchliche Einschätzung der Hegelschen Philosophie, die an zwei jungdeutschen Autoren gezeigt wurde, findet sich innerhalb eines Werkes, dem Gutzkows, unvermit-
telt nebeneinander. Einerseits heißt es bei Gutzkow, »das Freie, Unver-
bindliche ... der Hegelschen Prinzipien schuf eine sehr freie und der Individualität alles einräumende Schule« (L 67, 108), seine Philosophie der
Geschichte sei »göttlich, frei, evolutionär« (L 56, I, 75) und »zuletzt
prophetischer Natur« (L 67, 108); bestreiten wolle er deshalb nicht ihre
Resultate, sondern »nur ihre verfehlte Methode« (ebd., 201). Andererseits erhob Gutzkow aber den Vorwurf, Hegel »veranlaßte eine Philosophie, die an dem Bestehenden so viel serviles und besoldetes Genüge
hatte« (L 122, 35, 767), sie sei »Pietismus ohne die Hände zu falten«
(L 70, 219) und vergötze den Staat, um »der Regierung die Schlüssel des
Himmels und der Erde« (L 56, II, 284) zu überliefern.

Diese Gegensätze, die sich zu einem eindeutigen Hegelbild kaum zu-
sammenfügen lassen, spiegeln Gutzkows unsicheres Urteil über Hegel[21]
ebenso wie die widersprüchliche Hegelrezeption der Zeit. Jedoch waren
die Widersprüche in bezug auf Hegel für Gutzkow um so leichter zu tole-
rieren, als es ihm darauf ankam, nicht Hegel selbst, sondern mit Hegel
als Anlaß eine ‚konkrete Grundlage' zu explizieren, von der aus das
Handeln der Menschen beeinflußt werden konnte. Obwohl dabei Gutzkow über Hegel Widersprüchliches sagte, zielten doch die gegensätzlichen
Aussagen auf das gleiche; denn wenn er einmal Hegels Geschichtsphilosophie als frei, göttlich und evolutionär lobte, und sie dann wenig später
verwarf, weil in ihr »nichts (lag), als das Fixieren, das Anketten der
Dinge an ihr Fundament, ja leider! das Anketten der Dinge an ihr Vor-
urteil, an die positive Wirklichkeit« (L 56, I, 359), so war das Gemeinsame dieser Aussagen nicht Hegel, sondern eine evolutionistische, aktivi-
stische Geschichtsphilosophie, die im Bewußtsein der Zeitgenossen veran-
kert werden sollte.

Charakteristisch schloß deshalb Gutzkow eine seiner längeren Auseinandersetzungen mit Hegel mit einer Bemerkung, die im Grunde die ganze
philosophische Auseinandersetzung überflüssig machte: »Bewundert den
Schematismus der Begebenheiten, die Symmetrie in dem, was war und
ist«, fordert er seine Leser auf, »aber in dem, was sein wird, reckt eure
eigene Hand und werdet, statt Kritiker, Schöpfer! Noch keine Philosophie
hat gewagt, solche Entnervung zu lehren, daß wir *objektiv* auch *leben*
sollen. Kurz, es wäre besser, weniger von der Zeit zu wissen, und mehr für
sie zu tun« (L 56, I, 76).

---

21 Rückblickend sprach Gutzkow 1874 von seiner damaligen »Inkompetenz
... auf spekulativem Gebiete« (L 77, XI, 35) und von der »staunenden Bewunderung«, die ihm die »Leichtigkeit des Umspringens mit logischen Kategorien...
erregte« (ebd.). Er selbst, gestand er, obwohl ein ehemaliger Schüler Hegels,
»konnte nur denken mit konkreten Unterlagen, in der Weise, wie die Engländer,
Lessing, Herder philosophierten« (ebd.).

II. Die Radikalisierung der zeitkritischen Prinzipien in den Hallischen Jahrbüchern

1. Die konservativen Fiktionen der Jahrbücher

Die Zeitkritik der Hallischen Jahrbücher begann — dem Anschein nach von allen jungdeutschen Ansichten verschieden — mit einer liberalen Preußenbegeisterung, wie sie zuletzt im Nachklang der preußischen Reformzeit zu vernehmen gewesen war. Damals sah Hegel in Preußen das Prinzip der Aufklärung und der Revolution von Staats wegen durchgesetzt und feierte Börne Preußen als den Staat des Geistes und der Zukunft.

Obwohl 1838 kaum ein Lob Preußens befremdlicher klingen mochte, hieß es im ersten Jahrgang der Hallischen Jahrbücher, Preußen habe von der Reformation bis in die Gegenwart seine Aufgabe darin erkannt, das Prinzip des freien Geistes zu ergreifen und in allen Gebieten des Lebens durchzusetzen (HJ 38, 1); Preußen sei »die gerechte Monarchie, sein Prinzip ist Licht und Wissenschaft« (ebd., 333). Wenn es das, »was man so Liberalismus nennt, ... das Prinzip der Freiheit als Parteiprinzip« (HJ 38, 1182), in Preußen nicht gebe, so bedeute das nicht, daß in Preußen die Freiheit unterdrückt werde, sondern daß es dort »nicht nötig (sei), für die Vernunft Partei zu machen, solange der Staat durch und durch auf die Verwirklichung der Vernunft gerichtet« bleibe (ebd., 1182). Da nämlich, schrieb Ruge 1838, »bei uns die Regierung fortdauernd auf den Prozeß der Zeit eingeht« (ebd., 1129), fehlten in Preußen alle Voraussetzungen für eine liberale Revolution. Einzig im Interesse der ultra-konservativen Kräfte könne »eine Revolution *gegen* Preußen« liegen (HJ 38, 1432), denn diese wäre zugleich »eine Vernichtung des wahren freien Geistes, der an unserem Staat und seinen Gesetzen seine Gestalt und Existenz hat. Eine solche Revolution beabsichtigen allerdings die Jesuiten [der reaktionären ‚Evangelischen Kirchenzeitung'], die Freunde und Genossen des ‚Politischen Wochenblattes'« (HJ 38, 1452), während ein sich recht verstehender Liberalismus nur auf die Stärkung und Fortentwicklung des bestehenden fortschrittlichen Geistes in Preußen dringe. Preußisch-patriotisch und regierungstreu[1] gaben sich daher die Hallischen Jahrbücher, und

---

1 Den Anknüpfungspunkt bot den Jahrbüchern die Inhaftierung des Kölner Erzbischofs: indem sie den Streit um konfessionell gemischte Ehen zu einem

indem sie sich bemühten, auch nur den Anschein einer revolutionären Tendenz zu vermeiden, schienen zur jungdeutschen Bewegung gar keine Beziehungen zu bestehen.

Scheinbar im Widerspruch hierzu erklärten die Jahrbücher jedoch gleichzeitig, zwischen ihrer patriotischen Absicht, »das protestantische Prinzip immer weiter nach allen Seiten hin auszubilden« (HJ 38, 516), und den liberal-religiösen Vorstellungen des Jungen Deutschland bestünde im Grundsätzlichen Übereinstimmung. Wenn es die Jungdeutschen auch »in der großen Konfusion, deren sie jedenfalls zu beschuldigen sind, nirgends gesagt« hätten (HJ 38, 517), so stelle ihr religiös eingekleideter Liberalismus im wesentlichen nur eine Ausformung jenes protestantischen Prinzips dar, das auch die Jahrbücher zur Geltung bringen wollten. Deshalb sei »die Meinung [der Jungdeutschen] ... gut, aber sie waren in ihrem Denken viel zu unreif, um sich die Aufgabe klar machen zu können« (ebd., 517). Ihr Fehler habe darin gelegen, den Liberalismus nur im Zerstören des Bestehenden zu sehen und ihn gegen Preußen durchsetzen zu wollen, während er doch als Prinzip des Protestantismus im Wesen Preußens selbst begründet sei. »Bei jenem zerstörenden Tun stehenzubleiben (sei) nun offenbar keineswegs die Absicht der Mehrheit jener neuerungssüchtigen Schriftsteller« gewesen (ebd., 516); aber sie hätten die konstruktive Seite ihrer Kritik, welche den Liberalismus als die Erfüllung einer genuin protestantischen Tradition zeige, weder sich noch dem Publikum deutlich machen können, und wären »daher nicht durch eine falsche, sondern durch eine verkehrt begonnene gute Sache« gescheitert (HJ 38, 517).

Entsprach schon das junghegelsche Lob Preußens so sehr *nicht* den Tatsachen, daß es unglaubwürdig scheinen mußte, so legte vollends das Bekenntnis zu grundsätzlichen Gemeinsamkeiten mit dem Jungen Deutschland den Schluß nahe — und die alten Gegner des Jungen Deutschland zogen ihn sogleich — daß es sich in den Hallischen Jahrbüchern nur um den Versuch handelte, die gescheiterte jungdeutsche Bewegung in anderer Form wieder aufleben zu lassen. »Die Tendenz der bedeutendsten Aufsätze [der Hallischen Jahrbücher] ist eine auflösende, unchristliche, *jungdeutschliche,* freilich letzteres mit dem Vorzuge einer scheinbar wissenschaftlichen Form«, hieß es im ‚Berliner Politischen Wochenblatt‘ (nach HJ 38, 1439), und die ‚Evangelische Kirchenzeitung‘ schrieb, man müsse die Junghegelianer durchaus mit den »jungdeutschen Mistfinken zusammengejocht« sehen (EKZ 38, 367), von denen sie sich zu distanzieren ver-

---

Konflikt des protestantisch-liberalen mit dem katholisch-hierarchischen ‚Prinzip‘
uminterpretierten, konnten sie der konservativen Regierung ‚liberale‘ Absichten
unterstellen.

suchten, denn sie wehrten sich gegen diese Zusammenstellung nur deshalb, weil ihnen der Abfall des Jungen Deutschland »nicht energisch genug« sei (ebd.)². Unter der junghegelschen »Hülle schöner Redensarten« (EKZ 38, 545) verberge sich als »der ewige Refrain ihrer neuen Marseillaise: Freiheit, und nochmals Freiheit, und wiederum Freiheit« (ebd.), jene jungdeutsche Tendenz, die, in wechselnden Formulierungen, stets auf dieselben Forderungen hinauslief und auch stets dieselbe Replik der Reaktion hervorrief: »Equidem censeo annales Halanos delendos esse« (EKZ 41, 374).

Eingedenk wohl nicht zuletzt der in Preußen fortbestehenden Einschränkungen für die Verbreitung jungdeutscher Schriften antwortete Ruge auf diese Beschuldigungen damit, daß er das Junge Deutschland als eine »französische Bewegung« (HJ 38, 1439) desavouierte und die Berechtigung der konservativen Angriffe auf das Junge Deutschland zugab³: »Als ihr 1830 oder kurz danach den Schild erhobt gegen die unverschämt andringende französische Bewegung, die uns in Preußen nicht ergreifen durfte, da hattet ihr einen vernünftigen Operationsboden, es

2 Vgl. Heinrich Leos Pamphlet gegen die »Hegelingen« (L 32a, 28). Ruge schrieb später, den Namen Junghegelianer hätten ihnen die Pietisten als Schimpfnamen angehängt, um sie zu diffamieren (An. II, 17).

3 Diese Distanzierung vom Jungen Deutschland ist Ruge sicher nicht sehr schwer geworden; denn die Jahrbücher vertraten neben liberalen Ansichten auch einen Komplex aufrichtig reaktionärer Gesinnung vor allem in sozialen Fragen, zu dem es im Jungen Deutschland keine Entsprechung gab, der aber neben dem Konservatismus der ‚Evangelischen Kirchenzeitung' durchaus bestehen konnte. So zog Ruge gegen den Gedanken einer übrigens sehr maßvollen Emanzipation der Frau ins Feld und verteidigte das »Heiligtum des Familienlebens« (HJ 38, 225) mit dem Argument: »Der Familiengeist ist nicht zu emanzipieren, denn er ist die freiwillige Aufopferung der Persönlichkeit« durch die Frau (ebd., 1732). Kraft der von Gott und der Natur gegebenen Bestimmung erfülle sich das Glück des Weibes nur in der Rolle als »Hausfrau und Mutter« (ebd., 1731), und nichts anderes könne ihrem Herzen wirklich Befriedigung verschaffen. Auch gebärdeten sich die junghegelschen Revolutionäre im Gegensatz zum Jungen Deutschland nicht weniger christlich-germanisch und antisemitisch als ihre reaktionären Gegner: »Emanzipiert oder nicht«, hieß es 1839 in den Jahrbüchern, »die Juden als Juden stehen außerhalb der Bewegung; unsere Bildung, als eine christlich-germanische kann von ihnen keine Forderung, unsere Zukunft kein Heil erwarten; nur als negatives Ferment ... hat das Judentum noch einige Bedeutung« (HJ 39, 1345). Noch schärfer äußerte sich Ruge in einem Brief: »Diese Schmeißfliegen, Huren und Säue suchen sich einzudrängen in das deutsche Pantheon, wohin sie nimmer gehören ..., und wenn sie noch so viel Weisheit geredet, denn es kommt ... auf die volle, f r e i e Bewegung, die rein deutsche und wissenschaftliche und ideale Form an« (L 167, 209). Gelegentlich, allerdings wohl mehr um Heines »Grisettenwirtschaft« zu schmähen, bedienten sich die Jahrbücher auch antifranzösischer Stereotypen und wiesen hin auf die »Verkümmerung und Verwahrlosung der Franzosen« (HJ 38, 277).

konnte erwünscht scheinen, daß dem Trubel und dem unverständigen Gelärme entgegengetreten werde« (HJ 38, 1439). Gegen die Hallischen Jahrbücher ließe sich aber in dieser Weise nicht polemisieren, denn nicht nur verträten sie die Prinzipien eines preußisch-patriotischen Protestantismus, sondern sie leugneten im Gegensatz zum Jungen Deutschland auch, daß überhaupt je eine Revolution, von wem auch immer (und auch nicht von ihnen selbst), gemacht werden könne. »Niemand projektiert, niemand macht, niemand hindert eine wirkliche Revolution. Sie wird nicht gemacht, sie macht sich, das heißt, wenn sie eintritt, so ist diese Gewaltsamkeit der Entwickelung historisch notwendig. Wird nun aber die Entwickelung n i c h t aufgehalten und gehemmt, im Gegenteile, hat der Staat das reformierende Prinzip, wie Preußen, so gibt es keine Notwendigkeit, ja nicht einmal eine Möglichkeit der Revolution« (HJ 38, 1437 f.).

Nur oberflächlich konnte diese Verteidigung Ruges für konservativ und für eine Apologie der restaurativen Gegenwart gelten; denn ganz absichtsvoll blieb die Möglichkeit einer revolutionären Entwicklung offen. Der Satz galt zwar uneingeschränkt, daß eine reformistische Praxis die revolutionäre Konsequenz des Jungen Deutschland ausschließe; der Nachsatz aber, den die Hallischen Jahrbücher erst zwei Jahre später aussprachen, mußte lauten, daß, wenn die Regierung auf den Prozeß der Zeit *nicht* eingehe, eine Revolution in Preußen unvermeidlich werde.

Unter dem konservativen Anschein eines prinzipiellen Lobs der Gegenwart verbarg Ruge so eine Position, welche von der des Jungen Deutschland weniger verschieden war, als er glauben machen wollte. Sein Lob Preußens galt nicht jenem Geist der Vergangenheit, der sich in der restaurativen Wirklichkeit des Jahres 1838 darstellte, sondern dem der fortdauernden (und von der Reaktion bekämpften) Institutionen der Reformzeit, die konsequent (auch im Sinne der Reformer) fortgeführt, zu einem System führen müßten, das der restaurative preußische Spätabsolutismus als seinen schärfsten Gegensatz empfand. Denn die emphatische Gegenwart Preußens repräsentierten für die Jahrbücher gerade jene »freisinnigen Einrichtungen ... von der Städteverfassung bis zur Militärordnung« (HJ 38, 1191), deren Vervollständigung durch eine repräsentative Volksvertretung Friedrich Wilhelm III. dreimal, zuletzt sogar in Gesetzesform, versprochen hatte. Die »Gegenwart« der Hallischen Jahrbücher bezeichnete also nicht die anachronistische Gegenwart der Restauration, und die Preußen-Panegyrik der Jahrbücher zielte eigentlich auf den Widerspruch der restaurativen und der reformerischen Tendenz in den letzten dreißig Jahren der preußischen Geschichte. Indem die Jahrbücher das ‚liberale‘ Prinzip Preußens in ironische Identität mit der Wirklichkeit brachten, kritisierten sie indirekt jene Gegenwart, die das Junge Deutschland unmittelbar angegriffen hatte.

Den reformistischen Fiktionen der Jahrbücher kam daher weitgehend nur taktische Bedeutung zu; indem »dem status quo ohne weiteres die Idee untergeschoben und das, was im Prinzipe liegt, für anerkannt ausgegeben wurde, obgleich jedermann die widersprechende Wirklichkeit bekannt war« (DJ 41, 1), wurde eine Möglichkeit geschaffen, liberale Gedanken zu verbreiten, ohne daß die Autoren sich direkt politisch kompromittierten[4] und ein Verbot der Jahrbücher heraufbeschworen. Wenn Ruge die künstliche Konstruktion einer liberalen Gegenwart Preußens, an die er wohl ernstlich nicht glaubte, wie eine Realität behandelte, verwandte er damit den konservativen Fetisch des ‚Bestehenden‘ zur Deckung seines Angriffs auf die Reaktion in Preußen: gegen diese *liberale* Realität zu agieren würde dann bedeuten, antipreußische Tendenzen und den Umsturz des Bestehenden zu befördern und müßte die Konservativen in den Verdacht revolutionärer Absichten bringen.

Damit hatte Ruge zwar auf listige Weise konservative Begriffe zur Deckung seiner liberalen Polemiken verwandt, aber die ironische Struktur seiner Argumentation machte diese sehr mittelbare Kritik doch verhältnismäßig wirkungslos. Die Wirklichkeit ertrug die Konfrontation mit ihrem Prinzip durchaus, ohne sich zu ändern, und so klagte Ruge 1839 in einem Brief an Rosenkranz: »Ich habe ihnen das Prinzip gelobt und den Begriff Preußens in den Himmel gehoben . . . [Aber] sie wollen kein Prinzip, sondern die Unbestimmtheit . . . und den Quietismus des guten Novalis« (L 167, 177). Für die Jahrbücher entstand daher die Notwendigkeit, die Taktik zu ändern und den polemischen Gehalt ihrer liberalen Prinzipien offen darzulegen.

2. Die radikale Polarisierung der Prinzipien

Bei der Polemik gegen die reaktionärsten Richtungen der Restauration, die sich in der ‚Evangelischen Kirchenzeitung‘ und in den ‚Berliner Politischen Wochenblättern‘ äußerten, hatten sich die Jahrbücher, um dem Liberalismus auch eine historische »Legitimität« zu verschaffen, eines konservativen »organischen« Entwicklungsmodells der Geschichte bedient: sie gaben den Liberalismus für die letzte Stufe in der Entfaltung des protestantischen Prinzips aus, das sich kontinuierlich von der Reformation über

4 Ruge war 1838 Privatdozent an der Universität Halle und wollte, wenn auch kein Honorar, so doch wenigstens einen Professorentitel bekommen. Deshalb begleitete er jeweils ein Exemplar der Jahrbücher, das er an Altenstein schickte, mit Ergebenheitsadressen und mit der Erinnerung an die versprochene Ernennung, die freilich nicht erfolgte; schließlich gab Ruge auch seine Privatdozentur auf.

die Aufklärung und die Freiheitskriege bis in die Gegenwart hinein zu seiner politischen Gestalt entwickelt habe.

Dieser historische Rückgriff der Jahrbücher bezog sich jedoch nur formal auf die Vergangenheit und meinte in Wirklichkeit den Zukunftsaspekt der Gegenwart. Wie das wahre (konsequent rationalistische) Christentum des Jungen Deutschland, so bezeichnete auch das protestantische Prinzip der Jahrbücher einen grundsätzlichen Widerspruch zur restaurierten Vergangenheit in der Gegenwart. Die Reformationsfeier war für die Hallischen Jahrbücher kein historischer Gedenktag, sondern die Reformation feiern hieß gerade, »den Geist der *Zukunft* feiern« (HJ 39, 2343). Ihr Protestantismusbegriff war konzipiert als ein normativer Begriff, der die Realität in Frage stellte, weil er als nur geistige Wirklichkeit in einem emphatischen Sinne realer sich dünkte, als das bloß empirisch Bestehende. Eine zukünftige Wirklichkeit, nicht die positiv historische Gestalt des Protestantismus darzustellen, beanspruchte er deshalb. »Die letzte Phase der *Reformation*, die freie Bildung unserer geistigen Wirklichkeit« (HJ 39, 1953) wäre ein repräsentatives parlamentarisches System; eine Realität also, welche es in Preußen nicht gab, und die die theologische Reformation auch nicht intendiert hatte.

Um dieses Zukunftspostulat als notwendige Konsequenz der Vergangenheit darstellen und um im Namen des Protestantismus die politischen Forderungen des Liberalismus vertreten zu können, erklärten die Jahrbücher, der »Kern der Reformation (sei) nicht der kirchlich festgestellte Glaubenssatz, ... nicht die Augustinische Fassung des Christentums, ... sondern die Macht des Geistes, sich auf sich selbst zu stellen« (HJ 38, 1194). Als ein »über die Sphäre der Reformation hinausschreitendes und alle Gebiete des geistigen Lebens [zu dem für die Hegelsche Linke auch der Staat gehörte] umfassendes Prinzip« (HJ 38, 1) bestehe der Protestantismus noch gar nicht in der Wirklichkeit. Was die Reformation im Bereich der Religion heraufgeführt habe, müsse in der Politik erst noch durchgesetzt werden. Wie die Reformation das Privilegium eines esoterischen Heilswissens der *kirchlichen* Hierarchie aufgehoben habe, um den Besitz der Wahrheit allen Laien zuzusprechen, dürfe nun der *Staat* »nicht abfallen ... von dem großen Gewinn [der Reformation], daß wir alle Gottes Kinder sind und alle unmittelbar das Göttliche als unsere Tat, als unsern Besitz gewonnen haben und *darum* nun auch Staat und Gesetz mit der vollkommensten Beteiligung unserer Mitwirkung und unseres Mitwissens begleiten wollen« (HJ 40, 715). Die volle Wirklichkeit des protestantischen Prinzips sei in Preußen deshalb erst erreicht, wenn es zu einer »freien Öffentlichkeit der Staatsverhältnisse« (HJ 39, 2121) gelangte, die es den Bürgern ermöglichte, an der Regierung »mit freiester Vertretung Teil zu haben« (HJ 39, 2100). Im Protestantismusbegriff der Halli-

schen Jahrbücher kritisierte die ‚Evangelische Kirchenzeitung‘ deshalb vor
allem die politische, nicht die theologische Irrlehre: »Das, was Ruge Protestantismus nennt, ist scheußlicher als Vatermord, schrecklicher als Sodo-
miterei; denn es schließt alle Greuel der Welt am Ende mit ein, die der
Mensch ersinnen kann . . . Nimmt man die Stellen [über den Protestantis-
mus] . . . zusammen, so geht klar hervor, daß die Hallischen Jahrbücher
als Konsequenz ihres Protestantismus verlangen: ‚eine auf dem Grundsatz der Volkssouveränität gegründete konstitutionelle Verfassung‘«
(EKZ 41, 364).

Ähnlich wie die Jungdeutschen mit dem wahren Geist des Christentums,
verfuhren die Junghegelianer mit dem Geist des Protestantismus: sie
knüpften ihre politischen Vorstellungen an einen theologischen Begriff, abstrahierten von dessen positivem Gehalt so weit, bis er nur noch den ‚Geist
der Wahrheit‘ bedeutete, und füllten ihn mit politischen Inhalten. Wahres (protestantisches) Christentum und konstitutioneller Liberalismus
wurden austauschbare Begriffe, und mit der theologischen Bezeichnung
ließ sich im Felde der Politik operieren: gemessen am linkshegelschen Begriff des Protestantismus mußte »Preußen als Staat . . . noch katholisch«
(HJ 39, 2100) scheinen; denn »die absolute Monarchie (bedeutete) politisch ganz dasselbe, was religiös der Katholizismus« war (HJ 39, 2100 f.):
eine Hierarchie, die den Laien (d. h. den Bürgern) den Anteil am Allerhei-
ligsten (der Regierung) vorenthielt und es durch seine geweihten Priester
(die Beamten) verwalten ließ, weil sich nur die Spitze der Hierarchie (der
Monarch) im alleinigen Besitze der Wahrheit wähnte, »während alle Die-
ner und alle Untertanen den Staat als ein Jenseitiges zu verehren« hatten (HJ 39, 2092).

Nicht eine minder entwickelte Form des »Protestantismus«, sondern die
Verkörperung des entgegengesetzten »katholischen« Prinzips sahen deshalb die Jahrbücher in Preußen; »im schreienden Gegensatze« (HJ 39,
2343) zur Wahrheit der Reformation befand sich die politische Praxis
Preußens, so daß »alle Verwaltungsänderungen, auch die besten, . . . zu
nichts« führen konnten (HJ 41, 154) — es bedürfte »einer völligen Sy-
stemsänderung« (ebd.), um aus Preußen einen protestantischen Staat zu
machen[5].

---

5 Gegen die Polarisierung eines protestantischen und eines katholischen Prinzips (sowie gegen die politischen Implikationen) wandte Heinrich Leo vom
Standpunkt einer (prononciert antiliberalen) konservativen Geschichtsschreibung
ein: »Alle [Reformatoren] wollten nur ein altes, durch Mißbräuche entstelltes
Wesen erneuern, reformieren, verjüngen. Dies alte Wesen war aber nichs als die
katholische Kirche . . . Hierüber kann in der ganzen protestantischen Kirche kein
Zweifel sein, daß . . . die Reformation nur eine verbesserte Auflage der katholischen Kirche ist« (Leo, L 32a, 56 f.).

Mit der Aufschlüsselung der Zeit nach theologisch-prinzipiellen Gegensätzen gaben die Jahrbücher auch ihren anfänglichen Gedanken einer progressiven Kontinuität der Geschichte auf. Zwischen antagonistischen Prinzipien ließ sich keine Vermittlung denken, die Ausbreitung des einen müßte den Untergang des entgegengesetzten Prinzips bringen. »Tot« und »lebendig« waren in den Jahrbüchern die geläufigsten Metaphern zur Bezeichnung der dem vergangenen und dem zukünftigen Prinzip zugeordneten Tatbestände in der Gegenwart.

Soweit die Vergangenheit herrschte, war in der Zeit »alles ein Weltuntergangsbewußtsein« (DJ 41, 1797) und schien die Gegenwart »bis in den tiefsten Grund morsch und verdorben« (Feuerbach, L 147, 295). Weil es »der tote Geist der Staatsordnung des Polizeistaates« (Ruge, L 167, 223), ein im Grunde »überwundener Geist« (An. II, 199), war, welcher der Vergangenheit nur eine Art Scheinleben vermittelte, konnten die Jahrbücher jenes vergangene Leben, das »nur noch als ein Gespenst« umherspukte (DJ 42, 240), als unwirklich denunzieren, ohne ihm damit »ein anderes Unrecht anzutun, als die Indiskretion, zu zeigen, was es ist, nämlich tot« (HJ 40, 418). Aller Jammer der »Erhalter und Nutritoren« (DJ 41,3), daß gerade durch die Angriffe der Junghegelianer der Staat zugrunde gehe, mußte deshalb für töricht gelten, konnte doch schon der Historiker den Konservativen sagen, »euer Staat ist bereits untergegangen« (ebd.) und läßt sich deshalb auch nicht mehr konservieren; er »ist *im Prinzip* und historisch überwunden« (ebd.) und besteht deshalb nur noch als ein Phänomen der Geschichte.

Wahrhaft gegenwärtig aber und, wenn auch noch nicht realisiert, so doch im Prinzip emphatische Wirklichkeit schienen den Jahrbüchern ihre eigenen Forderungen an die Zukunft. Ihre Theoreme waren als ein »heitere(r) Blick, den die Völker in ihre Zukunft tun« (DJ 41,3), Antizipationen einer Wirklichkeit, die im Bewußtsein bereits real als »gegenwärtige Zukunft« (ebd.) und als das »göttliche Sollen« (ebd.) bestand, und über deren Wirklichwerden es keinen Zweifel geben konnte.

Mit den zeitgenössischen Manifestationen einer geistigen Vergangenheit verband die Theorie und die Wirklichkeit der Zukunft durchaus nichts mehr. Aus den gegenwärtigen »Geburtswehen einer neuen Zeit« (HJ 39, 1954) würden »ein neues Leben, ein neuer Geist« (An. I, 142) und in der Folge eine »neue Wirklichkeit, eine prinzipiell neue Welt« (DJ 42, 192) hervorgehen. Die Zeit treibe »einer Entwicklung entgegen, die gewaltig und gründlich« sei (Ruge, L 167, 240): sie werde mit der gegenwärtigen Wirklichkeit auch die Prinzipien der vergangenen Geschichte überwinden und »die wahre Geschichte erst an(fangen)« (An. II, 58). Der Umbruch schien deshalb auch mit keiner Revolution der Vergangenheit vergleichbar. »Die Katastrophe wird furchtbar und muß eine große werden ...

Sie wird größer und ungeheurer werden als diejenige, mit der das Christentum in die Welt getreten ist« (B. Bauer, L 158, I, 2; 237).

Es lag in der Konsequenz der linkshegelschen Vorstellung einer umfassenden Zeitwende, daß die Veränderungen, auf die ihre Theorie zielte, nicht aus der Geschichte selbst hervorgehen konnten. Anders als das Junge Deutschland haben deshalb die Jahrbücher 1842 auch den Anschein einer historischen Kontinuität, der in ihrem polemisch-fortschrittlichen Begriff des Protestantismus lag, schließlich aufgegeben. Ruge revozierte seinen früheren Artikel: »Wir können ... mit dem Vorwurfe: ‚der Preußische Staat sei katholisch‘ nicht mehr übereinstimmen. Zum Wenigsten werden wir jetzt diesen Satz nicht mehr als Vorwurf und den Protestantismus nicht mehr als Freiheit aussprechen. Im Gegenteil, wir geben es zu, wie kein Mensch aus seiner Haut, so kann auch der Protestantismus nicht über sich hinaus, ohne sich um seinen Namen, seinen Inhalt und seine Methode zu bringen. Der freie Staat ist keine Form des Protestantismus, er wäre vielmehr seine Aufhebung« (DJ 42, 1065); und Feuerbach schrieb, »die Menschheit muß, wenn sie eine neue Epoche begründen will, rücksichtslos mit der Vergangenheit brechen, sie muß voraussetzen, das bisher Gewesene sei nicht ... Alle Anknüpfung an das Vorhandene würde den Flug der Tatkraft lähmen« (L 148, II, 378).

Nicht mehr das ‚wahre‘, ‚protestantische‘ Christentum und die konstitutionelle Monarchie des Jungen Deutschland, sondern »den Atheismus ... und die philosophische Republik« (Ruge, L 167, 239) proklamierten zuletzt die Linkshegelianer und übertrafen damit verbal den liberalen Radikalismus des Jungen Deutschland[6].

3. Die theologische Tradition in der linkshegelschen Kritik

Ähnlich dem Jungen Deutschland verknüpften die Linkshegelianer ihren politischen Liberalismus mit Begriffen der theologischen Tradition des Protestantismus. Auch sie rechneten das Christentum zunächst nicht offen unter ihre Gegner, sondern bekämpften nur dessen theologisch ortho-

---

6 Der begriffliche Gegensatz von Atheismus und ‚wahrem‘ Christentum verschleierte freilich, daß beide Begriffe ganz ähnliche Vorstellungen deckten. Der Atheismus der Jahrbücher, das Ergebnis des ‚begriffenen Wesens‘ des Christentums, trug, auch als er die pantheistischen Vorstellungen abgelegt hatte, religiöse Züge, und das Christentum des Jungen Deutschland war im Grunde atheistisch (s. u.). Im jungdeutschen ‚Christentum‘ wie im linkshegelschen Atheismus wurden »die Menschen Götter proclamirt« (Ruge, L 167, 239). Gerade im Bezug auf theologische Fragen vertrat das »jungdeutsche unkultivierte Gesindel ohne Philosophie« (ebd., 240) einen Standpunkt, der dem der Jahrbücher sehr nahe war.

doxe und politisch konservative Fassung als eine Verfälschung des wahren protestantischen Geistes in einen jesuitischen Pietismus. Als ihnen dann, endgültig nach dem Erscheinen von Feuerbachs ‚Wesen des Christentums‘, das Christentum theoretisch überwunden schien, wurde es doch nicht zum ‚Widergeist‘ und zur Verkörperung eines feindlichen Prinzips, sondern galt nur für die entfremdete Form einer Wahrheit, deren begriffliche Fassung die philosophische Anthropologie bot. Wenn auch faktisch auf Vernichtung, so ging doch der Form nach selbst noch der linkshegelsche Atheismus auf die Explikation des Christentums und beanspruchte, in der radikalen Auflösung der Religion in Philosophie und ‚Wissenschaft‘ die christliche Wahrheit mit seinen Erklärungsmodellen besser zu begreifen als die gläubige Theologie. In der Konsequenz dieses Selbstverständnisses konservierten darum auch die Linkshegelianer eine Leerform von Religiosität, die sie mit neuen, der politischen Vernunft gemäßen Inhalten füllten. Mit unvergleichlich mehr Aufwand an Philosophie und ‚Wissenschaftlichkeit‘ kamen auch sie zu dem jungdeutschen Ergebnis, daß der Liberalismus als eine Sache der Religion zu vertreten sei.

Den Anknüpfungspunkt an die theologische Tradition bot auch den linkshegelschen Privatdozenten der Theologie (David Friedrich Strauß und Bruno Bauer) der Rationalismus. Das erste und grundlegende Werk der linkshegelschen Kritik, das »Leben Jesu« von Strauß, war weitgehend eine systematische Zusammenfassung der kritischen Forschungen des Rationalismus[7], die Strauß unternahm, um die *praktische* Theologie des Rationalismus zu überwinden. Strauß wollte nur einen dem Rationalismus immanenten Widerspruch beseitigen, der entstehen mußte, wenn der Rationalismus einerseits eine ausgedehnte und im ganzen wohlbegründete philologisch-historische Kritik der biblischen Quellen unternahm, andererseits aber die also kritisierten Quellen zur Grundlage seiner moralischen Theologie machte, obwohl sich die meisten Einwände, welche der Rationalismus gegen den orthodoxen Glauben an die übernatürliche Authentizität des Neuen Testamentes erhob, nach Strauß' Meinung ebenso gegen die grundlegende Hypothese der historischen Authentizität (und gegen die rationalistischen Konsequenzen) richten ließen. Von der Unstimmigkeit der Quellen konnte sich die Wissenschaft nach Strauß' Ansicht nur befreien, wenn sie jede ‚positivistische‘ Prätention für die Bibel aufgab und ihren Deutungen die Annahme zugrunde legte, daß es sich um »geschichtsartige Einkleidungen urchristlicher Ideen« (L 171, I, 75) handelte, die

7 Die ‚Evangelische Kirchenzeitung‘ schrieb deshalb, »es wäre unrecht, die Polemik, die Herr Strauß ... wider die Grundwahrheiten des Evangelismus treibt, der Hegelschen Philosophie aufzubürden; es ist vielmehr, was er überhaupt von Gründen aufbringt, nur dem ordinären Rationalismus entnommen« (EKZ 38, 817).

sich um einen nur sehr dünnen Faden historisch beglaubigter Geschichte
rankten (ebd., 40)[8].

Erst mit dieser nicht sehr erhellend als »mythischer Standpunkt«
(L 171, I, S. IV) bezeichneten Hypothese über die Entstehung der biblischen Berichte hielt Strauß es für möglich, das von der Forschung »kritisch
Vernichtete dogmatisch wiederherzustellen« (L 171, II, 686), ohne einerseits zur Rettung der Dogmatik in die wissenschaftliche Ignoranz der Orthodoxie mit einem sacrificium intellectus zurückzufallen, ohne aber andererseits auch, wie der Rationalismus, den evangelischen Kern des Christentums aufzugeben und ihn durch eine zwar vernünftige, aber unbe-
friedigende moralische Lehre zu ersetzen, die »für die Beruhigung, welche
den Gläubigen die durch Christum vollbrachte Lehre« gewährte, mit der
»Veranschaulichung der Pflicht kein Äquivalent« bieten konnte (L 171,
II, 728)[9]. Strauß wollte »den dogmatischen Gehalt des Lebens Jesu . . .
unversehrt aufzeigen« (L 171, I, S. VII), indem er — formal unter Berufung auf die allegorische Bibelauslegung des Origines (L 171, I, 9, 51) und
faktisch in Abhängigkeit von der Hegelschen Unterscheidung von Begriff
und Vorstellung der Religion (Strauß, L 173, 57) — die ideelle (dogmatische) Bedeutung unabhängig von den Quellen mit den Mitteln der (Hegelschen) Philosophie bestimmte. Da Hegels System nach Strauß' Auffassung eine von allen positiven Voraussetzungen unabhängige Restitution
der christlichen Wahrheit erlaubte, die dennoch nicht zur buchstäblichen
Bedeutung der Orthodoxie und zu den Glaubensvorstellungen der Ge-

---

8 Diese ‚Ideen‘ bildeten für Strauß den _dogmatischen_ Kern des Christentums, den er bewahren wollte; da er in geschichtsartiger Einkleidung mitgeteilt
war, sprach Strauß, in einer Weise irreführend, von ‚Mythen‘. Grundsätzlich
war seine Erklärung für die _Entstehung_ der biblischen Berichte nur eine veränderte Form der alten Traditionshypothese: Strauß nahm an, daß die überlieferte
Gestalt der Berichte in der Tradition der frühchristlichen Gemeinde aus historischen und dogmatischen (»Ideen-«)Bestandteilen und nicht als Bericht von Augen-
zeugen oder verbalinspiriert durch den Heiligen Geist entstanden sei. — Beeinflußt von der romantischen Vorstellung eines in unmittelbarer Produktion sich
äußernden Kollektivs (des »Volksgeistes«) hypostasierte jedoch Strauß die früh-
christliche Gemeinde und erklärte, daß die geschichtsartigen Einkleidungen »ihren
echten Bestandteilen nach (nicht) das Werk eines einzelnen, sondern das des allgemeinen Individuums jener Gesellschaft« (L 171, I, 74) seien und deshalb füglich als Mythen bezeichnet werden könnten (vgl. Bruno Bauers Kritik, L 145,
188 ff.).

9 Friedrich Vischer verteidigte daher die Straußsche Position mit dem Argu-
ment, sie biete doch im Unterschied zum (staatlich und in der akademischen
Theologie geduldeten) alten Rationalismus sogar die Möglichkeit, die streitenden
Parteien (Rationalismus und Orthodoxie, bzw. Vernunft und Offenbarung) zu
versöhnen (HJ 41, 257). — Gerade diese »irenische« Absicht verwarfen später
Ruge und die radikalen Linkshegelianer (An. II, 11).

meinde im Widerspruch stand, war damit ein Weg gezeigt, die wichtigste (auch von den Jungdeutschen erhobene) Forderung zu erfüllen, die darin bestand, »daß für die *gegenwärtige* Kirche die Wissenschaft vom christlichen Glauben ... als von Bibel und Symbol unabhängige, mithin absolut selbständige« Vernunftwissenschaft unternommen werde (Strauß, HJ 39, 377).

Schienen die Straußsche und die jungdeutsche Überwindung des Rationalismus den orthodoxen Theologen so ähnlich, daß sie darin nur verschiedene Ausformungen eines dem positiven Christentum und dem bestehenden Staat feindlichen Prinzips erblickten (s. u.), so war doch die Anwendung des Gedankens einer »von Bibel und Symbol unabhängigen« (ebd.) Religion bei Strauß und den Jungdeutschen durchaus verschieden. Zwar verfolgten beide die Absicht, statt der positiven eine vernünftige Grundlage für das Christentum zu finden (und wurden deshalb für identisch erklärt); während aber das Junge Deutschland an die Stelle des Buchstabens die Vernunft in Gestalt des Zeitgeistes gesetzt und den Liberalismus zur Religion erklärt hatte, ging Strauß' Kritik nur in einer Schlußbemerkung über den engen Rahmen exegetischer Fragen hinaus und schritt nicht weiter als bis zu einer unpolitischen Fassung der linkshegelschen Religionsphilosophie fort. (Den Linkshegelianern zum Tort und zum Ärger revozierte er bereits 1838 diese Überschreitung, um sich in bezug auf »Vergängliches und Bleibendes im Christentum« [L 54, 38, III, S. 1–48] auf eine modifiziert rationalistische Position zurückzuziehen). Zudem wollte Strauß selbst die Diskussion seines »Leben Jesu« innerhalb der akademischen Theologie halten, weil er glaubte, mit einem rein wissenschaftlichen auch ein unpolitisches Buch verfaßt zu haben, und er äußerte sich mißmutig über die Unterstellung von Gemeinsamkeiten mit dem Jungen Deutschland[10]. »Strauß wollte kein Volksbuch schreiben, man weiß es« (HJ 41, 263), bemerkte Vischer zu seiner Verteidigung, und wenn überhaupt Unruhe über das ,Leben Jesu' entstanden sei, so liege das daran, daß »der Pietismus ... das Volk aufgestört« (ebd.) und die Regierungen zum Einschreiten genötigt habe. In Wirklichkeit handele es sich nur um wissenschaftliche Fragen, und wenn ein Staat mit gutem Grund verlange, daß die Geistlichen eine staatstreue Gesinnung verbreiteten, wo stehe dann »geschrieben, daß ein der modernen *Wissenschaft* zugetaner

---

10 An den Theologen Georgii in Tübingen schrieb er: »Wenn ... mein Buch in Preußen verboten wird, so verschwindet für mich die Hoffnung, auf einer deutschen Universität angestellt zu werden ... An dieser Fatalität ist mir niemand schuldig, als das verwünschte Junge Deutschland, mit dessen Romanen etc. man mein Buch in eine Kategorie wirft« (L 170, 13). (Das Buch wurde aufgrund eines theologischen Gutachtens dann doch nicht verboten, aber Strauß erhielt auch keine Anstellung).

Geistlicher dies nicht ebensogut, ja besser als ein Autoritätsgläubiger zu tun vermöge?« (HJ 41, 265).

Wenn dennoch an Strauß' ‚Leben Jesu' vor allem politische Pointen herausgestellt wurden, so war dafür die erste Ursache, daß die Orthodoxie im halb eingestandenen Bewußtsein ihrer wissenschaftlichen Unterlegenheit sich auf politische und moralische Diffamierungen verlegte und — mit dem Argument, eine gläubige Theologie könne sich allemal nicht auf eine »streng wissenschaftliche Widerlegung« (EKZ 41, 425) einlassen, weil sie sich dann von der Wissenschaft die Begriffe vorgeben lasse, während sie doch im »lebendig erfahrenen Sein des heiligen Geistes ihren einzigen Grund« habe (ebd.) — sich darauf beschränkte, der wissenschaftlichen Kritik nur »die *Anschlußpunkte* im Bewußtsein des christlichen Zeitalters abzuschneiden« (ebd. 426)[11]. Ihre wichtigste Aufgabe sahen die Orthodoxen deshalb darin, zu bewirken, daß »die *Behörden* . . . erkannten, (wie) solche Lehre . . . die Wurzeln der Religion und Sittlichkeit aus dem Herzen des Volkes ausgrabe und . . . den Stamm der Kirche und des Staates über den Haufen« stürze (EKZ 39, 169).

Wenn nun die Orthodoxie in der Evangelischen Kirchenzeitung in nicht endenden Variationen wiederholte, bereits im Jungen Deutschland seien »die kühnsten der Straußschen Ansichten schon vorher entstanden und verbreitet« (EKZ 36, 284), das ‚Leben Jesu', »ungeachtet seines spiritualistischen Scheines, (treffe) zusammen mit den Emanzipationsinteressen des materialistischen Zeitgeistes, welcher in der Stimme des Jungen Deutsch-

----

11 »So (nämlich) dies gelänge, könnte man ja Strauß das Bewußtsein seiner unwiderlegbaren und heroischen Konsequenz gönnen, den Triumph, sich in den Mantel seiner *einsamen* logischen Herrlichkeit zu hüllen« (EKZ 41, 426).
Auf diese Dunkelmänner-Taktik der Evangelischen Kirchenzeitung reagierte dann Bruno Bauer in einem Artikel über »Theologische Schamlosigkeiten«: »Wenn der Glaubensmut von vornherein gegen die Angriffe der Kritik sich auflehnt und frech erklärt, daß er Recht habe, wenn er auch die bestimmten Beweise der Kritik nicht zu widerlegen verstehe, [so] ist . . . dieser natürliche, also noch barbarische Mut schon Tugend; um wieviel höher muß er stehen und als solcher anerkannt werden, wenn er bewußter Vorsatz, Wille und Resultat der Bildung ist? Auf dieser Bildungsstufe [der bewußten geistigen Barbarei] . . . steht die Evangelische Kirchenzeitung . . . In welcher Weise (widerlegt) sie die Kritik? Nun eben so, daß sie ihren Feind gar nicht widerlegt.« (DJ 41, 469). Da die gläubige Theologie nicht nur die Kritik, sondern alle logischen Distinktionen überhaupt im Bereiche des Glaubens ablehne, die Sprache aber von logischen Begriffen voll sei, könne die Konsequenz nur sein, daß »in Zukunft . . . die Kritik und Philosophie sprachlos und durch Tanzen, durch Konvulsionen, durch Verdrehen des Auges widerlegt« werde (ebd.).
Daß es die kirchliche Reaktion für effektiver halten könnte, die sprachlose Auseinandersetzung dadurch zu führen, daß sie sich ihres ‚weltlichen Armes' bediente, um die Gegner mundtot zu machen, scheint Bruno Bauer nicht bedacht zu haben.

land den verfeinerten Lebensgenuß ... als das letzte Ziel der Menschheit hinstellt« (EKZ 37, 787 f.); von Strauß empfange diese wegen ihrer Unchristlichkeit und wegen ihrer Unmoral bereits polizeinotorische Gruppe nur in explizierter Form »die Religion, die dem ehebrecherischen Geschlecht zupaßt« (EKZ 36, 185), so folgte sie damit einerseits dem habitualisierten Mißbrauch der Reaktion, ,jungdeutsch' als ein Schimpfwort zu benutzen und »sein Publikum zu fanatisieren« (Kühne, L 82, 290), indem man »einen Komplex junger Schriftsteller wie ein anerkanntes Schreckmittel (gebrauchte), um den christlichen Gemütern Aufruhr zu predigen« (ebd.). Andererseits aber setzte die Evangelische Kirchenzeitung damit die entscheidenden Akzente für die Politisierung der theologischen Kritik: Indem sie das ,Leben Jesu' aufgrund einer ganz abstrakten Gemeinsamkeit mit dem Jungen Deutschland in die Tradition des radikalen Liberalismus einordnete[12] und das Prinzip einer nichtbiblischen Theologie auch in der unpolitischen Straußschen Gestalt für eine Spielart des liberalen Zeitgeistes erklärte, machte sie die grundsätzliche theoretische Wendung des theologischen Liberalismus der Jungdeutschen aus der Perspektive der Straußschen Kritik klarer, als sie im Jungen Deutschland selbst gewesen war, und bereitete zugleich die bewußte Verwechselung der theologischen und der politischen Begriffe in den Hallischen Jahrbüchern vor.

Die von der ,Evangelischen Kirchenzeitung' in diffamierender Absicht unternommene Politisierung des ,Leben Jesu' nahmen dann die Hallischen Jahrbücher mit veränderten Vorzeichen auf und identifizierten — zunächst unter Einschluß des Jungen Deutschland, dann gegen die Jungdeutschen — die Prinzipien der Straußschen Kritik mit ihrem protestantischen Liberalismus. Es sei schließlich töricht, bemerkte Ruge, daß »Strauß und die Hegelsche Philosophie beide ... einen Widerwillen gegen die Praxis, das heißt gegen die gegenwärtige Geschichte« hätten (An., II, 50); denn ihr Grundprinzip der Vernunftautonomie sei, man mochte es »noch so theoretisch und auf der höchsten Höhe der Wissenschaft halten, immer die f a k t i s c h e Negation einer herrschenden praktischen Richtung, sagen wir es geradezu, der reaktionären P a r t e i« (ebd.); die politischen Konsequenzen müßten sich deshalb auch unabhängig von Strauß' und Hegels individuellen Ansichten einstellen.

Um diese Ansicht in der Interpretation des ,Leben Jesu' zu erweisen und sich zugleich der rationalistischen Tradition zur Stützung der eigenen Ansichten zu versichern, abstrahierten die Jahrbücher, wie vor ihnen die

---

12 In die Strauß durch seine politischen Ansichten nicht gehörte. Er fand sich später zu seiner Überraschung in derselben Fraktion wie sein und der Jungdeutschen erbitterter Gegner Wolfgang Menzel und wurde im Laufe der Revolution von 1848 von seinen enttäuschten liberalen Wählern abberufen.

Evangelische Kirchenzeitung, von den zentralen exegetischen Problemen der Straußschen Kritik so weit, daß zwischen Strauß und dem Rationalismus eine im engeren Sinne theologische Differenz gar nicht mehr zu bestehen schien. Beider Verhältnis zur Bibel sei im Grunde gleich, erklärten die Jahrbücher, denn sie setzten »im eigentlichen Sinne die subjektive Vernunft als alle Realität und das Objekt als ... unselbständig« (HJ 40, 25). Die entscheidende Differenz liege nicht im theologischen, sondern im philosophischen Bereich; hier sei der Rationalismus inkonsequent und bedürfe der Vollendung durch die spekulative Philosophie. Denn indem er die Vernunft als nur analytisches »oberstes Erkenntnisvermögen« (HJ 40, 26) bestimme, deren Inhalt prinzipiell nicht von ihr selbst produziert sein könne, sei er auch nicht imstande, eine wirklich vernünftige Theologie hervorzubringen. Sein nur analytischer Vernunftbegriff bedürfe eines Gegenstandes, über den er raisoniere, und bringe es deshalb auch nur zu tautologischen Formulierungen von vorgegebenen Tatbeständen, die ex definitione positiv und nicht vernünftig seien. Das Vernunftprinzip des Rationalismus müsse deshalb zwar bewahrt werden, aber es bedürfe noch der spekulativen inhaltlichen Füllung durch die Philosophie. Diese Aufgabe leiste im Anschluß an Hegel erst Strauß für die Theologie; indem er die Theologie von jeder positiven Satzung unabhängig mache, habe er ihr als Inhalt die sich im Laufe der Geschichte selbst produzierende Vernunft gegeben.

Diese Pointierung von Gedanken aus der Schlußabhandlung des ‚Leben Jesu' war für die Hallischen Jahrbücher deshalb wichtig, weil sie offenlegte, was Strauß nur implizit gesagt hatte, daß es nämlich unter Voraussetzung seiner Hegelschen Dogmatik eine theologische Spezialwissenschaft nicht mehr geben könne. »Die neue Theologie ist Philosophie« (HJ 39, 2343), erklärten die Jahrbücher; und weil diese Philosophie selbstverständlich die Hegelsche war, war auch die Vernunft, die sie der Theologie zur Unterlage gaben, nicht mehr die überhistorisch-abstrakte Idealität des Rationalismus und der Aufklärung, sondern die im historischen Prozeß sich entfaltende, auf jeder Stufe höher sich entwickelnde Weltvernunft, die — und damit integrierten die Hallischen Jahrbücher die politische ‚Tendenz' des Jungen Deutschland — in der Gegenwart als »der sich begreifende Z e i t g e i s t« (HJ 40, 2332) eine zukünftige Wirklichkeit bezeichnete, welche von der Philosophie expliziert und von der Theologie verkündet werden mußte. Würden also die Zeitgenossen die dogmatische Grundlage der Straußschen Theologie anerkennen, so müßten sie auch, »wie die neuere Richtung überhaupt tut, alles auf G e s c h i c h t e setzen, versteht sich philosophische Geschichte« (Ruge, L 167, 216), denn nur die philosophische Fassung der Geschichte greife über die Vergangenheit hinaus und erkenne auch die Zukunft.

Nach Ruges Auffassung lag diese Ansicht durchaus noch in der Konsequenz rationalistischer Prinzipien, obwohl der Rationalismus »selbst sein Prinzip nicht *durchführte* und es nicht dazu brachte, die Geschichte und den Sinn der historischen Entwicklung zu verstehen, oder Verstand und Vernunft durch alle Zeiten hindurchzuführen, die Offenbarung der Wahrheit nicht abreißen zu lassen, die Idee also und das Göttliche sich nicht in einem Punkte fixieren zu lassen, den Geist der *gegenwärtigen* Zeit aber für die Blüte der ganzen Entwicklung zu erkennen« (HJ 41, 271). Im Prinzip wäre deshalb die rationalistische Theologie nicht zu tadeln; geht aber »der Rationalist auf die Bibel zurück, so ist das in diesem Falle, wo selbst das Judentum sich freier erweist, als unsere modernen Heiden und Katholiken sind, nicht unzweckmäßig [ihn zu kritisieren; denn] die wahre Quelle alles Glaubens und Wissens ... bleibt immer die Geschichte und der freie philosophische Geist« (HJ 40, 720). Programmatisch erklärte deshalb Ruge in dieser Rezension einer rationalistischen Schrift: »Die Geschichte ist unsere Offenbarung und die Philosophie ihre Fassung« (ebd.).

Damit hatte Ruge der Theologie die zeitgemäße Vernunft als ein Amalgam aus jungdeutschen und (im Jungen Deutschland bereits wirksamen) Hegelschen Vorstellungen unterlegt. Die letzte Metamorphose des Weltgeistes, welche in der Philosophie sich darstellte, war, wie im Jungen Deutschland, der liberale Geist der Zeit.

Zu fordern war nun noch, daß Wissen und Wollen eine Einheit bildeten, daß der veränderten Theologie des Christentums auch eine Veränderung seiner Praxis folge. Religion, definiert als praktiziertes Christentum oder, abstrakter, als »die Wahrheit in subjektiver Lebendigkeit, (als) das Empfinden und Wollen der Wahrheit« (HJ 40, 1429), sollte nach den kritischen Feldzügen der Jahrbücher nicht abgeschafft, sondern nur dem neuesten Stand der philosophischen Theologie angepaßt werden. »Religiös müssen wir wieder werden« (Feuerbach, L 148, II, 219), aber »die Politik muß unsere Religion werden« (ebd.), schrieb daher Feuerbach; und Ruge gab einen philosophisch aufgeblasenen Liberalismus für die neue Religion aus. Er erklärte, daß »das geordnete und in allgemeiner Form sich selbstbestimmende Volk ... souverän sei, wie die Vernunft des Rationalismus in ihrer methodischen Bewegung« (DJ 41,2): der politische Liberalismus, dieses — in Ruges blumiger Umschreibung — »Reich der Freiheit in seiner selbstbewußten und sich selbst bestimmenden Bewegung, oder die öffentliche und objektiv realisierte Vernunft des Volkes, dies ist die ethische Autonomie der Wahrheit. Diese unerschütterlich festhalten und ihrer Macht unbedingt vertrauen, das ist der große Schritt, womit die Gegenwart den Polizeistaat überwindet, das ist die *Religion,* zu welcher der politische Mensch sich zu bekehren hat« (ebd.). Nur den könne man noch »im wahren Sinne religiös nennen« (DJ 41, 610), der »den *Freiheitskampf* in geistiger Weise versteht und treu die Folgen seines Verständnisses auf sich nimmt« (ebd.).

Bruno Bauer, der erst 1841 aus dem rechtshegelschen Lager zu den Jahrbüchern stieß, hat diese Überwindung des Rationalismus durch Hegelsche Theoreme radikalisiert und auch die in den theologisch-politischen Fiktionen der Jahrbücher konservierte Scheinexistenz der Religion bekämpft, ohne doch in bezug auf den Rationalismus wesentlich neue Argumente zu bringen. Ihm galt der Rationalismus für »die letzte Entwicklung und Vollendung des Christentums in religiöser Hinsicht« (An. II, 121) und zugleich für den ersten und entscheidenden Schritt zur Säkularisierung der Religion; denn er hatte sie »mit der Aufgabe des absoluten Bibelglaubens ihrer Absolutheit beraubt« (HJ 41, 555) und ihr mit der Sittlichkeit einen Gegenstand gegeben, der durch Aufklärung und Revolution längst in den Besitz der Philosophie und des Staates übergegangen war. Für Theologie und Kirche blieb nach Bauers Ansicht nach der Wendung zum Rationalismus gar kein eigener substantieller Inhalt; denn Philosophie und Staat hatten sich »den unmittelbaren Inhalt der Kirche [die Sittlichkeit] angeeignet« (HJ 41, 548). Es war »ein Versuch, der notwendig fehlschlagen« mußte (HJ 41, 549), »den Staat die objektive Existenz der Sittlichkeit zu nennen . . . (und) zu hoffen, der Kirche noch eine besondere selbständige Existenz verschaffen zu können« (ebd.). Jeglichen Anspruch auf Christlichkeit hat deshalb Bruno Bauer für seine Auffassung aufgegeben; »die philosophische Richtung ist nicht christlich«, erklärte er in einem Artikel gegen den Rationalisten Paniel, »sondern sie gibt sich nur für eine solche aus« (An. II, 124) und führt damit die wissenschaftliche Zerstörung der Religion offen zu Ende, die unter der rationalistischen Hülle verborgen begonnen worden war[13].

Hat sich die Auseinandersetzung mit dem Rationalismus als ein wichtiger Aspekt der linkshegelschen Kritik des Christentums erwiesen, so zeigt das Nachvollziehen der Argumente doch zugleich, daß der Überwindung des Rationalismus ebensowenig wie im Jungen Deutschland ein genuines Interesse an dessen theologischen Problemen zugrunde lag. Auf dem Umweg über philosophische Distinktionen versuchten die Jahrbücher nur, die selbe Umbestimmung theologischer Vorstellungen zu erreichen, die den Liberalismus zum Surrogat des Christentums machte. In bezug auf dieses Ergebnis brachte das philosophische Raisonnement der Jahrbücher keinen

---

13 Gegen die religiöse Einkleidung des Liberalismus bei Ruge polemisierte Bauer später: »Wozu den Philosophenmantel stolz um die Schultern werfen, wenn man füglich weiterhin im Priesterrocke einherschlumpern konnte?« (L 146, 6).

bedeutenden Unterschied zum Jungen Deutschland[14]. Trotz der im ganzen abstrakteren Fassung blieb die Hegelsche Linke bei dem Grundsatz, daß die Zeitkritik auf einer prinzipiellen Ebene jenseits der konkreten Politik zu führen sei, daß es sich weder um bestimmte Maßnahmen, Personen und Institutionen noch letzten Endes um Reformen, sondern nur um die Epiphanie eines alles erneuernden ‚Geistes' handeln könne. Weil sie die politischen Veränderungen in religiösen Kategorien konzipierten, kämpften sie, auch wenn sie Staat und Gesellschaft meinten, gegen einen abgelebten *Geist*; so bescheiden sich das konkrete Ziel — Pressefreiheit und eine liberale Verfassung für Preußen — ausnahm, so gewaltig war auch bei ihnen der Aufwand, der nötig schien, um es herbeizuführen.

Da Jungdeutsche und Linkshegelianer alle konkreten Veränderungen theologisch-prinzipiell überhöht hatten, kämpften sie für ihre politischen Vorstellungen fast ausschließlich auf ideologischem Felde und hier besonders gegen die Theologie. Zeitkritik bedeutete für sie theologische Kritik, und ebenso war ihre theologische Kritik substantielle Zeitkritik.

Der Rationalismus schien dabei Jungdeutschen und Linkshegelianern vor allem insofern von ‚strategischer' Bedeutung, als er die letzte Neuerungsbewegung innerhalb des Protestantismus war, die sich noch in der Kirche selbst wenigstens zum Teil durchgesetzt hatte[15]. Gelang es, an sie anzuknüpfen und den Schein einer immanenten Auflösung der Theologie zu erwecken, deren Vollendung die als ‚protestantisch' bezeichneten liberalen Theoreme darstellten, so konnte auch die politische Konsequenz theologisch zwingend scheinen. Bewußter als die Jungdeutschen haben sich deshalb die Jahrbücher bemüht, den Rationalismus als eine widersprüchliche, sich selbst mißverstehende, aber im Grunde nicht falsche Bewegung darzustellen, die als Vorstufe von Bedeutung war, auch wenn sie erst auf einem Hegelschen Standpunkt zu gedanklicher Konsistenz gelangen konnte. Diese Vorläuferschaft konstruierten die Jahrbücher, indem sie alle exegetischen Probleme verdrängten und die Frage der Vernunftautonomie (die in der Tat einen politischen Aspekt hatte) auch in den Mittelpunkt des Rationalismus rückten. Ex definitione mußte damit der

14 Alle sozialen Implikationen der jungdeutschen Religionskritik dagegen wurden in der philosophischen Kritik ausgespart. Während — so ließe sich in Abwandlung einer Marxschen Bemerkung gegen die Linkshegelianer sagen — das Junge Deutschland durch die ‚Logik der Sache' auf die Religion gestoßen war und ihre stabilisierende *Funktion* in der Herrschaftsordnung der Restaurationszeit angriff, hatte die philosophische Kritik der Linkshegelianer die Auseinandersetzung mit der Religion zu einer ‚Sache der Logik' gemacht, bei der nicht von Nutzen und Interesse, sondern nur von der Wissenschaft und der Wahrheit die Rede war.

15 Der Hegelschen Philosophie war das, von wenigen Ausnahmen abgesehen, nicht mehr gelungen.

Rationalismus inkonsequent und der linkshegelschen Vervollständigung bedürftig erscheinen.

Vorgegeben war diese Problematik nicht durch den historischen Gegenstand, sondern durch die Hegelsche Philosophie[16]. Von Hegel ist deshalb eigentlich auch dort auszugehen, wo seine revolutionären Schüler sich dem Anschein nach mit historischen Gegenständen befaßten. Denn den gedanklichen Rahmen, innerhalb dessen Geschichte überhaupt erscheinen konnte, bestimmte die Hegelsche Philosophie in einem solchen Maße, daß schließlich die Historie nur Versatzstücke lieferte, mit denen die Hegelsche Linke ihre im übrigen sehr eintönigen ‚Beweise' schmückte. Der wichtigste Ausgangspunkt zum Verständnis der Entwicklung vom Jungen Deutschland zur Hegelschen Linken ist deshalb die Hegelsche Philosophie selbst, die verborgen im Jungen Deutschland und unmittelbar in der Hegelschen Linken wirkte.

16 Die Auseinandersetzung mit dem Rationalismus ist geprägt von der Hegelschen Kantkritik und reproduziert die diesbezüglichen Argumente am Beispiel des Rationalismus. Ein Muster der Umsetzung hatte vom rechtshegelschen Standpunkt Göschel gegeben, als er 1832 gegen die Rationalisten polemisierte, »weil sie mit einer halben Vernunft, mit einer Vernunft, die ihrem Gegenstande gegenüber stehenbleibt, mit einem ... Gegenstande, zu welchem die Vernunft nur als die Form der Auffassung sich verhält« sich zufrieden gäben (L 18, 6).

III. Der »spekulative Karfreitag«[1]

1. Hegels Akkomodationen

Die Beziehung zu Hegel war in der Hegelschen Linken ebenso widersprüchlich wie im Jungen Deutschland. Beide äußerten Ablehnung wie Zustimmung mit dem gleichen Nachdruck, sahen »konservatives Brahmanentum« (HJ 40, 1933) und »Zurechtmacherei« (ebd. 2331), aber auch die »Kadmussaat einer neuen Zeit« (HJ 39, 918) zugleich in seiner Philosophie und entwickelten ihre Positionen zum Teil im bewußten Gegensatz zu Hegel[2]; ebenso übernahmen sie aber auch von Hegel bestimmte Inhalte.

Es scheint zwar zunächst einleuchtender, daß eine revolutionäre Bewegung sich in den Gegensatz zu Hegel stellt; denn das Bild seiner Spätphilosophie ist geprägt von der »prinzipiellen Tendenz zur Versöhnung der Philosophie mit der Wirklichkeit überhaupt: als Staatsphilosophie mit der politischen, als Religionsphilosophie mit der christlichen. In beiden Bereichen versöhnt sich Hegel nicht nur m i t der Wirklichkeit, sondern auch i n ihr, obschon ‚im Begreifen'« (Löwith, L 226, 59). Aber dieses Urteil Löwiths läßt übersehen, daß Hegels Versöhnung mit der Wirklichkeit allenfalls in seinem eigenen Verständnis unangefochten für erreicht gelten konnte. Die Wirklichkeit selbst zeigte sich spröde gegen ein Begreifen, das auf die völlige Verkehrung ihrer positiven Inhalte hinauszulaufen schien,

1 Es ist in der folgenden Darstellung nicht die Absicht, einen authentischen Abriß der Hegelschen Philosophie zu geben. Vielmehr soll nur gezeigt werden, in welcher Weise Hegel seit etwa 1828 rezipiert wurde, um deutlich zu machen, warum gerade eine revolutionäre Bewegung an Hegel und insbesondere an Hegels Religionsphilosophie anknüpfen konnte. Da jedoch implizit auch behauptet wird, daß diese Anknüpfung nicht willkürlich oder nur zufällig erfolgte, sondern auf Ansätze innerhalb des Hegelschen Systems mit guten Gründen zurückgriff, Ansätze, die übrigens nicht in eine konsequente konservative Stilisierung der Hegelschen Spätphilosophie passen, ist diese Darstellung vielleicht doch für das um Authentizität bemühte Verständnis nicht ohne Belang.

2 Der Gegensatz zu Hegel richtete sich, wie im Jungen Deutschland, zumeist gegen den Quietismus der Hegelschen Philosophie. Nur Feuerbach suchte später einen neuen empiristischen Ansatz, war aber im »Wesen des Christentums« grundsätzlich noch von Hegel abhängig (s. u.).

und setzte sich durch leidenschaftliche Angriffe auf Hegels Lehren zur
Wehr: bedroht, nicht begriffen schienen ihr Staat und Christentum durch
die spekulative Philosophie, und diese Einschätzung entstand nicht erst
nach der Sezession der Hegelschen Linken. Darum schloß Hegel angesichts
des Widerstandes der Theologen bereits seine Vorlesungen zur Philosophie
der Religion mit der resignierten Bemerkung: Den Mißton im Verhältnis
von Vernunft und Religion »hat für uns die philosophische Erkenntnis
aufgelöst . . . Wie sich die zeitliche, empirische Gegenwart aus ihrem Zwiespalt herausfinde . . . ist ihr zu überlassen« (Hegel, L 22, XVI, 355 f.).

Hegels Philosophie hatte zwar zu seinen Lebzeiten »das Gehässige,
Hofphilosophie und Scholastik . . . sein« (HJ 40, 2331), weil sie die Pro-
tektion des Ministeriums genoß; aber sie war ebenso bereits kompromittiert durch heterodoxe Lehren in der Theologie und durch ‚liberale‘ Prinzipien in der Politik[3]. Der Bemerkung Hayms, daß der preußische Staat
der Restaurationszeit »sich nicht am wenigsten deshalb sicher und befe-
stigt dünkte, weil der alte Hegel ihn in seiner Notwendigkeit und Vernünftigkeit konstruiert hatte« (L 206, 3), würde ein Zeitgenosse Hegels
kaum zugestimmt haben[4].

3 Hegels Vorstellung, daß von der Vernunft ausgehend die Wirklichkeit zu
konstruieren und auch praktisch zu gestalten sei, stand prinzipiell im Gegensatz
zur gegen »metaphysische Abstraktionen« in der Politik im allgemeinen (und im
besonderen in der liberalen französischen Staatsphilosophie) gerichteten ‚organischen Theorie‘ des Konservatismus (Huber, L 270, II, 327, 329 ff., 333), während
sie sich mit dem Gedanken der (von Kant beeinflußten) preußischen Reformer
traf, daß eine Gesellschaft nicht nach dem Maße der ‚Natur‘ wachse, sondern
nach dem der Vernunft zu bilden sei. Freilich schätzten die Politiker der Reformzeit die Möglichkeit des bewußten Eingreifens höher ein als Hegel. »Die Reformer (planten) von vornherein, eine neue Gesellschaft nach ihrem Entwurf zu
schaffen« (Koselleck, L 271, 85); durchaus im Bewußtsein des revolutionären
Ursprungs eines solchen Gedankens (dem auch Hegel noch seine Reverenz erwies), nahm der Reformpolitiker das Innere des Staates »nicht wie es ist, sondern
wie es sein kann und schafft es hiernach für seinen Zweck, der mit dem höchsten
Zweck für das Ganze zusammentrifft, um« (Altenstein nach Koselleck, ebd.)
s. u.). Altenstein, von dem die letzte Bemerkung stammt, blieb zwar Minister,
vermochte aber nichts dagegen, daß die Reformtendenzen in Preußen verleugnet
wurden.
Hegels Rückhalt bei der Regierung ist deshalb so hoch gar nicht einzuschätzen:
er beschränkte sich wohl auf die Person Altensteins (des zuständigen Ministers).
Bereits der Kronprinz neigte zu Hegels Gegnern, Hengstenberg und Leo gehörten
zu seiner engsten Umgebung. Mit seinem Regierungsantritt und dem fast gleichzeitigen Tod Altensteins änderte sich deshalb auch die Universitätspolitik in
Preußen. Die sogleich erfolgte Berufung Schellings auf den Lehrstuhl Hegels
wurde als eine Kampfansage an die Hegelsche Philosophie gedeutet.
4 Es bezeichnet die Zeit, in der es abgegeben wurde, mehr als die Periode von
1828 bis 1842. Eine konsequente konservative Stilisierung setzte sich allgemein
erst nach dem Scheitern der bürgerlichen Revolution in Preußen und mit der

Gutzkow schrieb 1832, daß »Hegels Einfluß ... nur unwesentlich im Preußischen« gewesen sei (L 57, 155), und in einer Rezension Mundts heißt es im selben Jahre: Es »liegt das deutliche Ergebnis zu Tage, daß die gewaltige und allgemeine Aufregung der Geister, welche die Perioden von Kant, Fichte und Schelling in Deutschland ... bezeichnete, das ... Auftreten Hegels nicht begleitete ... Vielmehr hat wohl keine Philosophie so sehr als die seinige mit dem Widerspruch der Zeitgenossen zu kämpfen gehabt, und der trübe Eindruck, ja die Erbitterung, welche dieses System ... erregte, hat, kann man wohl sagen, nicht wenig dazu beigetragen, eine Verstimmung gegen alle Spekulation überhaupt bei manchem hervorzurufen. Eben diesem Widerspruch, den es gegen sich erzeugte, verdankt es aber auch erst seine in die letzten Lebensjahre seines Stifters fallende Celebrität« (Mundt, L 49, 32, 233).

Zu einer cause célèbre eher als zur anerkannten Rechtfertigung des Bestehenden war Hegels Philosophie seit etwa 1828 nach den Angriffen auf ihre vermeintlich atheistischen Lehren geworden, und die einmütige Verteidigung der Hegelschule vermochte nichts dagegen, daß sich die Einschätzung der Kritiker eher durchsetzte als die der Apologeten. Daher beklagte Rosenkranz 1833 in den »Jahrbüchern für wissenschaftliche Kritik«, daß »die Vorwürfe der Theologen und Philosophen gegen diese Philosophie, daß sie voller Immoralität, Atheismus, Verzerrung der christlichen Dogmen, voll logischer Dürre sei, sie ... bei dem Publikum gerade wegen ihres Verhältnisses zur Religion in Verdacht, zum Teil sogar ... in eine grundlose Verachtung gebracht« hätten (JWK 33, 562), und Marheineke konstatierte, die Philosophie stehe gegenwärtig in so schlechtem Ruf, daß ein Theologe sich empfehle, wenn er erkläre, daß er sich »aller Philosophie, vornehmlich der neuesten, durchaus enthalte« (JWK 33, 313).

In dieser prekären Stellung blieb Hegels Philosophie, und 1835, bereits drei Jahre vor Erscheinen der »Hallischen Jahrbücher«, galt für Gutzkow, daß durch sie »das Christentum selbst ... seinen Kredit verlieren« mußte (L 75, 297). 1837 faßt dann Mager in einem »Brief an eine Dame über die Hegelsche Philosophie« die Urteile in der Bemerkung zusammen, man habe Hegels Philosophie »in zwanzig Büchern und fünfzig Journalen für die wundersamste Mißgeburt unserer Zeit, für das giftige Amalgam von Irreligiosität und Mystizismus, Revolution und Despotismus ausgegeben« (L 33, S. III), und 1840 schließlich, nach dem Tod Altensteins, zog auch die preußische Regierung die Konsequenz, als sie Schelling an die Berliner Universität berief, damit er »die Drachensaat des Hegelschen Pantheismus ausreuthe« (Lübbe, L 228, 63).

Wendung des ‚idealistischen‘ Liberalismus zur ‚Realpolitik‘ durch (vgl. Huber, L 270, II, 387 ff.).

Während einige Schriftsteller des Jungen Deutschland gerade die von
den Kritikern als unchristlich denunzierten Gedanken Hegels aufgriffen
und sie meist stillschweigend für ihr Eigentum ausgaben, hat dann die Hegelsche Linke die Vorwürfe der Hegelkritik in der Sache akzeptiert und
erklärte Hegels Philosophie für in der Substanz revolutionär. Die wertenden Akzente wurden damit zwar verschoben, die Inhalte blieben aber die
gleichen. Die Anstößigkeit des Sachverhalts, die Mundt 1835 noch verdeckte, indem er, anscheinend wie Hegel selbst, die belletristische Einkleidung der Hegelschen Christologie für den wahren Sinn der christlichen
Lehre ausgab[5], gestand Ruge 1839 offen ein und schrieb, daß »Hegels
Zugeständnis, die Dogmatik mit der Philosophie versöhnt zu haben ...
teils eine Täuschung, teils eine gröbliche Unwahrheit und Heuchelei« sei
(An. I, 6), und nach dem Scheitern der ‚Deutschen Jahrbücher‘ erklärte
Bruno Bauer, die Theologen und Religiösen, die seinerzeit nicht aufhörten,
»über Pantheismus und Vergötterung des Ich zu schreien, sie hatten recht.
Damals, als sie am lautesten und ununterbrochen schrien, wollte man es
ihnen nicht zugestehen, was einfach daraus zu erklären ist, weil man den
betretenen Weg nicht verlassen konnte« (An. II, 131)[6]. Es geschah »nur
unter der Hülle kirchlich dogmatischer Formen, daß sich der Hegelsche
Rationalismus ausbildet(e)« (ebd. 124). Jetzt, da man am Ende des Weges anlange, müsse »den theologischen Eiferern zugestanden werden, daß
Hegels Lehre Pantheismus und im Grunde ... noch etwas anderes« sei
(ebd. 131); es handele sich nun darum, »die Ehre des Systems« (ebd. 132)
offen zu bekennen und auch den Schein einer Übereinstimmung mit dem
Christentum aufzugeben.

Es kann zunächst befremden, daß das linke Zentrum und die extreme

5 Mundt handelte sich damit in der ‚Evangelischen Kirchenzeitung‘ auch denselben Vorwurf wie Hegel selbst ein: »Je mehr Christliches in diesem Buche zu
sein scheint, desto mehr Antichristliches ist darin« (EKZ 35, 676), und er emp-
fing auch das Lob des linken (atheistischen) Zentrums der Hegelschule: seine Forderung nach ‚Verweltlichung‘ des Christentums, seine These von der Einheit der
göttlichen und der menschlichen Natur und sein Postulat der Praxis hätten den
wahren Begriff des Staates behauptet, und zu Unrecht sei Mundt »von der Reaktion hart dafür angelassen« worden (Michelet, L 159, 305).
Auch im übrigen gleicht Mundts Schicksal dem der linkshegelschen Privatdozenten: 1835 wurde seine Habilitation noch nach der ersten Probevorlesung verhin-
dert, weil »der Hof die Anstellung eines jungen Mannes, der solche Lehren öffentlich vorträgt, im höchsten Grade mißbilligen würde« (Draeger, L 188, 52).
6 Denselben Gedanken äußerte Michelet: »Die Pseudohegelianer, indem sie
dem Hegelschen System seine absolute Immanenz vorwerfen, (haben) dasselbe
besser verstanden, ... als ein Teil seiner Anhänger« (L 159, 342). Feuerbach, der
Hegel 1835 gegen den konservativen Angriff Bachmanns verteidigte, räumte 1842
ein, »daß sich ebenso die Orthodoxie als die Herodoxie auf ihn stützen« könne.
(DJ 42, 157).

Linke der Hegelschule die orthodoxe Hegelkritik für die authentische Hegelinterpretation ausgeben, wenn man bedenkt, daß Hegel selbst in der Verteidigung gegen diese Kritik gerade die Übereinstimmung seiner Philosophie mit dem Christentum betont hatte. »Nicht allein, aber vornehmlich ist die Philosophie jetzt wesentlich orthodox; die Sätze, die immer gegolten, die Grundwahrheiten des Christentums werden von ihr erhalten und aufbewahrt« (Hegel, L 22, XVI, 207). In der Vorrede zur dritten Ausgabe der Encyklopädie wies Hegel den Vorwurf zurück, daß in seiner Philosophie »das menschliche Individuum sich als Gott setze« (Hegel, ebd., VIII, 26); gegen solchen »Vorwurf einer falschen Konsequenz« (ebd.) sei es »eine ganz andere wirkliche Anmaßung, sich als Weltrichter betragen, die Christlichkeit der Individuen aburteilen und die innerste Verwerfung damit über sie aussprechen« (ebd.). Indem aber Hegel hier die falsche Konsequenz einer Apotheose des *Individuums* zurückwies, widersprach er nicht eigentlich den Angriffen, die sich gegen seinen Gedanken von der Identität des göttlichen und des menschlichen Geistes richteten und schloß auch eine linkshegelsche Konsequenz nicht aus[7].

Eine Rezension in den ‚Jahrbüchern für wissenschaftliche Kritik‘, in der sich Hegel mit dem Vorwurf des Pantheismus auseinandersetzte, schuf ebensowenig Klarheit, denn Hegels Entgegnung war im Grunde nur rhetorisch, verlor sich in Randfragen, verspottete Stil und hypochondrischen Humor des Anonymus, ging aber auf den Hauptvorwurf gar nicht ein, so daß dieser in einer zweiten Schrift nicht zu Unrecht bemerken konnte, Hegels Artikel sei nur »eine heftige Anzeige, ... welche (aber) ... keine Entgegnung in der Sache selbst zu nennen ist« (Anonym, L 46, S. IV). Das Verhältnis der Hegelschen Philosophie zum Christentum schien also nach dieser Verteidigung nicht eindeutiger, weil der Eindruck entstand, daß Hegel der Auseinandersetzung gerade um die Inhalte seiner Philosophie durch eine allgemein gehaltene Versicherung ihrer Rechtgläubigkeit auswich.

---

7 Feuerbach wandte in der ‚Kritik des Anti-Hegel‘ gegen Bachmann ein ähnliches Verfahren in ironischer Überspitzung an. Bachmann hatte in dieser Schrift bemerkt, daß Hegels Weltgeist nur den Menschengeist bedeuten könne; da dieser aber »nicht ohne weiteres mit dem Weltgeist identisch zu nehmen« sei (L 2, 142), müsse das Allgemeine, dessen Prozeß Hegels Philosophie reflektiere und zum Bewußtsein seiner selbst gelangen lasse, die Gattung sein. Deren höchstes Bewußtsein darzustellen behauptete die Hegelsche Philosophie. Feuerbach machte daraus die Unterstellung, Bachmann lese aus Hegel die Behauptung der Identität Gottes mit seiner, Hegels, Person heraus und replizierte: »Hätte doch lieber Bachmann dem Hegel vorgeworfen, daß Gott nach seiner Logik aus drei Bänden bestehe ...« (L 148, II, 70). Es war so auch für Feuerbach leicht, die Kritik mit der Unterstellung einer in der Tat falschen Konsequenz abzuweisen und doch den Gedanken nicht aufzugeben.

Wenn Hegel zudem noch der Theologie die Kompetenz auf ihrem eigenen Gebiete absprach und bemerkte, daß sie auf dem Standpunkte des Glaubens und der Vorstellung ihre Fragen gar nicht lösen könne, ohne sich in Widersprüche zu verwickeln (Hegel, L 22, X, 472), weil »der wahrhafte Glaubensinhalt ... zu rechtfertigen (sei) durch die Philosophie, nicht durch die biblische Geschichte« (Hegel, ebd., XVI, 328), und damit auch nicht durch biblische Hermeneutik und Theologie im engeren Sinne, so konnte auch Hegels Versicherung, daß es seiner »Philosophie, welche Theologie ist, ... einzig nur darum zu tun (sei), die Vernunft der Religion zu zeigen« (ebd., 353), nicht die Christlichkeit dieser Philosophie bezeugen; denn sie behielt sich damit gleichzeitig vor zu bestimmen, was als Wahrheit des Christentums zu gelten habe. Für Hegel war »das Denken ... der absolute Richter, vor dem der Inhalt (des Glaubens) sich bewähren und beglaubigen soll« (ebd., 353), und das hieß, daß der Glaube sich grundsätzlich nicht gegen das Denken verteidigen und ihm seinen Irrtum nachweisen konnte.

An diesem Punkt setzte daher auch die prinzipielle Kritik an Hegel ein. Wenn, so wandten seine theologischen Gegner ein, eine Philosophie zwar christlich sein wolle, den Glauben aber in den Bereich der Vorstellung verweise, so werde in Wirklichkeit die Religion der Philosophie untergeordnet, und »diese Unterordnung raubt ihr zugleich alle Selbständigkeit, da sie ihren Inhalt nur in einer äußerlichen Gewißheit hat« (Schubarth, L 40, 148). Hegels Lehre stelle sich also »unverkennbar über das Christentum« (Anonym, L 32, 210), und sie kenne »keine andere Demut ... als die Ehrfurcht vor dem eigenen Wissen« (Anonym, L 46, 7). Ihre Übereinstimmung mit dem Christentum sei nur äußerlich, eine Akkomodation an christliche Begriffe, und sie behaupte den Namen des Christentums (Weiller, L 42, II, S. VII), obwohl die Inhalte »entschieden ... mit der religiösen Weltansicht im Widerspruch« stünden (Fichte, L 14, 375).

Die Hegelsche Linke, die in gleicher Weise Hegels Übereinstimmungen mit dem Christentum als ‚Akkomodationen‘ abtat und allein mit den Mitteln der Philosophie das Wesen des Christentums bestimmen wollte, stand der Hegelinterpretation der Kritiker grundsätzlich näher als der Hegelschen Rechten; denn wie die theologische Orthodoxie, so behauptete schließlich auch die Hegelsche Linke die Unvereinbarkeit von Philosophie und Religion. Für *beide* galt die Maxime der Deutschen Jahrbücher, »nicht mehr Philosophie *und* Christentum, sondern Philosophie *oder* Christentum« (DJ 41, 619), nur daß die Kritiker jeden Anspruch der Philosophie und die Linkshegelianer jeden Anspruch der Religion zurückwiesen.

Das Hegelsche Zentrum hielt dagegen grundsätzlich am Prinzip der Versöhnung von Glauben und Wissen fest. Sein linker Flügel (und später

D. F. Strauß) forderte, daß die — nur von der Philosophie vollbrachte — Erkenntnis der Wahrheit wieder in das Gewand der religiösen Vorstellung gekleidet und Gegenstand des traditionellen Kultus werde, während das rechte Zentrum Kunst, Religion und Philosophie als höchste Weisen des absoluten Geistes unverbunden nebeneinander bestehen ließ. Die eigentliche Hegelsche Rechte teilte dagegen die Voraussetzung der Theologie, daß »nicht der Gedanke ... das Höchste (ist), sondern die Vorstellung, die Gestalt, nur daß sie als immanente zu erkennen ist« (Göschel, L 17, 114). Sie bestimmte den Glauben als die höchste Form der Wahrheit, der das Wissen sich unterzuordnen hatte. Gerieten Glauben und Wissen in Widerspruch, so wäre eher die Philosophie als die Religion zu verwerfen[8].

Hegel ist auf diese grundsätzliche Kritik am Primat der Vernunft über die Religion, die den historischen und den systematischen Ausgangspunkt seiner Philosophie in Frage stellte, in seinen späten Verteidigungen nicht mehr eingegangen. Er hat die einmal erreichte Versöhnung von Glauben und Wissen nur defensiv verteidigt, indem er die Übereinstimmung seiner Ergebnisse mit den Anschauungen der Religion betonte. Dieses Resultat mochte es unnötig erscheinen lassen, die methodische Differenz zur Theologie darzulegen, und so hat Hegel den Widerspruch, den die Kritiker und später die Hegelsche Linke deutlich machten, eher verdeckt, wenn er in der Rezension einer apologetischen Schrift Göschels und in der Vorrede zur zweiten Ausgabe der Encyklopädie schrieb, der Gehalt von Religion und Philosophie sei derselbe, »aber wie Homer von einigen Dingen sagt, daß sie zwei Namen haben, den einen in der Sprache der Götter, den andern in der Sprache der übertätigen Menschen, so gibt es für jenen Gehalt zwei Sprachen« (Hegel, L 22, VIII, 17), die des Gefühls und der Vorstellung und die der Philosophie und des Begriffs. Diese Formulierung ließ die Position des linken Flügels der Hegelschule ebenso möglich erscheinen wie die des rechten.

2. Die offensiven Züge der Hegelschen Philosophie

In Wirklichkeit bedeutete diese Unterscheidung kein indifferentes Nebeneinander zweier Sprachen oder gar die Unterordnung der Philosophie unter die Religion in der Weise des rechten Flügels der Hegelschule. Die

---

8 Zustimmend zitierte Göschel aus Hinrichs ‚Religion im inneren Verhältnisse zur Wissenschaft' (L 24, S. XXVIII): »Kann ich das, was im Christentume als die absolute Wahrheit vorliegt, nicht durch die Philosophie in der reinen Form des Wissens begreifen, ... so will ich nichts mehr von aller Philosophie wissen« (L 17, 5).

Sprache des Begriffs, das wurde in der Vorrede zur Encyklopädie auch deutlich, richtete sich polemisch gegen die der Vorstellung; ihr billigte Hegel gar nicht zu, die Wahrheit angemessen darzustellen. »Vorstellungen überhaupt können als *Metaphern* der Gedanken und Begriffe angesehen werden. Damit aber, daß man Vorstellungen hat, kennt man noch nicht deren Bedeutung für das Denken, noch nicht deren Gedanken und Begriffe« (ebd. 44 f.). Mag nun »im Glauben ... wohl schon der wahrhafte Inhalt« sein (Hegel, ebd., XVI, 353), so ist doch »dieser Inhalt, Gott selbst, ... nur in seiner Wahrheit im Denken und als Denken« (Hegel, ebd., VIII, 70). Darum dürfe sich »die Philosophie ... vor der Religion nicht scheuen und sich die Stellung nicht geben, als ob sie zufrieden sein müsse, wenn die Religion sie nur toleriere« (ebd. 93): die Wahrheit der Religion werde als (philosophischer) Begriff gefaßt, und die begrifflos gläubige Vorstellung habe gar nichts dagegenzusetzen.

Diese Hegelsche Unterscheidung, welche die Überlegenheit der Philosophie über die Religion beinhaltete, wurde die methodische Grundlage der Hegelschen Linken. Ruge sah ihre Konsequenz darin, daß, wenn der philosophische Begriff über die religiöse Vorstellung gestellt werde, auch die Theologie nicht mehr der Philosophie ihre Schranke setze: »umgekehrt, die Theologie ist Ancilla der Philosophie« (Ruge, L 167, 216), denn die Religion hat dann nur unbegriffene Bilder, denen erst die Philosophie ihre wahre Bedeutung gibt. Ebenso bemerkte Strauß in seinen »Streitschriften«, ihm und seinen Freunden habe sich »als der für die Theologie wichtigste Punkt dieses Systems die Unterscheidung zwischen Vorstellung und Begriff in der Religion« erwiesen (ebd. 57); diese kritische Trennung lasse die Religion nur insofern wahr erscheinen, als ihre Aussagen »identisch mit der höchsten *philosophischen* Wahrheit« (Strauß, L 171, II, 687), das heißt, mit der Hegelschen Philosophie, seien. In ähnlicher Weise explizierte Feuerbach im »Wesen des Christentums« die (anthropologische) Bedeutung der christlichen Vorstellungen, und auch bei Bruno Bauer hatte »die richtige Auffassung der evangelischen Geschichte auch ihre philosophische Grundlage, ... nämlich an der [Hegelschen] Philosophie des Selbstbewußtseins« (Bauer, L 143, S. XV).

So wurde die Hegelsche Trennung von Begriff und Vorstellung der Religion die systematische Grundlage der philosophischen Theologie der Hegelschen Linken. Sie ermöglichte ihnen die begriffliche Verselbständigung des theoretischen Elements der Religionsphilosophie bis zur philosophischen Auflösung der Religion selbst, ohne daß sie dabei die ‚verstehende‘ Attitüde aufgeben mußten. Es wurde nachgerade der point d'honneur der Religionskritik in der Hegelnachfolge, nicht, wie die Aufklärung, gegen die Verkehrtheit einer religiösen Vorstellungswelt, sondern für ein wahres Begreifen des Christentums einzutreten; denn es konnte in der Konsequenz der Hegelschen Methode »keinem Philosophen hinter Hegel beigehen, eine historische Erscheinung zu verachten« (An. II, 44). Vielmehr hatte seit Hegel die Religionsphilosophie, auch wenn sie in der Substanz atheistisch war, nur das »begriffene Wesen« des Christentums zum Inhalt (An. II, 46).

Mit der Trennung von Begriff und Vorstellung der Religion übernahm so die Hegelsche Linke von Hegel die Form der Argumentation, und Ruge erklärte zugleich, »diese Form ist die Sache« (Ruge, L 167, 216); sie ziele auf die Enthüllung der geheimen Vernunft der Mysterien der Religion, welche der Kritizismus der Aufklärung verachtet und als unvernünftig verworfen hatte. Deshalb sei auch die Aufklärung nie ins Zentrum der Religion gedrungen und habe sie als etwas nicht Vernünftiges *bestehen* lassen müssen. Mit der methodischen Wendung der Hegelschen Philosophie hingegen werde die absolute Herrschaft der Philosophie auch über die Religion gesichert.

Die kritische Bedeutung seiner Methode hat zwar weniger Hegel selbst, als der Widerstand der orthodoxen Theologie deutlich gemacht, aber bei Hegel findet sich doch bereits eine exemplarische theologische Anwendung, die dann David Friedrich Strauß in seinem »Leben Jesu« systematisch durchführte.

Hegel hatte als Voraussetzung einer philosophischen Theologie die Wahrheit der Religion konsequenter als der Rationalismus von den biblischen Berichten gelöst. Weil in ihnen »die ewige, notwendige Geschichte des Menschen (!) ... in äußerlicher, mythischer Weise ausgedrückt« sei (Hegel, L 22, XV, 285), könne nur unvollkommen, in der Form eines einmaligen historischen Vorgangs erscheinen, was in Wahrheit nicht Geschichte im profanen Sinn, sondern ein ewiges Geschehnis darstelle. »Setzen wir das Göttliche in das Geschichtliche, so fallen wir immer in das Schwankende und Unstete, das allem Geschichtlichen eigen ist« (ebd. 164). Der allgemeine Inhalt der Religion, »die Idee, das, was an und für sich ist, mythisch dargestellt, in der Weise eines Vorgangs, (mache) Inkonsequenz unvermeidlich« (ebd. 285), und es sei erst die Leistung der Philosophie, die Idee, das, was in den »Mythen und religiösen Darstellungen« (Hegel, L 22, VIII, 93) an und für sich ist, zu erweisen. Idee und mythische Gestalt der Religion konnten also in gewisser Weise sogar in Widerspruch geraten, wenn die geschichtlichen Berichte, die nicht das Allgemeine waren, sondern es nur in einem besonderen Faktum darstellten, gerade in ihrer Einmaligkeit und Besonderheit gegen die allgemeine Bedeutung gerichtet wurden.

Dieses Verhältnis von ideeller und »mythischer« Fassung der Religion hat Hegel in seiner Christologie expliziert, ohne allerdings hier seinen Begriff des Mythos zu verwenden. Die Straußsche Übertragung lag aller-

dings nahe, wenn Hegel erklärte, im Leben Jesu dürfe man »nicht die
Geschichte eines Einzelnen« (Hegel, L 22, XVI, 304) sehen; es sei darin
vielmehr »das, was an sich geschehen ist, und was ewig geschieht, dargestellt« (ebd. 303). Darum gebe es zwar »für die unmittelbare Gewißheit
des Menschen, ... (die) notwendig *sinnliche* Gewißheit« sei (ebd. 308),
den historischen Bericht von der Menschwerdung Gottes in einer bestimmten Person zu einem bestimmten Zeitpunkt, aber die Wahrheit sei, »daß
in dieser Geschichte, wie sie der *Geist* auffaßt, selbst die Darstellung des
Prozesses ... dessen (gegeben werde), was der Mensch (!), der Geist ist«
(ebd. 307). Die fortdauernde *Idee* der Christologie — das heißt im Sinne
der spekulativen Philosophie, ihre Wahrheit *und* ihre manifeste Wirklichkeit — die nun »in dieser ganzen Geschichte ... dem Menschen zum Bewußtsein« komme (ebd.), sei, »daß das Menschliche unmittelbarer, prä-
senter Gott ist« (ebd.), daß also in der Menschheit fortdauernd das Göttliche sich darstelle. »Wenn daher der Menschensohn zur Rechten des Vaters sitzt, so ist in dieser Erhöhung der menschlichen Natur die Ehre derselben und ihre Identität mit der göttlichen aufs Höchste vor das geistige
Auge getreten« (ebd. 300, Anm.), und was die Philosophie als die allgemeine Bedeutung dieses Bildes festhalten müsse, sei »die Identität des
Göttlichen und Menschlichen, daß Gott im Endlichen bei sich selbst ist«
(ebd. 304). Der Glaube der Gemeinde, der zuerst einem einzelnen gegolten
habe, gehe nun über in das Wissen der Idee. »Diese Idee und die Objektivität Gottes (existiert) real und zwar in allen Menschen unmittelbar«
(ebd. 282), und sie stellt sich als heiliger Geist in metaphorischer und als
Geist überhaupt in spekulativer Gestalt dar.

Der so revolutionär wirkenden Schlußabhandlung des Straußschen »Leben Jesu« lag im wesentlichen nur eine Paraphrase dieser Gedanken aus
der Hegelschen Religionsphilosophie zugrunde. Strauß fand bei Hegel
»den Schlüssel der ganzen Christologie (darin), daß als Subjekt der Prädikate, welche die Kirche Christo beilegt, statt eines Individuums eine
Idee, aber eine reale, nicht kantisch unwirkliche, gesetzt wird« (Strauß,
L 171, II, 734) und erklärte, die Tatsache, daß der absolute — d. h. der in
Ewigkeit wahre und wirkliche — Inhalt der Christologie »an die Person
und Geschichte eines Einzelnen geknüpft erscheint, hat nur [einen] subjektiven Grund« (ebd. 736). Der objektive Inhalt sei die ständige Präsenz Gottes in der Menschheit[9].

Die Vollmacht seiner interpretatorischen Freiheit und zugleich eine neue
Stufe in der Entwicklung des Christentums sah Hegel im Prinzip der Re-

9 Strauß setzte — nicht gegen den Sinn der Hegelschen Philosophie — für den
von Hegel meist verwendeten (metaphorischen) Begriff der Gemeinde den Begriff
der Menschheit oder die Gattung als Darstellung des Göttlichen (oder, deutlicher,
als das Göttliche selbst).

formation. Dessen Unterschied zum Katholizismus begründete Hegel nicht aus dem reformatorischen Rückgriff auf die Bibel; »der Unterschied, ob die Gemeinde auf dem Grunde einer geschriebenen Urkunde ihr Bewußtsein ausspricht oder ihre Selbstbestimmungen an die Tradition knüpft, ist kein wesentlicher; die Hauptsache ist, daß sie durch den in ihr gegenwärtigen Geist die unendliche Macht und Vollmacht zur Fortbildung und Fortbestimmung ihrer Lehre ist« (Hegel, L 22, XVI, 332). Dieses Prinzip der Fortbildung des Christentums wurde in Hegels historischen Vorlesungen als das »protestantische Prinzip« selbst bestimmt (Hegel, ebd., XIX, 328).

Erst mit der Reformation trat nach Hegels Ansicht der mit der Christologie gegebene Inhalt, die Identität des göttlichen und des menschlichen Geistes, auch in das subjektive Bewußtsein. Nun sollte »der subjektive Geist ... den Geist der Wahrheit in sich aufnehmen« (Hegel, ebd., XI, 523), sollte sich selbst vom objektiven Geist erfüllt wissen. Nicht mehr die kirchliche Autorität befand fortan über die Wahrheit (ebd. 525), denn Luther hatte »siegreich festgestellt, was die ewige Bestimmung des Menschen sei, müsse in ihm selber vorgehen« (ebd. 552). »Die Subjektivität und Gewißheit des Individuums (wurde) ebenso notwendig als die Objektivität der Wahrheit« (ebd. 524), es war »der Beginn der Versöhnung des Menschen mit sich selbst — die Göttlichkeit (wurde) in seine Wirklichkeit eingeführt« (Hegel, ebd., XIX, 255), und damit »begann die Freiheit des Geistes im Kerne« (ebd., 254). In der Reformation war der erste Schritt vom Bewußtsein zum Selbstbewußtsein der Wahrheit getan: das Zeugnis des menschlichen Geistes gehörte fortan wesentlich zur Wahrheit selbst. Hegel sah darin eine »ungeheure Veränderung im Prinzipe« (Hegel, ebd., XI, 525); mit ihr war »das letzte Panier aufgetan, um welches die Völker sich sammeln, die Fahne des freien Geistes, der bei sich ist, und zwar in der Wahrheit, und die wir tragen« (ebd., 524).

Aber in der Reformation bestand diese Versöhnung des subjektiven und des objektiven Geistes nur erst als Prinzip (Hegel, ebd., XIX, 255) und »hatte die Form, sich im Kerne zu halten« (ebd. 254). Die volle Entfaltung brachte dann die Aufklärung. Während die Schranke der Reformation noch blieb, daß der Inhalt der freien Subjektivität, das, was im Subjekt »vorgehen und welche Wahrheit in ihm lebendig werden müsse, ... von Luther angenommen worden (war) ein Gegebenes zu sein, ein durch die Religion Offenbartes« (Hegel, ebd., XI, 552), fand die Aufklärung den Inhalt der Wahrheit ebenfalls innerhalb der Subjektivität und es galt für sie, »daß auf diesen inneren Grund alles zurückgeführt werden müsse« (ebd., 552). »In dieser neuen Periode ist das Prinzip das Denken, das von sich ausgehende Denken — diese Innerlichkeit, die überhaupt, in Rücksicht auf das Christentum aufgezeigt, ... das protestanti-

sche Prinzip ist« (Hegel, ebd., XIX, 328). Die Aufklärung enthielt also
das von der dogmatischen Schranke befreite Prinzip des Protestantismus,
das nun auch die politische Wirklichkeit durchdrang und eine Umgestaltung bewirkte, zu der die Welt zur Zeit der Reformation noch nicht reif
war (Hegel, ebd., XI, 526).

Hegels Deutung der Reformation als einer emanzipatorischen Bewegung, welche das Individuum von den Banden der kirchlichen Autorität
befreite, bildete die Grundlage des »protestantischen Prinzips« der »Hallischen Jahrbücher« (s. o.), und es fand sich ebenso bei den Schriftstellern
des Jungen Deutschland[10]. Für sie begann »von Luther die Periode der
heutigen Zeit; es ist der Wendepunkt in der Geschichte, wo der Auktori-
tätsbaum weggeworfen ... wird« (Laube, L 97, II, 13). Die Reformation
hatte »mit dem Selbstbewußtsein der Persönlichkeit zugleich das Denken
des Individuums erweckt« (Mundt, L 121, 27) und zeigte den modernen
Geist »in seiner ursprünglichen Entwickelung« (ebd.), wenn auch noch
nicht in seiner politischen Vollendung. Für Hegel, für das Junge Deutschland und für die Hegelsche Linke bedeutete die Reformation nicht so sehr
ein theologisches, als vielmehr ein politisches Ereignis. »Alle Jungdeutschen
sind zutiefst davon überzeugt, daß ‚Protestantismus‘ und ‚Freiheit‘ zwei
Ideen sind, die ihrem innersten Wesen nach zusammengehören und eigentlich das Gleiche besagen wollen« (Wildhaber, L 256, 29).

Darum war für sie die augenfälligste Parallelerscheinung der Reformation eine politische: »in der französischen Revolution hat die Lutherische Reformation ihren Wendepunkt erreicht« (Laube, L 94, II, 73), sie
war die Voraussetzung der Universalrevolution — »ohne die deutsche Reformation ... gäbe es ... für Frankreich keinen Rousseau und Robes-
pierre« (Wienbarg, L 48, 35, 206) — oder sie erschien als ihr friedlicher
Ersatz; so bezeichnete etwa Wienbarg die Französische Revolution nur
als »die Folge der gewaltsam zurückgetretenen Reformation« (Wienbarg, L 134, 130; vgl. Laube, L 95, 199 f.).

Im Jungen Deutschland wurde zwar der Gedanke, daß die Reformation das legitimierende Prinzip des Liberalismus sei, noch nicht, wie in den
»Hallischen Jahrbüchern«, zum Ausgangspunkt einer systematischen
politischen Kritik gemacht, aber der Grundsatz war bereits aufgestellt:
Mit der Reformation wurde »das Absolute ... gebrochen, das individuelle
Recht, die Welt zu konstruieren ward gebilligt« (L 105, 36, 74), und es
beschränkte sich nicht auf Glaubensfragen. Die Französische Revolution
»war nur ein mißratenes Kind der Geistesbewegungen, welche in unserm

10 Wildhaber (L 256) hat das »Bild der Reformation in der jungdeutschen
Epoche« unter Einbeziehung der Hegelschen Linken, wenn auch ohne Rückbezug
auf Hegel umfassend und im ganzen zutreffend dargestellt, so daß im Folgenden
die Beschränkung auf einige Hauptprobleme angebracht scheint.

Vaterlande geboren waren« (ebd.). Während es die ruhigen Deutschen nur nicht wagten, die Konsequenz auch praktisch zu erzwingen, haben die Franzosen diese Forderungen gewaltsam durchgesetzt. »Aber wir kommen auch allmählich dahinter, daß uns das Wesentliche ... dieser Bestrebungen nicht verloren geht, im Guten wie im Schlimmen« (ebd.). Wird die Freiheit, die zum Prinzip der Reformation gehört, nicht auf dem Wege der Reformen kommen, so ist es unvermeidlich, daß die Veränderung »im Schlimmen« vor sich geht.

Hegel hatte zwar die Verbindung von Revolution und Reformation so unmittelbar nicht ausgesprochen, aber es war nicht schwer, in der Weise der Hegelschen Linken diese Verbindung herzustellen. Auch bei Hegel lag in der Reformation das Prinzip der letzten Periode der *Welt*geschichte. Diese ging »von der Reformation bis auf unsere Zeiten« (Hegel, L 22, XI, 441) und hatte das protestantische »Prinzip des freien Geistes ... zum Panier der Welt gemacht, und aus diesem Prinzipe entwickeln sich die allgemeinen Grundsätze der Vernunft ... Der Gedanke fing erst von daher an seine Bildung zu bekommen: aus ihm heraus wurden Grundsätze festgestellt, aus welchen die Staatsverfassung rekonstruiert werden mußte. Das Staatsleben soll nun mit Bewußtsein, der Vernunft gemäß eingerichtet werden. Sitte, Herkommen gilt nicht mehr, die verschiedenen Rechte müssen sich legitimieren als auf vernünftigen Grundsätzen beruhend. So kommt die Freiheit des Geistes erst zur Realität« (ebd.). Diese Realität hatte die Reformation selbst noch nicht erreicht. Sie leistete »noch keine Rekonstruktion des Staats, des Rechtssystems ... Der Geist tritt nach der Reformation nicht gleich in dieser Vollendung auf, denn sie beschränkt sich zunächst auf unmittelbare Veränderungen, wie z. B. das Aufheben der Klöster ... Die Versöhnung Gottes mit der Welt war zunächst noch in abstrakter Form, noch nicht zu einem Systeme der sittlichen Welt entwickelt« (ebd., 532). So gehört eine notwendige Nachgeschichte zur Reformation, die Hegel in zwei verschiedenen Entwicklungslinien zeigt.

In Deutschland wurde das aus der Reformation sich entwickelnde Prinzip des freien Geistes vornehmlich Gegenstand eines theoretischen Interesses. Es »blieb bei den Deutschen ruhige Theorie; die Franzosen aber wollten dasselbe praktisch ausführen« (ebd., 554). In der französischen Revolution war »das Bewußtsein des Geistes ... wesentlich Fundament, und die Herrschaft ist dadurch der Philosophie geworden« (ebd., 556). Die Geistesfreiheit wurde Wirklichkeit, als »der Mensch sich auf den Kopf, das ist auf den Gedanken stellt(e) und die Wirklichkeit nach diesem erbaut(e)« (ebd. 557). Die Gleichheit der Prinzipien von Reformation und Revolution betont auch die Bemerkung, daß die Franzosen »in anderer Gestalt die Lutherische Reformation vollbracht« hätten (Hegel, ebd., XIX, 526).

Hingegen war in der Kantischen, Fichteschen und Schellingschen Philosophie »die Revolution als in der Form des Gedankens niedergelegt und ausgesprochen« (ebd., 534). In Deutschland wurde »als Gedanke, Geist, Begriff« ebd. 535) entwickelt, was »in Frankreich in die Wirklichkeit hinausgestürmt« ist (ebd.). Was nun »in Deutschland von Wirklichkeit hervorgetreten, erscheint als eine Gewaltsamkeit äußerer Umstände und Reaktion dagegen« (ebd.). So fehle der deutschen Theorie die Wirklichkeit, und Hegels Spott darüber ließ dies als Mangel erscheinen. Dafür war der französischen Praxis keine theoretische Befreiung vorausgegangen, so daß die Französische Revolution notwendig scheitern mußte; denn es war »für eine Torheit neuerer Zeiten zu achten, ein System verdorbener Sittlichkeit, der Staatsverfassung und Gesetzgebung derselben ohne Veränderung der Religion umzuändern, eine Revolution ohne Reformation gemacht zu haben« (Hegel, ebd., X, 440). Der Liberalismus in den katholischen Ländern konnte darum nicht erfolgreich sein; »denn es ist ein falsches Prinzip, daß die Fesseln des Rechts und der Freiheit ohne die Befreiung des Gewissens abgestreift werden« (Hegel, ebd., XI, 564).

Damit sind bei Hegel die wesentlichen Elemente aufgezeigt, aus denen die revolutionäre Interpretation der Geschichte der Religion und Philosophie in Deutschland von Heine bis Marx hervorging. Man konnte daraus den Schluß ziehen, daß erst die Vereinigung der geistigen Revolution in Deutschland mit der revolutionären Praxis in Frankreich eine dauerhafte Umgestaltung der Wirklichkeit bringen müßte. »Erst durch den Austausch der gegenseitigen Erwerbungen, erst durch die Vereinigung des deutschen Universalismus mit ... französischer Kühnheit ... wird eine neue Welt erobert und eine unwiderstehliche Geistesbewegung eingeleitet werden« (Ruge, L 169, II, S. 317 f.). In Deutschland gab es eine »philosophische Revolution ...«, die eben nichts anderes ist wie die letzte Konsequenz des Protestantismus« (Heine, L 80, V, 216). Sie hatte sich als theoretische Bewegung parallel zur politischen Revolution in Frankreich entwickelt. »Auf beiden Seiten des Rheines sehen wir denselben Bruch mit der Vergangenheit, der Tradition wird alle Ehrfurcht aufgekündigt; wie hier in Frankreich jedes Recht, so muß in Deutschland jeder Gedanke sich justifizieren, und wie hier das Königtum, der Schlußstein der alten sozialen Ordnung, so stürzt dort der Deismus, der Schlußstein des geistigen alten Regimes« (Heine, L 80, V, 255 f.)[11]. Während Frankreich der Ergebnisse

---

11 Der Gedanke, daß die revolutionäre Geschichte Deutschlands sich in der Philosophie ereignet habe, wurde dann durch Heines Vermittlung Allgemeingut des Jungen Deutschland. So schrieb Kühne: »Wir erlebten in den Gebieten unseres Denkens und Fühlens dieselben Katastrophen, welche die große französische Revolution in Bezug auf die gesellschaftlichen Zustände herbeiführte« (L 90, 144). Laube setzte Kant zum Konvent und Fichte zu Napoleon in Parallele (L 93,

seiner Revolution verlustig ging, weil »die deutsche Kritik des Christentums ... die notwendige Voraussetzung aller Befreiung« ist (Ruge, L 169, VI, 6), haben sich in Deutschland »revolutionäre Kräfte entwickelt, die nur des Tages harren, wo sie hervorbrechen« (Heine, L 80, V, 307). Eine geistige Revolution hatte den politischen Umbruch unvermeidlich gemacht, denn »der Gedanke (ging) der Tat voraus, wie der Blitz dem Donner« (ebd.).

Wenngleich für die Linkshegelianer diese kritische Auflösung des Christentums erst in ihren eigenen Werken vollendet war, so galt doch für sie wie für Heine, daß »die Bewegung des deutschen Geistes bei einem Wendepunkt angekommen ist, von dem nun die wirkliche Geschichte beginnen wird. Die theoretische Befreiung ist nirgends in der Welt so gründlich vorhanden und fortdauernd im Werke, als in Deutschland ... Das Ende der theoretischen Befreiung ist die praktische« (Ruge, L 169, VI, 133 f.).

Damit hatten Heine und die Hegelsche Linke es im Anschluß an Hegel erreicht, in einen Vorteil umzudeuten, was dem Jungen Deutschland zunächst als die größte Schwäche der deutschen Entwicklung erschienen war (s. o.), die vorzugsweise theoretischen und theologischen Interessen der deutschen Wissenschaft schienen die Revolution gründlicher vorzubereiten und ihren Erfolg unabänderlicher zu machen, als es die blinde Praxis der Franzosen getan hatte. Denn es war zunächst notwendig, das dogmatische Pathos der Freiheit durch die strenge Schule der Philosophie hindurchgehen zu lassen, »damit die Freunde der Freiheit, wie es Protestanten geziemt, zuerst den theoretischen Idealismus, die innerliche geistige Freiheit ... kennen lernten, bevor es mit ihnen zu einer gescheiten Praxis kommen konnte« (HJ 40, 1931)[12].

II, 11); bei Gutzkow hieß es, der Französischen Revolution sei in Deutschland »eine Revolution der Geister (gefolgt), die in der Tat alle Phasen ihres Vorbilds durchmachte, die Ideen in den Anklagezustand versetzte, sie zur Guillotine schleppte und, nachdem die durch Kant hervorgerufene kritische Gärung vorüber war, den Despotismus Napoleons in Gestalt Fichtescher und Schellingscher Machtsprüche wiedergab« (L 68, 464); Wienbarg formulierte in anderer Gestalt diesen Gedanken: »Wenn der Weltgeist den Menschen etwas offenbaren will, so flüstert er es meist den Deutschen ins Ohr, und diese machen ein Religionssystem, eine Philosophie, eine Literatur daraus ... Franzosen und Engländer verlangen so hohe Dinge nicht. Sie begnügten sich mit den praktischen Ergebnissen« (L 131, 22 f.).

12 Marx griff diese Gedanken in der Einleitung zur Kritik der Hegelschen Rechtsphilosophie noch einmal auf und bemerkte, daß Deutschland sich immer nur theoretisch auf dem Niveau der Weltgeschichte befand, während seine Praxis nur eine Reaktion auf die Bewegungen der Freiheit war. »Wir ... befanden uns immer nur einmal in der Gesellschaft der Freiheit, am Tag ihrer Beerdigung« (L 156, 209). Auch für Marx gilt, daß die Kritik der Religion eine notwendige Voraussetzung der politischen Befreiung sei; mit diesem Gedanken gehört er noch

3. Eine erste revolutionäre Interpretation der Hegelschen Philosophie

Die Popularisierung des revolutionär zugespitzten Gedankens einer parallelen Entwicklung der deutschen Philosophie und der Französischen Revolution, dessen Konsequenz war, daß auch in Deutschland eine Revolution stattfinden werde, geht sicher auf Heine zurück. Aber er findet sich ähnlich bereits, wenn auch mit der entgegengesetzten Absicht vorgebracht, in einer zeitgenössischen konservativen Polemik gegen Hegel. So heißt es in einer Schrift aus dem Jahre 1829, wenn »das neuere deutsche Philosophieren seit Kant als ein Begleiter der Französischen Revolution« (Schubarth, L 40, 215) zu bezeichnen sei, so bedeute das, daß »Revolutionieren, und zwar je ärger man es anfänglich treibt, heißt, ... in praktischer Weise nur dasselbe tun, was man theoretischer Weise auch tun muß, um gründliche metaphysizieren oder philosophieren zu können« (ebd., 217). Die fortschreitende Loslösung der Philosophie von der positiven Religion sei daher das Korrelat einer politischen Zerstörung. »Dieses Geborenwerden des philosophischen Gedankens, sein Fortschreiten zu immer größerer Selbständigkeit verkündigt auch hier (in Deutschland) gleichmäßig nur eine allgemeine Auflösung menschlicher Zustände. Wenn auch diesseits des Rheins, wo noch andere vernunftmäßige Mächte Widerstand leisteten, diese Auflösung nur eben auf die Gestalt des Denkens sich beschränkte: so dürfen wir uns nur jenseits des Rheins begeben, um um so mehr auf den tollen Ausbruch des Wahns in jeglichen verwerflichen Folgen ... zu stoßen« (ebd. 59). Hegel als der Napoleon der Philosophie habe in seinem System die angrenzenden Gebiete unterworfen und die Philosophen an die Spitze des Staates und der Kirche stellen wollen. Sein System liefere die wichtigste Voraussetzung einer Revolution, weil es, und darauf kam es seinen Kritikern wie seinen Schülern an, die Religion zerstöre.

Gerade wegen seiner heterodoxen theologischen Lehren sei Hegel politisch gefährlich: indem er die Wirklichkeit überhaupt für eine Manifestation Gottes erkläre, rechtfertige er nicht nur das Bestehende, sondern auch dessen Umsturz, wenn er nur gelinge. Auch das Ergebnis einer Revolution sei schließlich nach den Hegelschen Bestimmungen »das Produkt desselben Weltgeistes, welcher die Monarchie gründete ... Die Republik,

in den Kreis der Linkshegelianer. Aber er unternahm in dieser Einleitung auch schon einen entscheidenden Schritt über den Kreis der »Deutschen Jahrbücher« hinaus, wenn er ein neues Subjekt der Geschichte bestimmte: nicht mehr die Kritik, sondern das Proletariat überwand die zurückgebliebene Wirklichkeit. »Wenn das Proletariat die Auflösung der bisherigen Weltordnung verkündet, so spricht es nur das Geheimnis seines eigenen Daseins aus, denn es *ist* die *faktische* Auflösung dieser Weltordnung« (ebd. 233). An die Stelle der »kritischen Kritik« (Marx, L 157, II) tritt also die Bewegung der Wirklichkeit; ihre Theorie ist die Nationalökonomie, nicht die Philosophie.

ist sie nur wirklich ins Leben getreten, . . . ist dadurch unmittelbar ebenso vernünftig, wie diese (Monarchie). Die Fürsten würden sich also sehr täuschen, wenn sie glauben könnten, in diesem Systeme eine philosophische Begründung ihres Rechts zu erhalten« (Bachmann, L 3, 270)[13]. In Hegels Philosophie müsse man deshalb bereits »die Stimme der Volksaufwiegler« vernehmen (Gruppe, L 19, 42), auch wenn Hegel selbst »die Staatsmänner blendete . . . mit lauter Phrasen der Legitimität« (ebd. 43).

Die politischen Konsequenzen der Hegelschen Geschichtstheologie standen jedoch zunächst nicht im Mittelpunkt der konservativen Angriffe. Diese richteten sich vielmehr gegen die theologischen Voraussetzungen der Hegelschen ‚Politik‘ und zeigten die politische Revolution nur als ein Nebenprodukt jenes gefährlichen, mit der menschlichen Hybris auch die politischen Ansprüche begünstigenden Pantheismus der Hegelschen Philosophie, der schließlich auf die Vergötterung des Menschen hinauszulaufen schien, und den es vor allem als theologische Lehre zu bekämpfen galt.

Hegel war davon ausgegangen, und dagegen hatte sich die Kritik zuerst gerichtet, daß Gott erkennbar sei. Gott war demnach kein prädikatloses höchstes Wesen, sondern in bestimmter Weise offenbar; Gott war Erscheinung, und zwar nicht Erscheinung neben anderen Erscheinungen, sondern das Wesen der Erscheinung selbst. »Gott, als der schlechthin unendliche, (ist) nicht ein solcher, den es nur gibt und außer und neben welchem es auch noch andere Wesen gibt. Was es außer Gott sonst noch gibt, dem kommt in seiner Trennung von Gott keine Wesentlichkeit zu« (Hegel, L 22, VII, 264). Gott ist also das erscheinende Wesen, und zwar in »zweierlei Offenbarungen, als Natur und als Geist; beide Gestaltungen Gottes sind Tempel desselben, die er erfüllt und in denen er gegenwärtig ist«

13 Auch Börne, der Hegel nicht gelesen hatte, und ihn eingestandenermaßen nicht verstand (er verspottete ihn als den »ungereimten Knecht« im Gegensatz zu Goethe, dem »gereimten Knecht«), gab dem Satz von der Identität des Vernünftigen und des Wirklichen eine revolutionäre Deutung: »Ich las von einem berühmten Philosophen, es sei einer der Hauptgrundsätze seiner Lehre: Alles, was ist, ist gut . . . Ich hörte ferner erzählen, daß es Staatsmänner gäbe, die jenen Philosophen wegen seiner Lehre und diese selbst sehr begünstigen, weil sie glaubten, sie sei für die Regierungen vorteilhaft, indem sie den Regierten [nicht allein] Grund und Recht zu klagen nehme, sondern sie vielmehr anweise, mit allem Bestehenden zufrieden zu sein, weil alles, was ist, gut ist . . . Wenn jener Grundsatz wie berichtet ausgesprochen, und wenn er wie berichtet angewendet oder zum nötigen Gebrauch zurückgelegt worden — [so können] jene Staatsmänner nicht wissen, was sie wollen, da es keine Lehre gibt, die für die Rechte des Staates und für die Sicherheit der Regierungen gefährlicher, keine, die revolutionärer wäre, als die Lehre: Alles, was ist, ist gut . . . (Denn die Aufrührer könnten sprechen:) Herr Minister, . . . gehen Sie Ihres Weges, Alles, was ist, ist gut; ein Ist ist wie das andere Ist; ist eine Regierung, so ist ein Volk; . . . ist Gesetzmäßigkeit, so ist Revolution; ist die Macht, die ist, zu ehren, so ist unsere Macht auch eine, die ist . . .« (Börne, L 51, II, 487 f).

(Hegel, ebd., IX, 48). »Die Natur, der endliche Geist, die Welt des Bewußtseins, der Intelligenz und des Willens, sind Verleiblichungen der göttlichen Idee« (Hegel, ebd., XV, 43 f.). Aber sie stellen Gott nicht in ihrer Besonderheit dar, sondern »die Gegenwart Gottes ist . . . (die) Wahrheit, die in allem ist« (Hegel, ebd., XVI, 247).

Hegels Gegner sahen zwar den Unterschied zum gewohnten Begriff des Pantheismus, aber sie erklärten, daß dadurch Hegels Pantheismus allenfalls ein Moment der Unbestimmtheit erhalte, durch das verständlich werde, »wie man pantheistische Behauptungen . . . doch noch als nicht-pantheistische könne retten wollen« (Weiller, L 42, II, 66). Da aber »der eigentliche Charakter des Pantheismus . . . auf der Einigung der Welt mit Gott« (ebd.) beruhe, gleichviel wie diese Einigung aussieht, sei jede Bestimmung der Immanenz Gottes in der Welt unvereinbar mit dem Christentum; »wenn es erlaubt ist zu bitten, entweder ein Christentum mit einem heiligen Gott über der Welt, oder wir danken schönstens für jedes andere mit einem bloßen Welt Gott« (ebd., 76). Wenn bei Hegel das Absolute, Gott . . . das »allgemeine Wesen der Erscheinungen genannt« werde (Anonym, L 1, 18), so sei das trotz aller gegenteiligen Versicherungen eine »Formel, das Absolute oder Gott zu bezeichnen, . . . (welche) auf eine besondere Ansicht hindeutet, die in dem gewöhnlichen Sprachgebrauch . . . die pantheistische heißt« (ebd.). Mit seinem Widerspruch führe Hegel nur »den Leser irre, welcher durch den diktatorischen Ton eingeschüchtert seine Zweifel kaum sich selbst zu gestehen wagt« (Bachmann, L 3, 193); denn Hegels Reden von der Trinität, vom persönlichen Gott und von der Schöpfung lägen in Wirklichkeit nicht die christlichen Vorstellungen zugrunde; er gehe vielmehr auch dann nicht davon ab, »daß Gott und die Welt dem Wesen nach eins sind, oder daß Gott kein von der Welt verschiedenes Wesen, kein überweltliches oder außerweltliches Wesen ist, . . . und in diesem Sinne (bleibt) das Hegelsche System Pantheismus« (ebd., 293).

Bei dieser Auffassung konnte Hegels Verteidigung nicht überzeugend sein. Hegel wandte ein: »Pantheismus hat bei diesen Vorwürfen gewöhnlich den Sinn: Alles, das All, Universum, . . . diese unendlich vielen endlichen Dinge seien Gott, und diese Beschuldigung wird der Philosophie gemacht, sie behaupte, alles sei Gott . . . Es ist [aber] nie einem Menschen eingefallen zu sagen: Alles ist Gott, d. h. die Dinge in ihrer Einzelheit« (Hegel, L 22, XV, 110). Aber diese Unterstellung machten auch seine Kritiker nicht. Sie warfen Hegel vielmehr vor, daß, wenn er Gott *in* den Dingen, als Wesen der Erscheinung bestimme, die christliche Vorstellung von einer von Gott wesentlich verschiedenen Schöpfung der Welt nicht mehr gedacht werden könne.

Dagegen bemerkte Hegel, daß auch seine Philosophie den Unterschied von Gott und Welt setze; so daß »die Schöpfung gegen ihn (Gott) selbständig ist . . . Dies ist gerade die Grundbestimmung des Geistes, daß er dies Unterscheiden und Setzen des Unterschieds ist: das ist die Schöpfung, die sie immer haben wollen« (ebd., 341). Aber das war die Schöpfung keineswegs, die seine Gegner annahmen, es war nur eine Akkomodation an ihre Begriffe; denn Hegel gab damit den Gedanken nicht auf, daß die Natur Gott selbst »in der Form des Andersseins« (Hegel, ebd., IX, 49) sei.

Hegel hielt so an der Immanenz Gottes in der Welt fest; er gab auch die Spinozistische Idee »als wahrhaft, als begründet« zu (Hegel, ebd., XIX, 377) und bestritt, daß sie mit Recht als pantheistisch bezeichnet werde. Die absolute Substanz sei das Wahre, aber »noch nicht das ganze Wahre; sie muß als in sich tätig, lebendig gedacht werden« (ebd.). Gott ist auch Entwicklung, Prozeß[14], ist »die Bewegung zum Endlichen und dadurch — als Aufhebung desselben — (Bewegung) zu sich selbst« (Hegel, ebd., XV, 210), als historischer Prozeß »die Darstellung des Geistes . . ., wie er sich das Wissen dessen, was er an sich ist, erarbeitet« (Hegel, ebd., XI, 45). Als die Entwicklung Gottes wäre somit einerseits die Weltgeschichte selbst, andererseits »dieselbe logische Notwendigkeit, welche die des Universums ist« (Hegel, ebd., XV, 125) zu bezeichnen.

Hegel unterlegte diesem Prozeß der logischen und historischen Entfaltung Gottes die Vorstellungen der christlichen Trinitätslehre: der Vater ist »die logische Idee, ist Gott, wie er an sich ist« (ebd., 43); dann ist Gott »die Erscheinung als solche, . . . die Natur« (ebd., 218) und »die Natur ist der Sohn Gottes« (Hegel, ebd., IX, 50); der Tod des Sohnes bedeutet das Ende der reinen Natürlichkeit und ihr Übergehen in den Geist. Schließlich ist Gott als heiliger Geist ewige Gegenwart in der Geschichte, Existenz des Absoluten in der Gemeinde »in der vollen Übereinstimmung seines Begriffs und seiner Wirklichkeit« (Hegel, ebd., X, 27). Hier weiß sich das Absolute selbst durch Vermittlung des endlichen Geistes. »Im Ich, als dem sich als endlich aufhebenden, kehrt Gott zu sich zurück, und ist Gott nur als diese Rückkehr« (Hegel, ebd., XV, 210). Damit bleibt auch der menschliche Geist nicht endlicher Geist; indem der göttliche Geist in ihm ist, gibt er die Endlichkeit auf und stellt den absoluten Geist dar in Kunst, Religion und Philosophie. Diese drei Formen sind die höchsten des absoluten Geistes. »In der absoluten Religion ist es der absolute Geist, . . . der sich selbst manifestiert« (Hegel, ebd., X, 453), und dieses Manifestieren »ist ebensosehr als vom Subjekt ausgehend und in demselben sich befindend, wie als objektiv von dem absoluten Geist ausgehend zu betrachten, der als Geist in seiner Gemeinde ist« (ebd., 446). In der Sphäre des Absoluten ist damit das Tun Gottes und das Tun des Menschen

---

14 »Daß die Hegelsche Philosophie atheistisch — ja antitheistisch ist, beweist vorzüglich noch ihr Heraustreten aus dem Spinozismus« schrieb daher einer von Hegels anonymen Kritikern (Anonym, L 41, 194).

nicht mehr unterschieden. »Was als mein Tun erscheint, ist alsdann Gottes Tun und ebenso auch umgekehrt« (Hegel, ebd., XV, 238). In der absoluten Religion ist »die Einheit des Menschen und Gottes ... gesetzt« (Hegel, ebd., XI, 416; vgl. X, 453 f.), und in der Philosophie ist diese Einheit zum Bewußtsein gekommen und besteht in ihm als das absolute Selbstbewußtsein Gottes; Gottes »Sichwissen ist ... sein Selbstbewußtsein im Menschen« (Hegel, L 22, X, 454)[15].

Ein »Ungeheuer des Gedankens« (Bachmann, L 3, 142) war diese Entwicklung Gottes für Hegels Gegner. »Nie ist das Allerheiligste mit weniger Leichtfertigkeit profaniert worden« (Gruppe, L 19, 293); Hegels Erklärungen stellen »das im Worte (der Bibel) bezeichnete Verhältnis auf den Kopf« (EKZ 34, 78), denn aus ihnen folgt, »daß die Gemeinde an sich den Glaubensinhalt hervorbringe« (ebd., S. 99). Auf Hegels Gott »lastet das düstere Fatum, sich mit sich entzweien, sein Anderes, den Sohn setzen zu müssen ... Die Versöhnung des Widerspruchs, die Erlösung, geschieht aber nicht aus der Fülle göttlicher Gnade, ... sondern Gott vielmehr hat von Glück zu sagen, daß er nur selbst von seinem Widerspruch befreit wird; er selbst bedarf eines Erlösers, durch den er von seinem Sohn, dem Erlöser, erlöst werde« (Gruppe, L 19, 285). Während im Christentum Gott der allmächtige Schöpfer ist, erwächst bei Hegel »Gott selbst ... erst aus der Natur, ... er muß jene Karriere machen, sich auf jenem (in der Logik) vorgeschriebenen Wege des Avancements erst selbst heraufarbeiten, um nicht unmittelbar zu sein ... Er schafft nicht die Welt; viel eher umgekehrt« (ebd., 386). Der Gedanke, daß Gott erst »am Ende seiner Entwicklung vollkommen sei, ist dem Christentum ganz fremd«

---

15 In einem von Hegel eingeleiteten Werk über »die Religion im innern Verhältnisse zur Wissenschaft« hatte Hegels Schüler Hinrichs 1822 in krausen Formulierungen, aber eindeutig in der Sache, geschrieben: »Der absolute Geist *ist* die Religion des Geistes und die mit derselben identische *Wissenschaft* des absoluten Wissens oder das absolute Wissen überhaupt (258) ... *Indem die Existenz des absoluten Geistes das absolute Wissen ist,* und die Religion des Geistes, welche den absoluten Geist zu ihrem Inhalte hat, sowie die Wissenschaft des absoluten Wissens, deren Resultat das absolute Wissen selbst ist, den absoluten Geist als die absolute Wahrheit weiß, ist dieses Wissen von dem absoluten Wissen das Wissen von der Existenz desselben als des Wissens, damit das existierende Wissen des absoluten Geistes selbst oder das mit der Existenz des absoluten Geistes identische absolute Wissen. So *beweiset sich denn die mit der Religion des Geistes identische Wissenschaft des absoluten Wissens [d. h. die Hegelsche Philosophie] als die Existenz des a b s o l u t e n G e i s t e s selbst,* und ist der absolute Beweis für die Existenz des absoluten Geistes, welche wie der absolute Geist von sich selber den Beweis führt und sich als die absolute Wahrheit manifestiert hat« (L 24, 259). Vor dem Erscheinen von Hegels Vorlesungen zur Philosophie der Religion bezogen sich die Kritiker auch auf dieses wegen der Hegelschen Einleitung für eine authentische Hegelauslegung geltende Werk.

(Schubarth, L 40, 149), viel mehr noch der, daß göttlicher und menschlicher Geist identisch sind: »Wenn der Apostel Paulus sagt, Christus lebt in mir, ... so ist es ein Anderes, das mein Selbst ergriffen hat« (EKZ 30, 547).

Hegels Verkehrung der christlichen Lehren, und das schien seinen Gegnern schließlich die ärgste Profanierung, bedeutete, daß »unser menschliches Denken mit dem göttlichen verwechselt wird« (Bachmann, L 3, 176). Wenn wir »in dem Denken und in der Tatsache des Denkens ... die Idee (Gott) und die Bewegung der Idee (Gottes) erkennen sollen, ... was kann dies für ein anderes Denken sein, als das menschliche Denken?« (Anonym, L 1, 76). Bedenkt man nun, »daß dieses Denken diejenige Tätigkeit ist, als welche Gott sich erweist, so haben wir hier die A p o t h e o s e   d e s I c h ganz klar und deutlich; das Ich als denkend, d. h. in seiner ganzen philosophischen Tätigkeit ist dasjenige, als was Gott sich erweist« (ebd., 78 f.). Damit ist Hegels Philosophie schlimmer noch als Atheismus; »denn dieser suchte doch nur Gott zu entfliehen; jener stellt sich ihm gleich« (Gruppe, L 19, 289). Hegel zufolge nimmt »nicht nur der Mensch den erledigten Thron der Himmel ein, sondern der Schöpfer Himmels und der Erden muß selbst Geschöpf seines Geschöpfes sein« (ebd., 289).

Da der Gott Hegels, der als Weltgeist sich in der Geschichte entwickelt, »nur den Menschengeist bedeuten« kann (Bachmann, L 3, 142), »dieser Menschengeist ... aber nicht als allgemeines Individuum« existiert (ebd.), kann auch das Allgemeine, Gott, »nur die Gattung sein« (ebd.). Hegels Lehre vom absoluten Geist hat also im Grunde den Menschengeist, wie er sich in der Geschichte der Gattung entwickelt, zum Gegenstand; wenn der absolute Geist als der heilige Geist bezeichnet wird, gewinnt seine Philosophie »anstatt des heiligen Geistes ... unvermerkt die Vorstellung von einem Z e i t g e i s t, der auf dem langen Wege der allmählichen Vervollkommnung« fortgleitet (EKZ 34, 89).

So erschien Hegels System den Kritikern als eine verderbliche Lehre, welche die Philosophie an die Stelle der Theologie, das Wissen an die Stelle des Glaubens und schließlich den Menschen an die Stelle Gottes setzte. Hegels Gott war identisch mit dem Menschen, sein heiliger Geist war der Zeitgeist. Auf der Grundlage eines »idealischen oder logischen Pantheismus« (Bachmann, L 3, 293) leugnete er jede historische (Weiße, L 44, 130) und jede metaphysische Transzendenz. Er erblickte in Gott und Geschichte nur ein perennierendes Diesseits: die Wirklichkeit war ihm »der gegenwärtige Gott« selber (Fichte, L 14, 377). Seine Philosophie behauptete gegen das Christentum, »das Himmelreich (sei) schon in der unmittelbaren Gegenwart ... und das Resultat derselben ist eben nur diese Erkenntnis, mit der daraus entspringenden Anforderung, handelnd wie leidend eben der Gegenwart ganz sich hinzugeben« (ebd.).

Anthropologisierung

IV Die Säkularisierung des absoluten Geistes

1. Die Subjektivierung der Geschichte im Jungen Deutschland

Die Ambivalenz der Hegelschen Philosophie, die trotz der Hegelschen Akkomodationen im Anschluß an die konservative Kritik deutlich geworden war, disponierte diese vielleicht mehr noch, als ein eindeutig revolutionärer und atheistischer Gehalt es getan hätte, zum Bestandteil der jungdeutschen und linkshegelschen Kritik zu werden. Daß Hegel der Form nach innerhalb der Grenzen des Christentums blieb und nur bestimmte theologische Richtungen zu bekämpfen schien, mußte seinen revolutionären Schülern, die zunächst eine ähnliche Methode verfolgten, nicht eigentlich als Mangel seiner Philosophie erscheinen, weil Hegel die Auseinandersetzung mit der Theologie auf einer so grundsätzlichen Ebene führte, daß schließlich die gesamte theologische Tradition einschließlich des Rationalismus von einem Hegelschen Standpunkt zu verwerfen und eine philosophische ‚Religion des Geistes‘ an die Stelle zu setzen war. Vor allem ließ Hegels Philosophie für einen theologischen Positivismus keinen Raum mehr und lieferte eine philosophische Begründung für jene Erschütterung der Grundlagen der Theologie, auf die das Junge Deutschland aus politischen Gründen zielte.

Wenn so einerseits »die Hegelsche Philosophie ... der letzte Zufluchtsort, die letzte rationelle Stütze der Theologie« (Feuerbach, L 148, II, 239) zu sein schien, insofern sie die Wirklichkeit des *Göttlichen* erkennen wollte, so brachte sie doch gerade mit diesem Anspruch ein empirisches Moment, eigentlich die ganze profane Wirklichkeit, in die theologische Vorstellungswelt und schuf damit die Voraussetzung für die Auflösung auch noch ihrer eigenen metaphysischen Begriffe; denn wenn Gott ausschließlich in der Wirklichkeit zu erkennen war, konnten seine Schüler behaupten, daß die Wirklichkeit eigentlich Gott *sei*. Hegel hatte selbst erklärt, Gott sei kein »Geist jenseits der Sterne« (L 22, XV, 55), soweit er nicht in der Wirklichkeit erscheine, gebe es ihn auch nicht, »denn der Geist, der nicht erscheint, *ist* nicht« (L 23, 33). Von seinen konservativen Kritikern war daraufhin der Vorwurf pantheistischer Anschauungen erhoben worden; dem Jungen Deutschland aber eröffnete sich damit gerade der Weg, die Wirklichkeit des Menschen mit göttlicher Würde auszustatten.

An den Pantheismus-Vorwurf anknüpfend erklärten die Jungdeutschen, daß sich »dem Begriffe der Offenbarung ... vielleicht eine philosophische Unterlage pantheistischer Art« (Gutzkow, L 75, 264) geben lasse, wenn in der Weise der Hegelschen Philosophie die Spinozistische Form des Pantheismus durch die Betonung des historischen Momentes überwunden würde. Dadurch, daß Hegel dem deus sive natura eine zweite Offenbarung Gottes in der Geschichte überordnete, traf er auch eine politisch relevante Aussage, denn er maß damit dem Menschen eine besonders hervorragende Stelle innerhalb der göttlichen Wirklichkeit zu: er war nicht mehr ein indifferenter Teil des insgesamt göttlichen Kosmos, in welchem er sich quietistisch einrichten konnte, sondern Träger des göttlichen Bewußtseins. Damit war jener von Heine kritisierte klassische Pantheismus überwunden, der »die Menschheit zu Indifferentisten gemacht« hatte (L 80, V, 49) und sie »statt mit den höchsten Menschheitsinteressen ... nur mit Kunstspielsachen, Anatomie, Farbenlehre, Pflanzenkunde und Wolkenbeobachtung beschäftigte« (ebd.), weil er annahm, »wenn alles Gott ist, so mag es gleichgültig sein, womit man sich beschäftigt« (ebd.). Die von Hegel beeinflußte junge Literatur lehrte einen Gott, der zwar noch »identisch mit der Welt« (Heine, L 80, V, 233) blieb, dessen höchste Wirklichkeit aber die Menschheit repräsentierte; ihr Gott war »der eigentliche Held der Weltgeschichte« (ebd.) und die Menschheit »sein beständiges Denken, sein Wort, seine Tat; von der ganzen Menschheit kann man mit Recht sagen, sie sei eine Inkarnation Gottes« (ebd.).

Diesen »historischen« Pantheismus[1] haben in der Hegelnachfolge zunächst die Jungdeutschen zur Grundlage ihrer kritischen Vorstellungen gemacht. Ihnen schien »Hegels Philosophie ... wahrlich die einzige, die imstande ist, das Christentum zu beurteilen. Ihr Standpunkt ist der historische« (Gutzkow, L 75, 296). Während »im herkömmlichen theologischen Sinne ... die Offenbarung eine Verfälschung der Natur und der Geschichte« (ebd. 264) sein müßte, weil es unsinnig wäre zu glauben, »daß Gott die Welt erschaffen hat — als wenn ein Gott, der zugibt, daß etwas außer ihm ist, ohne er selbst zu sein, ... jemals meinem philosophischen Bewußtsein entsprechen könnte« (ebd., 287 f.) — war Hegel »so

---

1 Als »historischer Pantheismus« ist im Folgenden abkürzungsweise jene Hegelsche Vorstellung bezeichnet, nach welcher die geschichtliche Wirklichkeit die Erscheinungsform Gottes ist. Karl Mannheim benutzt den Begriff in einer weiteren Bedeutung, um einen Denkstil zu bezeichnen, der »die Kulmination des Lebendigen ... ins Erleben des Historischen verlegt« (L 274, 464). Beide Formulierungen zeigen denselben Sachverhalt unter verschiedenen Aspekten, die, wie im Folgenden deutlich wird, im Jungen Deutschland ineinander übergehen.

verwegen-groß zu sagen, hinter den Sternen sei kein Gott, sondern nur auf dem Schauplatz dieser Erde« (Kühne, L 90, 138); Gott äußere sich als »die ewig strömende Immanenz« (ebd. 45) in der Wirklichkeit, und es sei »ein heiliger, großer Kunstgriff des Schöpfers, in der Welt, ... seiner Autobiographie, sich zu offenbaren« (ebd. 130). Der jungdeutsche Herrgott trägt nach Hegel »keinen Bart und keinen himmelblauen Mantel ... Er ist das große Gesetz der Welt, ... und wenn ihr wißt, was geschehen wird 1833, so wißt ihr auch, was der Herrgott für ein Gesicht trägt, denn die *Geschichte* ist der Ausdruck seines Gesichts« (Laube, L 135, 33, 7). Der Glaube, »daß das Göttliche in der Welt wirklich zur Erscheinung gekommen, daß Gott sich in der Geschichte offenbart« hat (Wienbarg, L 128, 115), hob für die Jungdeutschen die alte Trennung zwischen einer himmlischen Welt im Jenseits und einer nur diesseitigen Erdenwelt auf.

Politische Zeitungen berichteten nicht profane Geschehnisse, sondern »Börsengerüchte aus dem Reich Gottes« (Mundt, L 116, 27). »Die eigentümliche positive Entfaltung des Göttlichen in der Geschichte« (Wienbarg, L 132, 321) ließ die »Gegensätze des Weltlichen und des Geistlichen fallen« (Mundt, L 118, 142), und die Welt selbst wurde heilig, weil sich in ihr das Göttliche darstellte. »Alles wird weltlich in unserer Zeit und muß es werden, selbst die Religion. Denn es kann nichts Heiligeres mehr geben als das Weltliche, nichts Geistlicheres als das Weltliche. Alles hat jetzt eine und dieselbe Geschichte, und was eine Geschichte hat, gehört Gott an« (ebd. 141 f.).

Diese Hegelsche Form des Pantheismus schien dem Jungen Deutschland gerade durch das Christentum legitimiert zu sein. Nach dem Vorbild der Hegelschen Christologie deutete es das Leben Jesu als Paradigma für eine emanzipatorische Theologie. Im Christentum sei »gepredigt worden von einem Gott, der aus seinem Himmel herabstieg und Fleisch wurde und in Palästina wandelte und auf Golgatha den Kreuzestod litt. Das ist ein Bild und Gleichnis von dem Gott, der im Fleisch durch die ganze Welt wandelt und ... dessen Evangelium die Zukunft predigen wird« (Wienbarg, L 134, 97). Die traditionelle Theologie, die aus dem Leben Jesu die Lehre einer asketischen Überwindung der Welt ableitete, hatte den Grundgedanken des Christentums nicht verstanden; durch Christus ist »das Fleisch dieser Welt ... geheiligt worden, ... (und) so blüht Gottes Reich überall auf der Erde« (Mundt, L 118, 374). Christus selbst aber »schreitet als der Geist der Fortentwicklung durch die Geschichte« (ebd. 141), denn mit ihm hat sich »der Geist in ihr niedergelassen« (ebd.) und entfaltet sich zu immer höherer Vollkommenheit[2].

---

2 Vgl. auch Laubes oben zitierte Bemerkung: »Die unsterbliche Seele des großen Stifters [des Christentums] ist in alle Fugen der *Weltgeschichte* gedrungen,

Für das Junge Deutschland implizierte dieses Aufgehen des göttlichen Geistes in einen Prozeß des geschichtlichen Fortschritts zugleich auch die Subjektivierung des absoluten Geistes der Hegelschen Philosophie: wenn die menschliche Geschichte die Entwicklungsgeschichte Gottes war, so mußte auch in jedem Menschen das Göttliche erscheinen. Der Gedanke von der Identität Gottes und des einzelnen Menschen galt ihm — in Abwandlung Hegelscher Bestimmungen — für die wichtigste Lehre des Christentums. »Die Entdeckung des Göttlichen im Menschen macht das Christentum erst zu dem, was es ist« (Kühne, L 91, IV, 199); Christus ist das Symbol der in jedem Menschen angelegten Göttlichkeit, »die Wahrheit, die in Christo ist, ist die Wahrheit in jeder Menschenseele: er ist der *Prototyp der Selbsterlösung,* er ist der absolute Mensch und darum der Sohn Gottes« (Kühne, L 90, 56). Ebenso erklärte Gutzkow, »in jenem Christentume, das die Bibel an unverdächtigen Stellen lehrt« (L 67, 199), sei Jesus der »Mittler, der deshalb den Kreuzestod litt, daß jeder sich selbst Prophet würde« (ebd.). Im liberalen Christentum der Jungdeutschen war schließlich »jeder sein eigener Messias« (Gutzkow, L 78, II, 173) und hatte »seine eigene evangelische Geschichte« (ebd., 174). Hegel hatte gezeigt, daß »im Menschen ... die Gottheit zum Selbstbewußtsein (kommt), und solches Selbstbewußtsein offenbart sie wieder durch den Menschen« (Heine, L 80, V, 233); und das heißt zugleich, daß es etwas Höheres als menschliches Bewußtsein und menschliche Tätigkeit gar nicht gibt. »In der Seele des Menschen und seinem Tun (ist) die höchste Offenbarung des Absoluten vollzogen« (Kühne, L 90, 138).

So ausschließlich war damit das Göttliche in die menschliche Wirklichkeit verlegt, daß Hegels Satz von der Offenbarung Gottes im Menschengeist auch umgekehrt werden konnte: »Die Menschen werden Götter« (Heine, L 80, III, 361) und die Götter »werden auf irgendeine ehrende Art in den Ruhestand versetzt« (ebd.). Der Mensch ‚glaubt‘ nur noch an sich selbst, »die Poesie jedes Menschen ist sein Glaube« (Laube, L 94, II, 141).

Die Hegelsche Religionsphilosophie hatte damit eine subjektivistische Zuspitzung erfahren, die ihre Inhalte aus der wissenschaftlichen Indifferenz einer Interpretation der Geschichte löste und sie in einen aktuellen Bezug zur Gegenwart versetzte. Der für die Jungdeutschen relevante Kern des Hegelschen Christentums konnte nur sein, daß die zeitgenössische Menschheit die Gottheit repräsentierte und daß auch die Geschichte der Zukunft göttlichen Rang hätte, so daß die Gegenwartsforderungen, die sich auf diese Zukunft bezogen, im Bewußtsein der göttlichen Würde des

sie verhüllt und entpuppt sich tausendfach und schlägt soeben ihre rauschenden Flügel als Lehre des gesunden Liberalismus über Europa« (L 49, 32, 763).

Menschen vorzubringen waren. Die Revolutionäre kämpften nun »nicht für die Menschenrechte des Volks, sondern für die Gottesrechte des Menschen« (Heine, L 80, V, 234).

Nach dieser Umformung Hegelscher Gedanken konnte es auch für die jungdeutsche Theologie nicht mehr Gott *und* Geschichte, sondern nur die menschliche Geschichte mit dem Prädikat der Göttlichkeit geben. Die jungdeutsche Religion war »eine Art kosmischer Atheismus« (Gutzkow, L 75, 237), der dem Menschen als dem exponiertesten Teil des Kosmos auch die wichtigste Rolle, die der bewußten Gestaltung der Geschichte, zuwies. Wenn nach der Hegelschen Philosophie »unleugbar ist, daß ... unser Geist eine Offenbarung Gottes ist« (Gutzkow, L 78, II, 355), so sind dessen auf die Zukunft bezogene politische Inhalte ein »faßbarer Gott« (L 67, 203), der sich zunächst als »göttliches Ideal ... in unserer Brust, als ein harmonisches Gesetz der Tugend und Schönheit« (ebd.) zeigt und zur Realisierung in der Wirklichkeit drängt. Um »diesen Gott, der in uns lebt, zu erzeugen, leben wir« (ebd.).

Auch bei den jungdeutschen Autoren, welche die Hegelsche Philosophie ablehnten, bildete diese anthropologische Reduktion Gottes die Grundlage der emanzipatorischen Theoreme. In Mundts antihegelscher Polemik fand sie sich ebenso, wie in Heines, Gutzkows und Kühnes Zustimmung[3]. Dabei sahen die Prohegelianer in Hegels Philosophie vor allem die Aufhebung theologischer Vorstellungen in eine teleologische Geschichtskonzeption, welche an die Stelle des allregierenden Gottes den Geist in der Geschichte setzte und damit nur einen objektiven historischen Prozeß mit einer Art Selbststeuerung durch den Geist annahm; diese Steuerungsfunktion beanspruchte nun das Junge Deutschland ausschließlich für das menschliche Bewußtsein. Der persönliche Gott des Christentums, der durch Hegelsche Eskamotage zum Geist in der Geschichte geworden war, konnte für das Junge Deutschland nur der menschliche Geist sein. Die Gegner Hegels unter den Jungdeutschen teilten zwar diese letzte Vorstellung, bedienten sich Hegelscher Formeln aber allenfalls in der kritischen Deutung der theologischen Tradition, während sie zur Bestimmung der Zukunft auf

---

3 Nicht daß Hegels Philosophie nur das menschliche Bewußtsein anerkannte, sondern daß sie einen gerade erreichten Stand des Bewußtseins und der Wirklichkeit verabsolutierte, ließ sie für Mundt unzulänglich scheinen. Als Anthropologie traf sie der Vorwurf der Einseitigkeit. Sie mußte durch eine Philosophie ersetzt werden, die »das *wahre* System der *menschlichen* Anschauung« (L 116, 226) zur Geltung brächte und gerade die schöpferischen Kräfte des Menschen, Gefühl und Phantasie, betonte. Das »Jenseits«, das Mundt gegen das von Hegel verabsolutierte Diesseits ins Feld führte, bezeichnete weder eine christliche noch überhaupt eine metaphysische Transzendenz, sondern die Leerstelle einer zukünftigen Wirklichkeit im Diesseits, welche die menschliche Imaginationskraft mit Bildern füllte, zu deren Verwirklichung das Gefühl drängte.

eine neue Unmittelbarkeit des Lebens rekurrierten und der philosophischen Kultur des Bewußtseins nur nachträgliches Begreifen, nicht aber vorausbestimmendes Wissen zutrauten. Ob nun aber die Jungdeutschen den Menschen an die Stelle des Hegelschen Gottes setzten oder ob sie gegen Hegel »das Entzücken des Lebens, das höher als alle Vernunft« ist (Mundt, L 116, 219), zur Grundkraft der zukünftigen Geschichte erhoben, die übereinstimmende Konsequenz war, daß alle zukünftige Geschichte dem Anspruch auf menschliche Selbstverwirklichung untergeordnet wurde.

Die ganze philosophische Tradition galt durch diese radikale Umkehr für belanglos; das Denken erhielt eine neue Grundlage, angesichts derer die Ergebnisse vergangener Überlegungen völlig inkommensurabel schienen. Während »alle vergangenen Zeiten ihre Bestrebungen an die Eroberung des Himmels (anknüpften) und nach der Enthüllung Gottes und seiner Geheimnisse« drangen (Gutzkow, L 68, 186), war nach der pantheistischen Aufhebung Gottes der Zweck der neuen Philosophie, zu sagen, was »der Mensch als Mensch, als ein Wesen mit Gefühl und Urteil« ist (Gutzkow, L 76, IX, 303); »denn der Zweck der Geschichte, den diese Philosophie bestimmen will, ist der Mensch und sein individuelles Leben, nicht die Tat oder ein allgemeines Ziel« (ebd.). »Unglückselig, wen der Fluch treibt, hinter dem Schein das Ding an sich zu suchen. Es liegt nicht jenseits, es ist diesseits zu finden, vor uns, in uns« (Kühne, L 90, 111). Alles Suchen nach der unbekannten Größe, dem X des Universums, ging bisher in die falsche Richtung; »endlich, nach langer Logik und Metaphysik, hat der Mensch gefunden, daß er selbst = x ist. Er hat *sich selbst* gefunden, er hat die unbekannte Größe, die er suchte, nach vielem Denken in sich selbst entdeckt« (Mundt, L 116, 222 f.). Im »Menschen als Menschen« (Gutzkow, L 76, IX, 303) lag das fundamentum inconcussum der neuen Wahrheit. Als »Urtypus« (Gutzkow, L 67, 203) aller »sublimen Begriffe« (ebd.) vom Göttlichen erwies sich das ideale Selbstbild des Menschen, und dieses in die Wirklichkeit hinüberzuführen, damit man auch »Gott ... mit Händen greifen« (Gutzkow, L 60, 224) könne, war die höchste, die göttliche Bestimmung des Menschen. »Alle physischen und moralischen Handlungen (gingen) darauf hinaus, Gott gewissermaßen zu produzieren« (Gutzkow, L 67, 201). »Daß wir in uns selbst ... die *Schöpfung* beginnen« (Gutzkow, L 69, XV) und zugleich in der Selbstdarstellung »allmählich das Bild Gottes hervorheben, d a s ist die Tat« (Gutzkow, L 67, 203), welche Gutzkow für die Zukunft fordert[4].

---

4 Dieses Hervorbringen Gottes war für Gutzkow ein rein diesseitiger Vorgang. »Wir erzeugen Gott nicht, indem wir ihn etwas nachbilden ... Die Regsamkeit der Hände selbst, der Hebel, der aus dem Unklaren eines Bewußtseins ... allmählich das Bild der Gottheit hervorhebt, ... ist die T a t. Daß wir leben, ist nur, daß wir Gottes Antlitz schauen lernen, hienieden schon und sonst vielleicht nie«

In ähnlicher Weise erklärte Mundt das Göttliche zur Metapher für das menschliche Zukunftsstreben: »Gott ist die Entwicklungsfähigkeit in der Geschichte« (L 118, 293), er ist der »Geist der Fortentwicklung« (ebd. 141) und die Sehnsucht der Menschen nach einer neuen Wirklichkeit (ebd. 404). Wenn die Welt »sich tatkräftig in sich selbst« entfaltet (ebd. 142), so »vollzieht (sie) das Höchste« (ebd.). Gott und Mensch haben »jetzt eine und dieselbe Geschichte« (ebd. 141), Christus ist »das Weltkind, das die Versöhnung bringt, der Mittler, welcher den Segen spricht über die Formen der Erde« (ebd. 417). So sind Transzendenz, Jenseits und Gott identisch mit dem Prinzip der Veränderung der Welt, sie repräsentieren einen ganz vom Menschen bestimmten Zukunftshorizont des politischen Handelns; und wie diese Zukunft als realisierte Konsequenz des neuen Glaubens »den freien Menschen auf den Thron der Menschheit setzen« wird (Mundt, L 113, 2), besteht fortan nur »in der Geltendmachung der Individualität die Geschichte« (L 136, 35, 411)[5].

Diese jungdeutschen Bruchstücke einer Theorie, die im allgemeinen den Einfluß der Hegelschen Philosophie nicht verleugnen, finden sich zwar vielfach auch in Wienbargs Schriften. Aber Wienbargs Überlegungen zum Verhältnis von Gott und Geschichte waren doch nicht, wie bei den meisten jungdeutschen Schriftstellern, die Prämisse der emanzipatorischen Anschauungen, sondern eher eine Zutat, die im ganzen unverbunden neben Wienbargs Forderung eines unmittelbaren Lebens stand[6]. Wienbarg löste den Gegensatz von Geist und Leben ohne ,absolute' Vermittlung und suchte die Wirklichkeit der Zukunft auf der Seite einer fast reflexionslosen Unmittelbarkeit, in einem irrationalen élan und einer rauschhaften Ursprünglichkeit. Für ihn war Leben keine komplizierte Vermittlung von Geist und Natur, von Denken und Handeln, sondern »ein Hauch, ein wehender Atem, eine Seele, die Körper baut, ein frisches, wonnigliches, tatkräftiges Prinzip, und wenn jemand es nicht wüßte und fühlte, er erinnere sich jener Stunde, wo sein Herz aufging, wo seine Muskeln spannten, seine Augen glänzten und ein männlicher Entschluß allen Hindernissen zum Trotz in seiner Seele aufstieg« (L 128, 44). Metaphysische Konstruktionen brauchte Wienbarg daher gar nicht. Lebensbildung — im Ge-

---

(L 67, 203). »Jeder Tag kann dir gewähren, was du als das Ende der Dinge in deine sinnliche Vorstellung nimmst. Wenn dein Auge bricht, so bleibt nichts von dir zurück als Asche« (ebd. 204).

5 Ebenso verlegte Kühne (in unmittelbarer Anlehnung an Hegel) das Göttliche in den Menschen: »Was nach der alten Mythe die Götter sind, das ist uns Modernen die Vernunft. In unserer Vernunft haben wir unsere Gottheit« (L 90, 97).

6 Die eklektische Manier des Wienbargschen Denkens, die Burkhardt in seiner Dissertation (L 184) nachgewiesen hat, erklärt diese nur durch eine gleichbleibende pathetische Attitüde zusammengehaltene Amalgamierung verschiedenster Bestandteile.

gensatz zu kritischer wissenschaftlicher Bildung — war etwas ganz Elementares, das sich etwa bei den Persern in der Schilderung Herodots finden ließ. »Sie wissen, ... wie wenig dazu gehörte, einem Perser ... eine solche Lebensbildung zu geben. Man gab ihm ein Pferd, Pfeil und Bogen, lehrte ihn die Wahrheit sprechen, und damit war er fertig ... Ein Perser auf seinem schnellen Roß, hinter Tigern durchs Gebirge streifend, Pfeil und Bogen in den schlanken Händen, Augen voll Feuer, trotziges Lächeln auf den von Lüge unentweihten Lippen, das war ein Mensch, auf den die Sonne, die er anbetete, mit Wohlgefallen herabsah — wir würden eine schlechte Rolle an seiner Seite spielen« (ebd. 47).

Dieser Lebensbegriff Wienbargs, der gar keine intellektuelle Kontrolle zu kennen schien, war im Zusammenhang der jungdeutschen Anschauungen zunächst ganz exzentrisch. An die Stelle der theologisch-philosophischen Vorstellungen trat bei Wienbarg die Kunst oder vielmehr die Ästhetik, »dieses Wort im weitesten Sinne befaßt, worin auch der Mensch als Kunstwerk erscheint« (L 128, 45). In einer vollendeten Zukunft würde das moralische Handeln von künstlerischen Gesichtspunkten bestimmt werden, »mitten in der Ästhetik wird die Moral ihren Platz haben« (ebd. 112)[7].

Wenn nun auch Wienbargs Ansichten untypisch für das Junge Deutschland waren, so haben doch die Jungdeutschen diesen Unterschied gar nicht wahrgenommen. In Wienbargs »Ästhetischen Feldzügen« tönte dasselbe emanzipatorische Pathos, das auch das Junge Deutschland erfüllte, und weil als Resultat der jungdeutschen Subjektivierung des absoluten Geistes dieselbe Unmittelbarkeit des Lebens theoretisch begründet worden war, die Wienbarg spontan proklamierte, rechneten sie ihn ohne Einschränkung zu den Ihren. Wenn menschliche und göttliche Geschichte eins waren, so hatte auch für die übrigen Jungdeutschen »die Geschichte ... nur einen Zweck; das ist das Leben« (Gutzkow, L 67, 145). Zu leben und nicht zu theoretisieren wäre die wichtigste Aufgabe der Zeit, erklärte Gutzkow und bemerkte skeptisch über seine eigene Neigung zum philosophischen Raisonnement, sie komme ihm »zuweilen so ungehörig, anmaßlich und frech vor; weil wir, ... statt über sie [die Zeit] zu philosophieren, sie leben sollten ... Die kleinste Tat ist ja doch besser als diese Architektur der Kombinationen« (L 211, 29); schließlich sei es vor allem nötig, »ein breites, positives, genußspendendes Leben zu etablieren« (Gutzkow, L 69, S. XV). Ebenso wollte Laube »aus dem echten, innersten, wirklichen Leben der jetzigen Welt« (L 135, 34, 374) eine neue Bildung hervorgehen

---

7 Auch an die Gegenwart legte Wienbarg einen ästhetischen Maßstab; »das Leben ist es, das die Kunst verdirbt« (L 128, 112), deswegen muß man »ein neues Leben herbeischaffen« (ebd. 88), damit die Kunst sich entwickeln und das Leben in sich aufnehmen kann.

lassen[8]; und Mundt erklärte, das bloß kritische Reflektieren sei »zu kraftlos und in sich selbst zu nichtig, um Leben erzeugen zu können« (L 136, 17). Ursprüngliche Tätigkeit gelte es auszulösen, man müsse sich »in unmittelbares Leben . . . tauchen« (L 116, 146) und damit an der göttlichen Ewigkeit teilhaben: diese liege in der Bewegung des Lebens selbst, denn nur »was sich bewegt, ist ewig« (L 118, 5).

So waren im Jungen Deutschland Leben, Bewegung und Unmittelbarkeit die Resultate der antitheologischen Geschichtsphilosophie. Wenn auch noch in theologisch-metaphysische Vorstellungen eingekleidet, war doch der Gegenstand ihrer Theoriefragmente die praktische Veränderung der wirklichen Welt. Mit der entschiedenen Säkularisierung des Geschichtsdenkens sollte nicht primär eine neue Erklärung historischer Abläufe gegeben werden, sondern das abstrakte Raisonnement hatte den Zweck, eine neue Einstellung des Menschen zu sich selbst und zu seiner Geschichte hervorzurufen. Man mußte nach Meinung der Jungdeutschen »die Geschichte in subjektive Faktoren auflösen« (Gutzkow, L 67, 96), damit sich der Mensch als Herr seiner Geschichte empfinden konnte. Wenn Gott sich in allen Menschen darstellte, so würden die Bürger das Regieren nicht mehr denen überlassen, die es als ein von Gott verliehenes Privileg für sich beanspruchten; dann wäre die Zeit, da die Vorsehung bestimmte, der König regierte und der Bürger ruhig seinen Geschäften nachging (Laube, L 97, I, S. V), endgültig vorüber und es gäbe ein souveränes Volk, das beanspruchte, seine Geschicke selbst zu bestimmen. Hatte man einmal erkannt, »daß die Geschichte zunächst des Menschen wegen da ist« (Gutzkow, L 67, 119), so würden sich die Menschen nicht weiterhin in überindividuellen Zusammenhängen nur als Objekte empfinden, mit denen Gott, Vorsehung und List der Vernunft in Gedanken und Despoten, Monarchen und Kabinette in der Wirklichkeit ihr Spiel trieben. Die »große Umkehr der Zeiten und Verhältnisse« (Gutzkow, L 68, 119), welche die Subjektivierung der Geschichte anschaulich machen wollte, war, »daß wir immer mehr für uns selbst einstehen müssen« (ebd.).

Trotz der mannigfachen Anleihen an traditionelle theologische Begriffe trugen deshalb die jungdeutschen Gedanken unverkennbar das Stigma eines neuen epochalen Selbstbewußtseins, das sich im Anspruch auf die völlige Beherrschung der historischen und politischen Welt durch den von den traditionellen religiösen Bindungen gelösten Menschen aussprach. Geschichte erschien ihnen weder mehr als Ort der Selbstdarstellung des abso-

---

8 Seine Grundlage war weniger theoretisch als die Gutzkows. Er sah in der Liebe die »allgemeinste Lehre vom Demokratismus, vom großen allgemeinen Glück« (L 135, 33, 519) und »das wichtigste Instrument für die menschliche Entwicklung«. In ihr habe »die Gottheit das Ziel der Zivilisation vorgezeichnet« (ebd.).

luten Geistes noch als — wenn auch nur letzten Endes — von der vernünftigen Vorsehung bestimmte Erziehung des Menschengeschlechts, sondern als Feld der menschlichen Selbstdarstellung. »Menschen schaffen die Zeit« (Laube, L 49, 32, 1106), und sie bestimmen auch ihre Inhalte. »Der Zweck der Erde ist kein historisch-metaphysischer Gesamtzweck, sondern der einzelne Mensch ist es« (Gutzkow, L 67, 146). Seine Interessen zu vertreten und ihn zum selbstbewußten politischen Handeln anzuleiten war die Absicht des Jungen Deutschland.

2. *Die Historisierung des absoluten Geistes in der Hegelschen Linken*

Den jungdeutschen Weg von der Hegelschen Religionsphilosophie zu einer säkularisierten Konzeption der Geschichte sind die Hallischen Jahrbücher in ähnlicher Weise noch einmal gegangen, und an seinem Ende stand wiederum der gegen den christlichen Jenseitsglauben gerichtete Gedanke, daß »die Humanität und alle ihre Konsequenzen geltend machen ... jetzt die Geschichte vollziehen« heiße (An. II, 20).

Um die Souveränität des Volkes in einer theologisch-philosophischen Theorie zu begründen und damit dem Liberalismus eine religiöse Weihe zu geben, haben sich auch die Linkshegelianer zunächst auf den historischen Pantheismus der Hegelschen Philosophie gestützt. Der verborgene Atheismus der Hegelschen Anschauungsweise ließ sich als Keim der politischen Emanzipation darstellen, weil Hegels »entschiedenes Bewußtsein von der Immanenz Gottes in der Welt« (HJ 40, 1698) in der linkshegelschen Auslegung bereits die Anerkennung der Göttlichkeit des menschlichen Selbstbewußtseins implizierte. Wenn nämlich »das Absolute schlechthin immanent (ist), weil es in der Fülle seiner Entäußerungen aufgeht« (DJ 42, 801), so ist der einzig mögliche Erscheinungsort des Absoluten das menschliche Bewußtsein, und das bedeutet, daß das menschliche Bewußtsein in seinen höchsten Hervorbringungen der existierende Gott ist[9]. »Der para-

---

9 Der Streit zwischen dem linken und dem rechten Flügel der Hegelschule ging unter anderm darum, ob Gott nach den Bestimmungen der Hegelschen Philosophie nur in seinen Manifestationen (als Kunst, Religion und Wissenschaft) oder auch ,an sich' real existiere. Die letzte Lösung — die der Hegelschen Rechten — ließ sich noch mit deistischen Vorstellungen akkommodieren. Michelet wandte dagegen ein: »Weil Hegel sich einmal des Bildes bedient hat, daß die Logik Gott darstelle vor der Erschaffung der Natur und des endlichen Geistes, wobei durchaus an keine zeitliche Priorität gedacht werden darf, legen sie Hegel unter, er habe diese Kategorien hypostasiert und ihnen eine von den Dingen abgesonderte Existenz zugeschrieben, während doch vielmehr die logische Idee nur der dialektische Pulsschlag des Lebens *in* den konkreten Gestaltungen der Natur und des Geistes ist« (L 159, 323).

doxe Satz Hegels: ‚das Bewußtsein von Gott ist das Selbstbewußtsein Gottes' ... (sagt) nichts weiter als: das Bewußtsein ist göttliches Wesen« (Feuerbach, L 148, II, 224); was im menschlichen Bewußtsein erscheint, *ist* die Realität Gottes. »Die Idee ist die diesseitige Wahrheit, der immanente Gott, der sich als Selbstbewußtsein offenbart« (DJ 41, 609). Die einzige Transzendenz, die noch bestehen bleibt, kann darum keine metaphysische, sondern nur eine historische sein, die Realität der Zukunft, die als ‚Geist', als in der Geschichte noch nicht realisierte Idee, nur erst im Bewußtsein der philosophischen Avantgarde wirklich und gegenwärtig ist. »Wir haben ein Jenseits, wenn nicht mehr außer uns, so doch in uns; wir befinden uns ... in einem Zwiespalt zwischen Theorie und Praxis« (Feuerbach, L 148, II, 221), weil die Idee der Göttlichkeit des Menschen mit allen ihren Konsequenzen, solange sie die Wirklichkeit noch nicht bestimmt, trotz ihrer theoretischen Präsenz ein praktisches Jenseits darstellt. Wie »das Jenseits der Freiheit für den Sklaven, das Jenseits der Liebe für den Rohen« (An. II, 60 f.), so existiert das Jenseits für die Zeitgenossen in einer liberalen Verfassung des Staates. Es bleibt darum auch nach der Aufhebung des christlichen Jenseits »genug zu glauben übrig, und es gehört die ganze Stärke der Philosophie dazu, an die Realisierung der Vernunft mitten in der Unvernunft zu glauben« (ebd.).

Weil der Hegelsche »Gott, welcher Geist und nicht transmundan, sondern ewig gegenwärtige ... Idee ist« (HJ 40, 715), im Menschen existiert, muß auch die traditionelle Frömmigkeit, die sich einem außer der Welt existierenden Gott anvertraute, sinnlos werden. »Diese komplizierte Kategorie ist nun aufgehoben« (DJ 41, 610), an ihre Stelle tritt die »Religion des Diesseits« (DJ 41, 619), die »mit der höheren Moralität zusammen(fällt)« (DJ 41, 609); denn indem Hegel »dem Reiche der Welt das Reich Gottes einverleibt« hat (HJ 40, 715), gibt es als höchste Autorität nur noch den selbstbewußten menschlichen Geist, »der sich zu sicherem Besitz das Göttliche anzueignen sucht« (HJ 40, 436).

In der Darlegung der Konsequenzen erhielt diese Hegelsche Wahrheit eine neue Qualität, die Hegel selbst nicht gesehen hatte: »Der menschliche Geist ist d e r Geist, ... so leicht es sich begreifen läßt, daß diese Wahrheit auch das Prinzip und der Sinn des Hegelschen Systems sei, wie dies namentlich am schlagendsten der Inhalt ... des ‚absoluten Geistes' bei Hegel beweist, dessen Formen nicht etwa die Trinität, sondern Religion, Kunst und Wissenschaft, also Produkte des Menschengeistes sind; so sehr verändert doch die e r n s t l i c h e Durchführung des wahren Freiheits- und Geistbegriffs die ganze Stellung der Philosophie zur Vergangenheit und Gegenwart« (An. II, 23). Denn diese Fassung des absoluten Geistes, selbst wenn sie von Hegel nur zur Interpretation der Vergangenheit aufgestellt und in weitgehender Indifferenz gegen die politische Gegenwart gehalten wurde, hatte doch notwendig politische Folgen. Wenn nämlich »alle Menschen, die der Geschichte angehören, alles Göttliche als menschlich erkennen, . . . wenn der Beweis von allen verstanden und aufgenommen« ist, [so] haben wir die Herrschaft jenes übermenschlichen Heiligen aufgehoben« (DJ 42, 1067), und an seine Stelle tritt die menschliche Vernunft, »welche geltend zu machen [ist] von der Wissenschaft des Vernünftigen, . . . von der Philosophie« (HJ 40, 418). »Das Prinzip, um das sich jetzt alles dreht, ist die Autonomie des Geistes« (HJ 41, 2); in der Religion ist es durchgesetzt und auf den Staat muß es noch angewendet werden, da auch der Staat eine Form des absoluten Geistes, und das heißt in der neuen Fassung, eine »prozessierende Form unseres Selbstbewußtseins« ist (HJ 41, 2). Er darf nicht mehr außerhalb des absoluten Subjekts, (das heißt: außerhalb seiner Bürger) als »ein undurchdrungener, verschleierter, geheimer und darum fremder Zustand« fortbestehen (HJ 41, 2). Die Überzeugung von dem Primat der menschlichen Vernunft, die »im Wissenschaftlichen die Forderung des Rationalismus« (ebd.) erzeugte, wird »im Staatlichen [die] des Liberalismus« (ebd.).

Die Hegelsche Philosophie, indem sie die Identität von Gott und Geschichte begründete und den absoluten Geist durch menschliche Tätigkeiten definierte, hatte also nicht nur »eine Vergangenheit in das denkende Erkennen gehoben« (Michelet, L 159, 399), sondern implizit sich selbst die Bestimmung gegeben, »wie alle ihre Vorgängerinnen noch einer letzten Umgestaltung der Welt das Dasein zu geben . . . So läßt sich das Ziel der Weltgeschichte: die *Realisierung* der vernünftigen Freiheit und die Ausbildung aller sittlichen Verhältnisse des Geistes, wie sie der Idee entsprechen, [nach der Vollendung der Hegelschen Philosophie] weder den Augen verbergen, noch von der Erreichung fernhalten« (ebd.). Erst wenn einmal »die Einheit des geschichtlichen und des reingeistigen Prozesses« (HJ 41, 2) auch politisch erreicht wäre, hätte die Hegelsche Philosophie und vielleicht die Philosophie überhaupt ihre Geschichte vollendet; denn dann würde es nur noch die unmittelbare Herrschaft des menschlichen Selbstbewußtseins in der Wirklichkeit geben, dann wäre »das Selbstbewußtsein . . . frei und allmächtig, die Menschheit kommt zu sich selbst« (An. II, 141).

Aus der »Reform des ganzen abstrakten, hohlen und jenseitigen Weltbewußtseins« (An. I, 142) der christlichen Vergangenheit ging auch nach Meinung der Jahrbücher ein »neues *Leben*« (ebd.) hervor, das durch theologische Vorstellungen nicht mehr gebunden war. »Die Vertreibung der Völker aus ihrer warmen irdischen Heimat in den kalten christlichen Himmel wird schwerlich noch einmal gelingen; auch ihre Vertreibung aus dem politischen Paradiese hat . . . wohl die längste Zeit gedauert« (DJ 42, 2); denn fortan kennt der Mensch keine höhere Autorität als die wissenschaftliche Vernunft und kein anderes Ziel als das menschliche Glück. »Das Menschliche nur ist das Vernünftige; der Mensch ist das Maß der Vernunft« (Feuerbach, L 148, II, 313), und »das Leben ist das höchste Gut ... des Menschen« (ebd. VII, 391). Somit tritt »an die Stelle des Himmels die Erde, des Gebets die Arbeit, der Hölle die materielle Not« (ebd., II, 218). Mit irdischen Mitteln ist das Höchste zu realisieren, deshalb muß »ein neues, freudiges, tatkräftiges Leben sich regen, und der Mensch wird über den Himmel nicht die Erde ... verlieren, sondern das Himmelreich wird auf die Erde herabgezogen und damit die Erde zum Himmel erhoben werden; die Seligkeit wird gegenwärtiger Genuß werden« (DJ 42, 29).

Der emanzipatorische Impuls der Hallischen Jahrbücher ging so in dieselbe Richtung wie im Jungen Deutschland: um die Herrschaft des Menschen über seine zukünftige Geschichte zu sichern, galt es, die theologischen Fiktionen der Vergangenheit zu zerstören, den »Widerspruch, ... in welchem die Vorstellungen, Gefühle und Interessen der Freiheit mit den anderweitigen Gefühlen, Vorstellungen und Interessen des Menschen« standen (DJ 42, 155), deutlich zu machen und damit die lebendige Entfaltung einer rein diesseitigen Humanität vorzubereiten. Die theoretische Emanzipation, die an die Stelle der weltflüchtigen Orientierung des Christentums diesseitige Interessen setzte, galt in den Jahrbüchern für die Voraussetzung einer neuen historischen Wirklichkeit.

Diese gemeinsame »materielle« Tendenz führte dazu, daß Junges Deutschland und Hegelsche Linke als eine in vieler Hinsicht identische Bewegung angesehen wurden, die nicht nur die gleichen liberalen Ansichten in der Politik vertrat, sondern die auch aus dem selben Ursprung in der Hegelschen Philosophie zu einer Religion des Genusses im Diesseits kam. Was bei den »kritischen Poeten mehr als Dichtung erschien, ... ward in Deutschland durch die pantheistische Ausdeutung des Hegelianismus zur Philosophie gemacht«, schrieb Rosenkranz (L 163, V, 9); und wenn auch nach seiner Meinung diese ganze Linie der Hegelnachfolge der »wahrhaften und echt christlichen Tiefe« (ebd.) der Hegelschen Philosophie nicht gerecht wurde, so räumte er doch ein, es sei nicht von der Hand zu weisen, daß Hegel selbst Anlaß nicht nur zu einer ‚spiritualistischen‘ Emanzipation des Geistes, sondern auch zu einer Entfaltung sensualistischer und materialistischer Bestrebungen gegeben habe. Hegel habe »darauf gedrungen, das Wahre, Ewige nicht als ein jetzt und hier noch nicht Erscheinendes, sondern als das sich in der Zeit Offenbarende, dem wahren Sinn immer Zugängliche zu fassen. (Er) brachte das Pochen auf das Jenseits ... in völligen Verruf ... (und) lehrte das Dasein des als Jenseits Gesetzten im Diesseits, die Versöhnung von Himmel und Erde« (ebd.). Halte man, wie Hegels revolutionäre Schüler, einseitig nur an diesem Ge-

danken fest, so »begreift man bald, wie eine solche Weltanschauung . . .
zu einem gemeinen Epikuräismus umgestempelt werden konnte« (ebd.)[10].
Wie die Verbindung ihres religiös-politischen Liberalismus, so bestritten die Hallischen Jahrbücher jedoch auch die theoretische Vorläuferschaft
der Jungdeutschen in der revolutionären Interpretation der Hegelschen
Philosophie und behaupteten, daß überhaupt zwischen den jungdeutschen
Ansichten und der Hegelschen Philosophie gar keine sinnvolle Beziehung
hergestellt werden könne, weil das Junge Deutschland im Gegensatz zu
Hegel gerade das Gewicht individueller menschlicher Faktoren in der Geschichte hervorgehoben habe. Angesichts des jungdeutschen Subjektivismus
scheine es »geradezu lächerlich, Hegel mit dieser Coterie in Verbindung
zu bringen« (DJ 42, 641)[11]. Der »subjektive Trieb des freien Selbst«
(HJ 39, 1963), der nach den Vorstellungen des Jungen Deutschland die

---

10 Da nun die Hallischen Jahrbücher ebenso wie »Heine, Laube, Mundt und
Gutzkow mit der Hegelschen Philosophie in mannigfacher Berührung standen . . .
(und ihr) in ihrer Bildung manches verdankten, so war es ganz natürlich, daß man
die Hegelsche Philosophie als ein Hauptferment in dem Gärungsprozeß der
Emanzipation des Fleisches auffaßte« (Rosenkranz L 163, V, 9).
Aus der sensualistischen Interpretation der Hegelschen Philosophie erklärte sich
auch die Evangelische Kirchenzeitung den Ursprung der revolutionären Bewegungen. Wenngleich Hegels System selbst »durch einen gewissen Ernst von den
frivolen Lehren eines schlechten Pantheismus unterschieden« sei (35, 498 f.), so
werde doch die Lehre »von der Seligkeit des Diesseits, von der Alleinseligkeit
des Diesseits, und so auch im Besonderen von der Verherrlichung des Fleisches
durch gewisse Sätze der gegenwärtig dominierenden Philosophie begünstigt . . .
Die Betonung des Diesseits (ist) hier wie dort dieselbe . . . (Im Jungen Deutschland) hat sich der Weltgedanke, der sich in der Philosophie entwickelt hat bis zum
Begriff, mitentwickelt bis zum Traum, zur Ahnung« (ebd.), und was im Jungen
Deutschland nur ungefähr, als Belletristik sich darstellte, wurde dann in der Hegelschen Linken wieder zum philosophischen System umgebildet (EKZ 38, 367,
567).
Diese Anschauung ist dann bis in die Trivialliteratur der Zeit gedrungen. Als
typisches Beispiel zitiert Ruge aus einem Bekehrungsroman von Wilhelm Elias
das folgende Bekenntnis eines ‚Jungdeutschen‘ (um sich dann gegen jede Gemeinsamkeit des Jungen Deutschland mit Hegel selbst und mit der Hegelschen Linken
zu verwahren): »Auch von mir waren schon Schritte auf der Bahn getan, an deren
Ende ein Abgrund liegt, wo alles konfundiert wird: Gott und Teufel, Gutes und
Böses, Tugend und Laster . . . Hauptsächlich schreibt sich dieses chaotische Durch-
einander, in das die sittliche und geistige Welt geraten ist, von einer philosophischen Eruption . . . eines großen Geistes unserer Zeit her: ich meine hiermit Hegel
und seine neue Philosophie. Inwiefern in dieser selbst der Grund zu den gedach-
ten Zeiterscheinungen liege, das denken wir nicht zu erörtern. Genug für uns, daß
es faktisch und unwiderleglich ist, daß es Menschen gibt, die sich zu Grundsätzen
bekennen, die . . . allem göttlichen und menschlichen Leben ein Ende machen«
(HJ 40, 278).
11 Der Verfasser dieses Artikels (Friedrich Engels) übersah dabei freilich, daß
der jungdeutsche Subjektivismus ein Ergebnis der Hegelinterpretation war.

Geschichte beherrschen sollte, tauge, da er im Grunde romantisch-reaktio-
nären Ursprungs sei, zum Prinzip einer neuen Gesellschaft nicht. »Das
Prinzip der Subjektivität und des Gemüts, welches der unendliche Fortschritt über den attischen Geist sein soll, ... zeigt sich zugleich als Willkür
und das Gemüt als Rohheit des Geistes« (An. II, 56). Die individuali-
stische Freiheit der Jungdeutschen sei »nichts als der blaue Montag der
Handwerksburschen, die Freiheit nicht der Ordnung, sondern der Lüder-
lichkeit, nicht der Vernunft, sondern des Wahnsinns, nicht des Gesetzes,
sondern der persönlichen Willkür« (HJ 38, 52). Im schärfsten Gegensatz
hierzu wäre aber Hegel »nicht der Prophet der subjektiven Autonomie,
... wie sie als Willkür im Jungen Deutschland zu Tage kommt; Hegels
Prinzip ist ... Heteronomie, Unterwerfung des Subjekts unter die allgemeine Vernunft« (DJ 42, 642). Diese *allgemeine* Vernunft durchzusetzen
sei die Absicht der Jahrbücher, und die »Stellung der ungebundenen und
leeren Genialität« (HJ 40, 1423), die sich das Junge Deutschland gegeben
hatte, ließe sich weder mit der Hegelschen Wissenschaft noch mit der wissenschaftlichen Attitüde der Jahrbücher vereinen. Zutreffender müsse es
vielmehr heißen, daß »dem Jungdeutschen das wissenschaftliche Bewußtsein unserer Zeit, die gereinigte, von der anklebenden Trübe der Romantik befreite Philosophie *entgegen*tritt« (HJ 39, 1966)[12]. Die große Entdeckung Hegels, daß »die sich selbst bestimmende Vernunft als die Gegenwart des Ewigen« zu begreifen sei (An. II, 9), lasse »keine andere
Subjektivierung und Verwirklichung der Freiheit [zu], als das Reich der
Sittlichkeit und der Geschichte« (ebd.), und dieses wäre erst nach dem
Durchgang des Liberalismus durch die Hegelsche Philosophie wirklich zu
begründen. »Erst die Kultivierung zum freien *Geiste* erzeugt die wahre
Menschheit« (An. II, 56); die liberale Politik mußte ein wissenschaft-
liches Fundament erhalten, und damit würde die jungdeutsche »Willkür
des Gemüts in die philosophische Freiheit« einmünden (An. II, 204).

3. Emanzipatorische Wissenschaft

Während das Junge Deutschland versucht hatte, seinen politischen Forderungen und sozialen Wünschen argumentierend eine theoretische Grundlage zu geben, die, ohne streng systematisch zu sein, eine gewisse religiös-
vernünftige Plausibilität der liberalen Theoreme erwies, wollten nun die
Hallischen Jahrbücher diese Ziele als Ergebnisse eines objektiven wis-

---

12 Anders als später Engels ließ es Ruge jedoch offen, ob nicht doch ein gemeinsamer Kern bestünde, der nur von den Fehlern der jungdeutsch-romantischen
Form befreit werden müsse.

senschaftlichen Beweisganges darstellen, der so zwingend sein sollte, daß die Wirklichkeit nachfolgen müßte. Nicht mehr, wie im Jungen Deutschland, als ‚Tendenz', sondern als die »begriffene Notwendigkeit der Geschichte« zeigte sich die linkshegelsche Wahrheit. Die Forderungen einer »wüsten Praxis« (HJ 39, 1056), die in der jungen Literatur erhoben wurden, konnten sie deshalb zurückweisen, weil sie die Sache der Vernunft damit zu einer Parteisache gemacht hätten. Dagegen beanspruchten die Jahrbücher, die Sache der ganzen Menschheit zu vertreten und erklärten, es sei eine ungerechtfertigte »Zumutung, . . . sich mit *Partei*interesse ins praktische Gebiet einzulassen« (39, 1054).

Für die Jahrbücher ist »der wahre Souverän der Geist der Wahrheit« (HJ 40, 1240), und ihn kann allein die Wissenschaft darstellen. Von der systematischen wissenschaftlichen Kritik der Religion und nicht von kritischen Einfällen und subjektiven Bedürfnissen ausgehend müsse »das Leben des Staats und der Gesellschaft umgestaltet« werden (HJ 40, 280).

Im Vergleich mit dem Jungen Deutschland bedeutete diese anfänglich in den Jahrbüchern dominierende Position faktisch einen Rückzug aus dem unmittelbar politischen Bereich in den der kritischen Theorie. Wenn sich dennoch die Jahrbücher radikaler dünkten als das Junge Deutschland, so deshalb, weil sie glaubten, daß ein politischer Sieg allemal auf Seiten »der Wahrheit« sein müsse, daß also die konsequente, geschlossene und ‚objektive' Theorie eine der bloßen liberalen Praxis überlegene Macht darstellte, welcher notwendig die falsche Wirklichkeit weichen würde. Die Hallischen Jahrbücher hielten es deshalb für möglich, das jungdeutsche Postulat des politischen Handelns zu bekämpfen und sich ganz der systematischen Ausbildung der Theorie zu verschreiben, ohne damit ein vorwiegend politisches Selbstverständnis aufzugeben. Die Theorie selbst sei eine politische Gewalt, schrieb Ruge noch nach dem Scheitern der Jahrbücher, und wer etwa meine, »die Unwahrheit und das falsche Wissen könne das wahre überwältigen, der ist im Widerspruch mit der öffentlichen, mit der göttlichen Vernunft, mit der Vernunft als der absoluten Weltmacht« (An. I, 106). In den Hallischen Jahrbüchern galt uneingeschränkter als im Jungen Deutschland der Hegelsche Satz von der die Geschichte determinierenden Kraft der Vernunft auch in der säkularisierten Form weiter. Er bedeutete nun, daß »die Theorie . . . der oberste Gott« wäre (HJ 40, 1202).

Weil die Hegelsche Linke die Theorie zugleich für die wirksamste politische Praxis hielt, muß der Versuch einer analytischen Trennung des theoretischen Elementes in einer Weise künstlich bleiben. Wenn im Folgenden dennoch unternommen wird, einen abstrakten ‚Erkenntnis'-Kern der linkshegelschen Wissenschaft unabhängig von allen politischen Implikationen darzustellen, so soll damit deutlich gemacht werden, wie sehr jene neue Wahrheit, aus der die so radikal veränderte Wirklichkeit hervorgehen sollte, dem Alten verhaftet war, wie mittelbar sie nur politisch relevant werden konnte und in welch prekärem Verhältnis sie zur Wirklichkeit stand.

Das Programm der Hegelschen Linken blieb noch im Widerspruch von Hegelschen Prämissen bestimmt. Gott und die Explikation Gottes war auch ihr Gegenstand, selbst da noch, wo sie die Explikation zur Zerstörung des Explizierten verwandte, und weil sie — zum letztenmal wohl in der repräsentativen Tradition der Philosophiegeschichte — die Frage nach der Bedeutung der Religion innerhalb der Grenzen der Vernunft auf eine rein vernünftige Weise beantwortete und der Religion auch einen allgemeinen (und nicht historisch oder sozial relativen) Sinn unterstellte, blieb sie schließlich, was sie nicht sein wollte: philosophische Theologie in anthropologischer Verkleidung. Indem sie nicht den Glauben an die Existenz essentieller Allgemeinheiten, sondern dessen ‚falsche' Fassung kritisierte, führte sie den Humanismus nicht auf den Boden der Wirklichkeit, sondern auf den einer theologisch geprägten Metaphysik, deren verschiedene — jeweils als revolutionäre Taten gefeierte — Neufassungen im Grunde nur interpretatorische Nuancen zur Schlußabhandlung des Straußschen ‚Leben Jesu' boten.

Trotz der Einbettung in eine versöhnliche Sprache hatte nämlich bereits Strauß die Problematik der Hegelschen Religionsphilosophie auf eine linkshegelsche Weise gelöst: nach der Schlußabhandlung des ‚Leben Jesu' gab es keine theologische »Heteronomie des Geistes« (HJ 41, 272) mehr, die Dogmatik war in Philosophie übergegangen. Wenn auch Strauß im Unterschied zur Hegelschen Linken das, was er positiv an die Stelle der alten Theologie setzen wollte, weiterhin Theologie nannte, so war es doch eine Theologie »nach dem Geiste und der Methode jener [Hegelschen] Philosophie« (Strauß, L 170, 4), die nicht mehr das Alte auf eine neue Weise sagte, sondern die Grundlage für eine innerweltliche Heilslehre gab. Die Hegelsche Realität der Vernunft hat Strauß in einer Weise bestimmt, die jede Hypostasierung zu einem deistischen Gott unmöglich machte. In seiner Adaption Hegelscher Bestimmungen ging Strauß davon aus, daß es »nicht die Art sei, wie die Idee sich realisiert, in ein Exemplar ihre ganze Fülle auszuschütten ... Die Idee der Einheit von göttlicher und menschlicher Natur wäre ... vielmehr in einem unendlich höheren Grade eine reale, wenn ich die ganze Menschheit als ihre Verwirklichung begreife« (L 171, II, 734). Strauß sah also in der Menschheit »die Vereinigung der beiden Naturen, den Mensch gewordene(n) Gott, das zur Endlichkeit entäußerte Unendliche, und den seiner Unendlichkeit sich erinnernde(n) unendliche(n) Geist« (ebd. 735). Die Menschheit trat an die Stelle Gottes und »durch die Belebung der Idee der Menschheit in sich, namentlich nach dem Momente der Natürlichkeit« (ebd.) fand das individuelle menschliche Leben seine absolute Rechtfertigung[13].

Das Fundament der linkshegelschen Religionsphilosophie hatte Strauß damit zwar gelegt, aber er verfiel — fast scheint es, aus persönlicher Schwäche — wieder darauf, als exoterische Lehre für die christliche Gemeinde den alten Kultus unverändert beizubehalten. Ruge kritisierte deshalb zu Recht Strauß' Inkonsequenz: »Nun ist nach Strauß der Erlöser die Gattung und Gott die Allpersönlichkeit, also beide keine Personen; und dennoch konnte Strauß ... ,sich nicht entschließen', den Kultus zu dem Vergänglichen zu zählen« (An. II, 11). Es gelte im Anschluß an Strauß aber, die Unvereinbarkeit auch des bestehenden Kultus mit dem philosophischen Glauben darzulegen und nicht als Praxis bestehenzulassen, was theoretisch sinnlos geworden sei.

Diesen konsequent nächsten Schritt in der Linie der Straußschen Anthropologisierung des Christentums unternahm dann Feuerbach. Über den Grundgedanken der Schlußabhandlung des ,Leben Jesu' ging er im ,Wesen des Christentums' zwar nicht hinaus, ließ aber alle versöhnlichen Formulierungen fallen, lehnte überhaupt den Versuch einer positiven Anknüpfung an die theologische Vorstellungswelt ab und führte den Hegel-Straußschen Gedanken, daß die Gott zugeschriebenen Prädikate ihre Existenz in der menschlichen Gattung hätten, in ermüdender Einförmigkeit unter verschiedensten Gesichtspunkten aus[14].

13 Strauß projizierte dieses Ergebnis seiner Hegelinterpretation wieder zurück in die biblische Vorstellungswelt und erklärte, diesen philosophischen Tatbestand habe sich die urchristliche Gemeinde in der Person Christi verdeutlicht. Ihr habe, »indem sie ... das Bild Christi entwarf, unbewußt die Idee der Menschheit vorgeschwebt« (L 171, II, 736). — Später versuchte Strauß, seine Ansichten wieder rationalistischen Vorstellungen zu akkommodieren und erklärte: »So wenig die Menschheit jemals ohne Religion sein wird, so wenig wird sie jemals ohne Christentum sein ... Dieser Christus, sofern er unzertrennlich ist von der höchsten Gestaltung der Religion, ist ein historischer, kein mythischer ... Was [allerdings] in seinem Handeln mit dem Sittlichen nicht unmittelbar zusammenhängt, wie seine Wunder, noch mehr was, statt aus seinem Innern hervorgegangen zu sein, nur äußerlich an ihn herantrat, wie sein Tod als äußere Tatsache und abgesehen von der an demselben erprobten Gesinnung Jesu, wie ferner seine Auferstehung ... kann einen religiösen Wert nur durch symbolische Deutung gewinnen, welche auf verschiedenen Entwicklungsstufen der Frömmigkeit und des Denkens verschieden ausfallen wird« (L 174, 48).

14 »Nicht die Eigenschaft der Gottheit, sondern die Göttlichkeit der Eigenschaft ist das erste wahre göttliche Wesen« (L 178, VI, 26); dieser Satz wurde dann an den verschiedenen Attributen Gottes und Eigenschaften der menschlichen Gattung (Verstand, Moral, Herz etc.) erwiesen. Gutzkow reklamierte 1845 in einer zweiten Ausgabe seiner ,Philosophie der Geschichte' diesen Grundgedanken der linken Hegelschule für sich: »Alles das wurde geschrieben v o r Feuerbach, v o r Ruge und v o r Bauer. Nichtsdestoweniger haben die Hallischen

Die so explizierte philosophische Wahrheit der Religion, die Enthüllung des göttlichen Wesens des Menschen, hat dann Feuerbach wieder mit einer besonderen religiösen Praxis, mit einem Kultus verbunden, der sich freilich nicht, wie im exoterischen Glauben bei Strauß, an ein besonderes Wesen richtete: Wenn, so lautete das Fazit aus Feuerbachs ,Wesen des Christentums', der Mensch »kein anderes Wesen als absolutes, als göttliches Wesen denken, ahnen, vorstellen, fühlen, glauben, wollen, lieben und verehren kann als das menschliche Wesen« (L 178, VI, 325 f.), so muß »auch praktisch das höchste und erste Gesetz die Liebe des Menschen zum Menschen sein« (ebd. 326)[15].

Entschiedener als Strauß zielte damit Feuerbach auf die empirische Wirklichkeit in einem unhegelschen Sinne; aber die Lösung von Hegel und damit von theologischen Denkformen blieb doch auch bei Feuerbach unvollkommen[16], weil er weiterhin in der Religion ein überhistorisches, allgemeines und dennoch substantiell wirkliches Wesen dargestellt sah, das, wenn auch in entfremdeter Gestalt, in der Religion erschiene. Auf Feuerbachs Anthropologie traf daher zu, was er der Hegelschen Philosophie als Mangel vorhielt: sie abstrahierte einseitig im Hinblick auf das, was sie als Substanz beweisen wollte, von der Wirklichkeit, hypostasierte ihre Abstraktion und erklärte diese dann für eine existierende Allgemeinheit, von welcher die Wirklichkeit nur die Erscheinung wäre[17].

Bruno Bauer kritisierte darum sowohl an Strauß wie an Feuerbach, daß sie im Prinzip jene tautologische Struktur der religiösen Denkweise konservierten, die zu bekämpfen sie beabsichtigten; denn wenn Strauß und Feuerbach das ,Wesen' des Menschen als Substanz und selbständiges Sub-

Jahrbücher vornehm auf den Verfasser herabgesehen, der jungdeutschen Literatur unphilosophischen und prinzipienlosen Dilettantismus, abstraktes Literatentum usw. vorgeworfen. Feuerbachs Theorie, das Menschentum in seiner Tiefe und Schöne zum Maßstab unserer Gotteserkenntnis zu machen lag fünf Jahre vor dem Hervortreten der neuesten Entwicklungen der Hegelschen Philosophie in diesem meinem Buche ausgesprochen« (L 67, 111, Anm.). Später erklärte Gutzkow dann in bezug auf Feuerbach, daß ihm »der Satz: Der Mensch ist das Maß aller Dinge, vor der Klippe, ins Triviale zu geraten, nicht immer sicher zu sein schien« (L 77, XI, 35).

15 Von der esoterischen Theologie des ,Leben Jesu' war diese Ansicht im Grunde nicht verschieden.

16 Der Begriff in seinen Sätzen gehörte noch Hegel, nur die Konsequenz sei seine eigene gewesen, bemerkte später Ruge (An. II, 23).

17 Was Feuerbach von Hegel unterschied, daß er dort, wo Hegel »von Subordination und Sukzession« (HJ 39, 1657), d. h. von Geschichte sprach, »das Gemeinschaftliche, die Natur der Religion, die als das einzige Absolute allen verschiedene Religionen zugrunde liegt« (ebd. 1659), zeigte und damit als ein dem geschichtlichen Wandel grundsätzlich entzogenes Wesen festlegte, war ebenso auch ein — von der theologisch-metaphysischen Voraussetzung Feuerbachs unvermeidlicher — Mangel.

jekt betrachteten, so müßten sie verkennen, daß wirklich produktiv nur der menschliche Geist sei, der in den Individuen existiert[18]. Schließlich hätten sowohl die Tradition wie auch die Gattung »nicht Hände zu schreiben, nicht Geschmack, um zu komponieren« (L 143, I, 7), und die Wesensbestimmungen existieren nicht in einem für sich bestehenden Wesen, sondern im individuellen Bewußtsein. Sowohl Feuerbach, indem er »das Wesen für sich isoliert, hypostasiert und den Individuen die reine Unselbständigkeit zuweist« (L 146, 4), wie Strauß, wenn er die Gemeinde als Kollektiv schöpferisch werden lasse, unterschieden sich im Prinzip gar nicht von der Orthodoxie, die auch im Heiligen Geist die Existenz eines Wesens behaupte, das nur in vermittelter Form sich zeige. Es sei »im Prinzip dasselbe, da es gleich transzendent ist und die Freiheit und die Unendlichkeit des Selbstbewußtseins in gleicher Weise beeinträchtigt« (L 143, I, S. VIII). Weil jede wirkliche oder gedachte Trennung des Individuums von seinem Wesen sich als unsinnig erweisen lasse, habe nun »die Kritik ... die mysteriöse Substanzialität, in welcher sie bisher sich und die Sache gehalten, dahin aufzulösen, wohin die Entwicklung der Substanzen selber treibt ... zu deren wirklicher Existenz, ... dem unendlichen Selbstbewußtsein« (ebd.). Die Auflösung der metaphysischen Substanzialitätsverhältnisse in eine »Philosophie des Selbstbewußtseins« (ebd. S. XV) wäre nach Bauers Ansicht die neue Aufgabe der Philosophie, »die letzte, die ihr gestellt werden konnte« (ebd.).

Diese Philosophie des Selbstbewußtseins umriß Bruno Bauer zum erstenmal in einem anonymen Pamphlet, der »Posaune des jüngsten Gerichts über Hegel, den Atheisten und Antichristen«. Es richtete sich der Form nach gegen die Hegelsche Philosophie vom Standpunkt der orthodoxen Theologie; in Wirklichkeit handelte es sich aber um »eine *Konsequenz Feuerbachs*« (An. II, 8), die, wenn sie auch »um der Ironie willen einen Schritt zurück« ging (ebd.), gerade auf die avancierteste Position der Kritik, auf Feuerbachs Anthropologie zielte, um sie an Radikalität zu übertreffen. Mit einer ‚authentischen‘ Darlegung des antitheologischen Radikalismus der Hegelschen Philosophie beabsichtigte Bauer einen Fortschritt über das ‚Wesen des Christentums‘ hinaus, wenn er bemerkte, daß der christliche Gottesbegriff bei Hegel völlig durch den des menschlichen Selbstbewußtseins ersetzt werde. Hegel sei »ein größerer Revolutionär als alle seine Schüler« (L 144, 82), gegen seine Erkenntis, daß »der Schluß der Bewegung [des absoluten Geistes] ... nicht die Substanz, sondern

---

18 Dieselbe Kritik äußerte auch Michelet, wenn er bemerkte, daß es ein Irrtum des linken Flügels der Hegelschule sei, die Gattung zu einer allgemeinen Substanz und zur göttlichen Wirklichkeit zu machen: »Das in allem substanziellen Denken und Tun Handelnde ist die göttliche Persönlichkeit in uns« (d. h. im menschlichen Selbstbewußtsein [L 159, 314]).

das Selbstbewußtsein [ist], welches sich wirklich als unendlich gesetzt und die Allgemeinheit als sein Wesen in sich aufgenommen hat« (ebd. 64 f.), erscheine »die Anschauung, in der sich Feuerbach bewegt, ... eine religiöse: der Mensch hat sich nach derselben sein Wesen als sein ‚Allerhöchstes‘ gegenüber zu stellen, dasselbe als seine Substanz zu betrachten« (L 146,5). Es scheine auch bei Hegel zwar gelegentlich, als werde an einem solchen theologischen Substantialitätsverhältnis festgehalten, wenn Hegel etwa — in der Weise des Pantheismus — die Subjektivität als »das Akzidentelle an der Substanz« bezeichnet (L 23, 145); in Wahrheit benutze Hegel pantheistische Begriffe wie zum Beispiel den des »Weltgeistes« nur als theologische Metaphern zur Darstellung der Wirkungsweise des Menschengeistes, und »der Philosoph weiß recht gut, daß dieses Bild nur das Selbstbewußtsein darstellt« (L 144, 70). Am Ende der Encyklopädie zeige sich nämlich, daß die wesentlichen Erscheinungsweisen des absoluten Geistes menschliche Schöpfungen seien, und daraus könne nur geschlossen werden, daß der Weltgeist selbst »nichts (ist) als der ‚Begriff des Geistes‘, der im geschichtlichen Geist und in dessen Selbstbewußtsein sich entwickelt und vollendet« (ebd. 69).

Das Grundprinzip der Hegelschen Philosophie wäre also radikaler noch als das der Menschheitsreligion Feuerbachs. Denn Hegel scheute sich nicht, jedem einzelnen Menschen »die göttlichen Attribute zurückzugeben, dem Selbstbewußtsein die Krone aufzusetzen« (ebd. 70) und damit zu erklären: »Gott ist tot für die Philosophie und nur das Ich als Selbstbewußtsein ... lebt, schafft, wirkt und ist alles« (ebd. 77)[19].

Über eine polemische Hegelinterpretation im Lichte Straußscher und Feuerbachscher Prinzipien gelangte damit Bruno Bauer auf einen Standpunkt, den — vergleichsweise naiv — das Junge Deutschland bereits eingenommen hatte, wenn es alle Produktivität in das Individuum verlegte und auf dieser Grundlage die Neuschöpfung der Wirklichkeit forderte. Ein bedeutender Unterschied blieb allerdings insofern bestehen, als die Bauersche Subjektivität das Moment der Allgemeinheit, also einen Rest der bei Strauß und Feuerbach bekämpften Substantialität, noch in sich faßte. Den Feuerbachschen Unterschied von Gattungseigenschaften und individueller

---

19 Kritisch gegen die Philosophie Feuerbachs gewendet hieß das, »der Fortschritt, der jetzt nötig ist, ist der, daß die *Totalität* des religiösen Verhältnisses [d. h. auch die überindividuelle Substanz] wirklich ... als Einheit gesetzt wird; d. i. die Objektivität der Wahrheit muß *wesentlich* in der Form der Subjektivität vorausgesetzt werden« (L 144, 143). In der philologischen Kritik Bauers spielte dieses Prinzip ebenso eine Rolle: Bauer nahm als Hypothese über die Entstehung der evangelischen Berichte an, es handele sich um Hervorbringungen des ‚Selbstbewußtseins‘, d. h. um schriftstellerische Produkte der Evangelisten, um »Theopoesie« (Ruge, L 169, VI, 51).

Besonderheit reproduzierte Bauer nun innerhalb der Kategorie des Selbstbewußtseins: diese umfaßte die allgemeinen Bestimmungen (wie Denken, Wahrheit und Unendlichkeit) und die individuelle Bestimmtheit[20]. Der Begriff Gottes war dann die dem individuellen Bewußtsein nicht mehr als eigene gegenwärtige Darstellung seines allgemeinen Inhalts[21]. Die metaphysische Struktur der linkshegelschen Argumentation blieb also auch bei Bruno Bauer erhalten, nur war für ihn die Religion die entfremdete Gestalt nicht mehr der menschlichen Gattung, sondern des menschlichen Selbstbewußtseins, und die Kritik, welche die Entfremdung aufhob, mußte zeigen, daß »die Entzweiung ... schon in dem Ansichsein des Menschen gesetzt und in seiner Natürlichkeit und Unmittelbarkeit begründet« sei (L 144, 157). Der endgültige Weg der »Versöhnung der Vernunft mit der Religion« (ebd. 148), den auch Bruno Bauer noch wies, ging dann dahin, »daß man einsieht, es gebe keinen Gott und das Ich habe es in der Religion immer mit sich selbst zu tun« (ebd.)[22].

Schon aus dieser umrißhaften Darstellung des Entwicklungsganges der ‚wissenschaftlichen‘ Seite der linkshegelschen Kritik wird deutlich, daß im

20 Hilfsweise könnte man sich der Kantischen Trennung des transzendentalen und des empirischen Ich bedienen; das Selbstbewußtsein nach der Seite seiner Allgemeinheit hat bei Bauer allerdings nicht die Funktion des transzendentalen Ich.

21 »Als religiös mußte aber dieses Selbstbewußtsein ... sich zu der Form bestimmen, daß es seinen allgemeinen Gehalt sich selber gegenüberstellte und sich zu diesem als Bewußtsein verhielt« (L 143, II, 157). »Der religiöse Geist ist diejenige Zerspaltung des Selbstbewußtseins, in welcher die *wesentliche* Bestimmtheit desselben als eine von ihm verschiedene Macht gegenübertritt. Vor dieser Macht muß sich natürlich das [subjektive] Selbstbewußtsein verlieren — denn es hat darin seinen eigenen Gehalt aus sich herausgeworfen und soweit es sich als Ich noch für sich behaupten kann, fühlt es sich vor jener Macht als Nichts« (L 143, I, 25).

22 Da Bruno Bauer seine Ansicht für eine authentische Hegelinterpretation ausgab, mußte er auch die Hegelsche Kosmologie aus seinem Substitut des absoluten Geistes, aus dem menschlichen Selbstbewußtsein ableiten. Er tat das — nicht ohne Ironie — indem er den absoluten Prozeß bei Hegel psychologisierte: dem theologischen Bild Gottes, des ‚Vaters‘ und Schöpfers (d. h., in der Hegelschen Bedeutung: Gottes als Geist ‚an sich‘, dessen Anderssein die Welt ist) legte Bauer die Vorstellung vom menschlichen Selbstbewußtsein zugrunde, das abgelöst von allen Gegenständen der Wirklichkeit gedacht würde: der Prozeß der Isolierung des Selbstbewußtseins von der Welt ‚schuf‘ dann diese Welt als eine vom Selbstbewußtsein geschiedene, es entstand der Begriff der Welt als Anderssein des Selbstbewußtseins. »Du merkst doch, was Hegel ... den Abfall der Welt nennt? Nichts als jenen Akt des Bewußtseins, kraft dessen der Mensch in sich geht, den Unterschied überhaupt setzt und natürlich mit der Kategorie des Unterschiedes überhaupt eine so unbedeutende Lumperei als diese Welt ist. Erst wenn der Mensch in sich geht — weiter steckt hinter dieser Weisheit nichts, — erst wenn er in sich geht, scheidet er sich von der Welt ab und existiert diese für sich« (L 144, 134).

Mittelpunkt theologisch-philosophische Fragen standen, deren unmittelbarer Gehalt gar nicht politisch war. Ob etwa das Christentum die Gattungseigenschaften des Menschen darstellte, oder ob es sich bei den biblischen Berichten um »Theopoesie« (Ruge, L 169, VI, 51) handelte, die aus dem individuellen Selbstbewußtsein hervorgegangen war, konnte für die wichtigen Forderungen der Zeit, die auch die Jahrbücher erhoben: Pressefreiheit und eine liberale Verfassung, verhältnismäßig belanglos scheinen. Zunächst handelte es sich im ,Leben Jesu', im ,Wesen des Christentums' und in der ,Kritik der evangelischen Geschichte der Synoptiker' auch nach dem Selbstverständnis der Autoren um wissenschaftliche Werke, die ganz spezielle Themen zum Gegenstand hatten. Wollte man ihnen überhaupt eine politische Relevanz zuschreiben, so erst durch das Abstrahieren eines allgemeinen Prinzips, das sich dem Liberalismus und der philosophischen Kritik gleichermaßen unterlegen ließ.

Es war die wichtigste Leistung Ruges, den mittelbar politischen Gehalt der theologischen Kritik zu zeigen und die Rezeption der Werke Strauß', Feuerbachs und Bruno Bauers so zu lenken, daß ihre Gegenstände »nicht mehr zu einer Professorenangelegenheit, sondern zur Sache des Menschen« werden mußten (DJ 42, 159). Die anthropologische Erklärung des Christentums bot, solange sich die Reaktion auf ihre göttliche Legitimation berief, einen Anknüpfungspunkt, um gerade den Liberalismus im Namen des Menschen zu fordern. Wie es zudem schien, als sei wirklich »das protestantische Deutschland mit allen seinen Institutionen ein Machwerk der *Theologie*« (Ruge, L 149, VI, 50), mußte die Zerstörung der Theologie »die ernsthaftesten Folgen haben. Sie hat sie gehabt«, (ebd.) die Bewegung der theologischen Kritik »ist völlig politisch geworden« (ebd.), weil die Politik in Deutschland eine Funktion der Religion zu sein schien.

Zwar blieben die Ansätze einer praktischen Philosophie in der Hegelschen Linken durchaus heterogen: nach Strauß' Meinung würde »ein neuer Paganismus oder auch ein neuer Katholizismus« (L 174, 32) über das protestantische Deutschland kommen; für Feuerbach galt, daß die neue Religion »statt unsterblicher Individuen ... tüchtige, leiblich und geistig gesunde Menschen zu postulieren« habe (L 148, II, 367), und Bruno Bauer erwartete, daß »Staaten kommen — ihre Zeit wird nicht mehr lange ausbleiben ... — die sich zuversichtlich auf die Freiheit des Selbstbewußtseins gründen« (An. II, 150). Alle diese Konsequenzen verharrten auf der besondern Entwicklungsstufe der jeweiligen Theorie, und die einzelnen Vertreter der Hegelschen Linken weigerten sich, sie in der nächsten, ,höheren' Stufe der Kritik aufgehen zu lassen, so daß sie schließlich untereinander alle verfeindet waren. Ruge jedoch fand einen gemeinsamen Nenner für die Widersprüche, indem er ihnen immer die gleiche politische Bedeutung einräumte. Aus Strauß schloß er — sicher gegen dessen Absicht

— daß, wenn man seine Dogmatik anerkenne, man »alles auf Geschichte setzen« müsse (L 167, 216); Bruno Bauers ,Posaune des jüngsten Gerichts' unterstellte er »ohne Zweifel einen politischen Zweck« (An. II, 8), der darin bestünde, »den schreienden Widerspruch der Philosophie oder unserer Zeit und Wissenschaft mit der historisch überschrittenen Zeit der christlichen Welt auch dem Stupidesten anschaulich zu machen«[23]; wenn Bauer als die letzte Stufe der kritischen Entwicklung »das wirklich erreicht hat, was wir ihm zuschreiben, ... [so] fällt eine ganz große Richtung, die apart-theologische, vollkommen aus der Arbeit des Geistes heraus« (DJ 42, 822). Die eigentliche Gemeinsamkeit also, die noch Strauß und Bauer verbinden sollte, auch wenn sie sich innerhalb der Kritik bitter befehdeten, war dann nicht mehr ein kritischer Grundsatz, sondern ein neues Weltprinzip. »Dies Weltprinzip ist die Autonomie des menschlichen Geistes ... Wo dieses Prinzip sich durchgesetzt, und es ist bereits geschichtlich erobert, da fällt das Christentum, ... und *ebenso* fällt der Absolutismus« (L 167, 259). Was in der theologischen Kritik vollzogen wurde, war »Symptom« (ebd. 240), nicht die Sache selbst. Diese ist vielmehr, daß in der Gesamtheit der neuen Theorien »die Idee des Menschen ... der Brennpunkt des öffentlichen Kampfes« wird (An. I, 284). »Was überhaupt der Charakter unserer Zeit ist, das Erwachen zum Selbstbewußtsein« (HJ 41, 1), vollzieht sich in der gesamten kritischen Bewegung und besteht an ihrem Ende »nicht als esoterisches Wissen, sondern als exoterisches Wissen« (DJ 42, 822), als politisches Selbstbewußtsein des Menschen. Denn wie die alte Religion aufgehoben ist, verlangt »die Zeit ... dieses Reich der Freiheit in seiner selbstbewußten und sich selbst bestimmenden Bewegung oder die öffentlich und objektiv realisierte Vernunft des Volkes« (HJ 41, 3).

---

23 Kaum etwas wird übrigens in Bruno Bauers Pamphlet weniger deutlich.

V. Die Forderung des Verwirklichens

1. Das revolutionäre Pathos der Tat

Mit Bruno Bauers Theorie des Selbstbewußtseins war die Entwicklung der linkshegelschen Kritik vollendet: die radikalste Begründung der Voraussetzungen des politischen Liberalismus, die aus dem Hegelschen Satz von der Identität des göttlichen und des menschlichen Geistes abgeleitet werden konnte, hatte Bruno Bauer in einer Deutung gegeben, nach welcher in jedem einzelnen Menschen die Identität des wirklichen Allgemeinen und der empirischen Besonderheit realisiert war. Das Individuum selbst faßte das göttliche Wesen in sich und war damit die höchste Macht der Geschichte. Die nächsten Schritte in der Linie der jungdeutsch-linkshegelschen Entwicklung verließen jeweils den linkshegelschen Rahmen, indem sie entweder der von der Hegelschen Linken bewahrten Kategorie der substantiellen Allgemeinheit jede Realität absprachen (Stirner) oder aber die Individualität wieder zur Funktion eines realen Allgemeinen machten (Marx). Für die Linkshegelianer stellte sich nach der Vollendung ihres Prinzips nicht mehr das Problem eines theoretischen Fortschrittes; sie hielten den wirkenden Begriff, »auf den es ankommt« (HJ 40, 2332), für erreicht und erwarteten, daß nun »die absolute Tatenlust des befreiten Geistes« (HJ 40, 417) die Wirklichkeit gestalten und dort ein »neues System« (ebd.) der politischen Praxis errichten würde.

Nach der Umdeutung des absoluten Geistes in menschliche Vernunft ergab sich — unabhängig davon, an welchen Substituierungen Gottes man festhielt — für Jungdeutsche und Linkshegelianer vor allem die Forderung nach der Verwirklichung der neuen Erkenntnis. Denn die anthropologische Wendung der jungdeutschen und linkshegelschen Theorien hatte auch das Hegelsche Verhältnis der Vernunft zur empirischen Wirklichkeit verändert.

Der absoluten Dignität entkleidet, waren die Inhalte der Vernunft nur noch die des Denkens von Menschen. Dessen Evidenz ließ sich zwar neu begründen — in der unmittelbaren Wirklichkeit des Menschen im Jungen Deutschland, im Wesen des Menschen, wie es die kritische Auslegung der Religion zeigte, in der Hegelschen Linken — aber die abgeleiteten Forderungen galten doch nicht in der selben Weise, wie die Inhalte der

Hegelschen Vernunft. Waren Begriffe und Dinge nicht mehr als Attribute *eines* Absoluten darstellbar,[1] so mußte sich die alte Kluft von Vernunft und Wirklichkeit aufs neue auftun. Die Vernunft stand dann der Wirklichkeit gegenüber und war nicht selbstverständlich, wie bei Hegel, Substrat des Realen und unendliche Macht, sondern bedurfte noch einer zusätzlichen Vermittlung mit der Wirklichkeit durch menschliches Handeln. Denn menschliche Vernunft im Status einer normativen Theorie wurde gar nicht Wirklichkeit, wenn sie »nicht sogleich Eile hat, daß sie von der Praxis nicht überholt werde« (Gutzkow, L 78, I, 223), sie ist »wahrhaft erst durch das Vollbringen« (HJ 40, 1429).

Die anthropologische Auflösung der Hegelschen Philosophie bedingte so die revolutionäre Forderung des Vollbringens. Zwar waren ,an sich' Vernunft und Wirklichkeit noch eine Einheit; aber diese Einheit, die nun von der menschlichen Vernunft her bestimmt werden mußte, bestand nicht mehr in der Wirklichkeit, so daß der Hegelsche Identitätssatz nur als Postulat gelten konnte, das einzulösen in der Zukunft die Aufgabe der menschlichen Praxis war.

Diese Forderung der Praxis ließ sich *innerhalb* des Hegelschen Systems nicht begründen; denn in Hegels Philosophie wurde das menschliche Handeln nie relevant. Sie war keine normative Theorie, sondern »die Lehre von der absoluten Offenbarung des Göttlichen im Diesseits der Erdenwelt« (Kühne, L 90, 44). Zwar räumte sie ein, daß »die Tätigkeit des Menschen überhaupt« (Hegel, L 22, XI, 50) zum Begriff hinzukommen müsse, es sei »nur durch diese Tätigkeit, daß jener Begriff sowie die an sich seienden Bestimmungen realisiert, verwirklicht werden, denn sie gelten nicht unmittelbar durch sich selbst« (ebd.). Aber es blieb doch nur Tätigkeit des Menschen überhaupt, nicht menschliches Handeln mit dem Bewußtsein der Vernunft, vermittels dessen sich der Begriff verwirklichte. Die Vernunft bedurfte des menschlichen Wissens nicht; »ebenso listig als mächtig« (Hegel, L 22, VIII, 420) wußte sie sich gerade der blinden Leidenschaften der Individuen zu ihren Zwecken zu bedienen. Und wie die Menschen die Pläne der Vernunft nicht kannten, konnten sie sich auch nicht vornehmen, bestimmte Zwecke als die der Vernunft zu verwirklichen.

---

1 Feuerbach hatte sich mokiert: »(Wenn) Geist und Natur nur Formen des einen und selben Absoluten« sind, »was ist denn nun aber das Absolute? Nichts als das UND, die Einheit von Geist und Natur« (L 148, II, 190) — Die Auflösung des Hegelschen Substantialitätsverhältnisses ist als wichtiger Gegenstand in der Entwicklung der Hegelschen Linken von D. F. Strauß bis zu B. Bauer im vorigen Kapitel dargestellt worden. Das Junge Deutschland hat gar nicht erst ein Substantialitätsverhältnis angenommen, sondern den absoluten Geist gleich als menschliche Vernunft gedeutet.

Jedoch konnte man dieses Verhältnis von absoluter und menschlicher Vernunft auch unter Hegelschen Voraussetzungen nur für die Geschichte der Vergangenheit gelten lassen. Weil Hegel in seiner Philosophie gerade den objektiven Prozeß der Vernunft in der Geschichte erkennbar machte, indem er als sein Gesetz den Fortschritt im Bewußtsein der Freiheit und als sein Ziel die Identität von Sein und Wissen bestimmte, hob er nach Meinung der revolutionären Hegelschüler am *Ende* des Systems die Voraussetzung seiner Philosophie der Geschichte für die *Zukunft* auf: mit der Hegelschen Vollendung der Philosophie erschienen die Zwecke der Vernunft unverstellt im Bewußtsein des Menschen; das Wissen hatte die Höhe des absoluten Geistes erreicht, und dessen entfremdete Geschichte war definitiv beendet: der Geist erhielt durch die Philosophie das Bewußtsein seiner eigenen weltgeschichtlichen Wirkung; im menschlichen Bewußtsein realisierte sich das Selbstbewußtsein des absoluten Geistes, die Philosophie verkörperte die Identität von Sein und Wissen im Menschen.

Darin auch, wie Hegel, ein Ende der wirklichen Geschichte zu sehen waren Jungdeutsche und Linkshegelianer nicht bereit. Sie fühlten sich »noch nicht reif zum jüngsten Gericht« (Mundt, L 116, 216) und erklärten einfach den Schluß der Hegelschen Philosophie für »prophetischer Natur« (Gutzkow, L 67, 109). Nur die Vorgeschichte wäre mit Hegels Philosophie abgeschlossen, und die Geschichte des Selbstbewußtseins, die bewußte Geschichte des Menschen mußte beginnen, weil nun die Menschen die am Ende der Vergangenheit erreichte Absolutheit ihres Wissens in der Wirklichkeit geltend machen könnten.

»Ungeachtet ihrer Weltgerichtsmiene... (und) zum Trotz und Schrecken denen, welche einen Abschluß ... darin gefunden wähnten« (Mundt, L 118, 410) war deshalb Hegels Philosophie für die Jungdeutschen »das eigentliche System dieser Übergangsperiode selbst und als solches welthistorisch« (ebd. 411). Sie hatte nur den Höhepunkt des Wissens erreicht, und ihr Abschluß, der Gedanke von der Identität von Sein und Wissen, konnte als Postulat gelten, das sich polemisch gegen den gegenwärtigen »Dualismus der Bildung und des Lebens« (Gutzkow, L 78, I, 70) richtete und aufforderte, »den Zwiespalt dessen, was wir sind und dessen, was wir wissen« (ebd.) dadurch zu überwinden, daß nun die Wirklichkeit auf die Höhe des Gedankens gebracht wurde. Wenn daher Gutzkow nach einer Pforte suchte, »wo all unser Wissen hinausströmen könnte ... über das Feld des Lebens und der Geschichte« (ebd.) und Taten als Konsequenz der Philosophie forderte, damit »die Gelehrsamkeit ... mit allen unseren Existenzen ausgeglichen« werde (ebd. 72), so traf er nach Meinung der progressiven Hegelianer damit gerade den der Zukunft zugewandten Sinn der Hegelschen Philosophie; denn auch für Hegel mußte der Fortschritt der Freiheit in der Wirklichkeit erfolgen. Die

Geschichte würde, schrieb Rosenkranz, auch nach dem Geist der Hegelschen Philosophie erst mit der realisierten Identität von Vernunft und
Wirklichkeit, das heißt, »wie bei Gutzkow, mit der Idylle der allseitig
ausgearbeiteten Humanität e n d i g e n« (HJ 39, 157).

In dieser Deutung ließ sich aus Hegels Philosophie auch die Forderung
des Vollbringens ableiten. Auf dem höchsten Punkt des absoluten Wissens
mußte die Philosophie in Praxis umschlagen; denn »indem die Kultur
gewisse Endpunkte erreicht, beginnt sie, sich selbst umzubiegen und . . .
erzeugt auf diesem Wege das Neue . . . So muß der Begriff wieder in die
Bilder zurücktreten« (Mundt, L 118, 411); er muß »in die allgemeine
Geistes- und Kulturgeschichte der Menschheit volkstümlich und populär
hinübergreifen« (Mundt, L 49, 32, 1305) und dahin wirken, daß »die
Menschheit, sich mit ihrem höchsten Begriffe in einer Einheit darstellend,
einen höchsten Blütestand« (ebd. 1317) auch in allen ihren Lebensformen
erreicht. Eine Einheit von Vernunft und Wirklichkeit würde es also erst in
der Zukunft geben. Sie liegt in der Durchdringung der Wirklichkeit durch
den Begriff, in der Gestaltung der Wirklichkeit zum »Bild«[2]: »Dies ist
die Einheit von Sein und Denken« (Mundt, L 118, 413), wie sie für Mundt
erst als »gewaltig treibende Hoffnung« (ebd.) existiert.

Einigkeit bestand im Jungen Deutschland darüber, daß im Anschluß
an die theoretische Vollendung durch Hegel die Aufgabe der neuen Generation nun das Vollbringen des Gewußten sein müsse. Wienbarg referierte
zustimmend aus Heines Geschichte der Religion und Philosophie in
Deutschland den Gedanken, »daß die deutsche Philosophie mit Hegel
ihren Kreis geschlossen und nun bestimmt sei, in das Blut des deutschen
Volkes überzugehen« (L 48, 35, 112); Laube zitierte aus Börnes Briefen
aus Paris: »Die Zeit der Theorien ist vorüber, die Zeit der Praxis ist gekommen« (L 135, 33, 106; Börne, L 51, III, 258); Gutzkow verlangte,
daß die Philosophie auch »etwas tun müsse, was tüchtig und erfreulich
ist« (L 60, 220), und Mundt suchte nach Wegen, »den Reichtum des Erkennens, mit dem uns die heutige Kulminationsperiode gesegnet, wieder in
Fleisch und Blut . . . umzusetzen« (L 136, 35, 18). Das Wissen hatte seinen
Endpunkt erreicht; das Junge Deutschland war »durch die Schule hindurch und hätte nur noch handeln können« (Gutzkow, L 75, 10).

Den Anstoß für diese praktische Wendung hatte zwar nicht die Hegelsche Philosophie selbst gegeben. Das Bewußtsein, daß in Deutschland etwas geschehen müsse, um die zurückgebliebenen politischen Verhältnisse
wenigstens auf den Stand des konstitutionellen Liberalismus zu bringen,
war durch die Julirevolution in Frankreich und durch den polnischen Aufstand gegen Rußland geweckt worden. Damit erst hatten die Jungdeut-

---

2 Das heißt, zur durch das Bewußtsein geprägten Wirklichkeit.

schen, »somnambüle Träumer über Theorien des Staats und der Kirche, halbe Philosophen, deren Ideen nicht zum Durchbruch kommen konnten, ... plötzlich einen Stoß« erhalten (Gutzkow, L 78, I, 104). Aber der machte, daß »aus dem ideellen Schmerz, daß (die) Geister so satt (waren) vom Wissen und vom Ideal« (Gutzkow, L 69, S. XIV), gerade das Bedürfnis erwuchs, »ein ... Leben zu etablieren, das endlich einmal (ihres) Geistes würdig« wäre (ebd.). Es sollte eben »das *Philosophieren* ... Früchte des Lebens« tragen (Mundt, L 49, 32, 239) und seinen »ideellen Charakter in einen tatsächlichen« (Mundt, JWK 37, 133) umsetzen. Daß sich die politische Wendung des Jungen Deutschland in der polemischen Polarisierung von Sein und Wissen und in der Forderung, das Leben auf die Höhe gerade des philosophischen Denkens zu bringen, darstellte, während unmittelbar politische Forderungen kaum erhoben und Verbindungen zum politischen Liberalismus kaum gesucht wurden, zeigt, wie sehr das Junge Deutschland unter dem Einfluß der akademischen Tradition und besonders unter dem Hegels stand. Das Wappentier der jungdeutschen Revolutionäre blieb der Vogel der Minerva, wenn es auch »nicht mehr die Eule [war], die das Licht scheut, sondern der Adler, der mit offenen Augen in die Sonne fliegt« (Wienbarg, L 128, 295).

Trotz dieser Einmütigkeit des praktischen Pathos gab es jedoch im Jungen Deutschland gar keine bestimmte Konsequenz aus der Philosophie, die nun verwirklicht werden sollte. Die Übereinstimmung darüber, *daß* verwirklicht werden sollte, verdeckte vielmehr gerade das Fehlen einer konkreten Einigkeit. Nur im Willen zum Handeln und in der Opposition gegen die Vergangenheit war das Junge Deutschland verbunden, während die bittersten Fehden über alle inhaltlichen Vorstellungen bald nach 1835 ausbrachen. Der Anspruch auf Verwirklichung ,des' Wissens blieb deshalb die einzige objektive Gemeinsamkeit, die Gutzkow 1838 rückblickend für die jungdeutsche Generation von 1830 gelten ließ; damals »mochte man streiten, soviel man wollte; darin vereinigten sich alle, daß das Vaterland vom Geist der Dichter und Denker auch in seinem historischen Leben Gewinn ziehen müsse« (L 72, 18 f.).

Die Forderung des Vollbringens haben die Hallischen Jahrbücher in ähnlicher Weise gestellt wie das Junge Deutschland. Auch für sie galt, daß »Theorie und Praxis ... im schreienden Widerspruch« stünden (HJ 39, 2343) und daß sich »die Welt ... nicht im Lichte der Wahrheit« befinde (ebd.), obwohl sie es nach Hegel sein müßte, und sie wollten diese Wirklichkeit durch praktisches Eingreifen nach dem Maß der philosophischen Vernunft verändern. Programmatisch erklärte deshalb Echtermeyer im ersten Artikel der Jahrbücher, es sei die »Aufgabe, ... die in erhöhter Weise und nach den gesteigerten Bedürfnissen der Gegenwart diese Jahrbücher zu lösen sich vorgesetzt haben« (HJ 38, 6), der Wissenschaft endlich »ein wirksames Verhältnis zum Leben und seinen Gestaltungen zu verleihen« (ebd.).

Diese Ansicht war unter den Hegelschülern nicht ganz neu. 1833 bereits hatten die Jahrbücher für wissenschaftliche Kritik sie aufgenommen und Mundt in einer im ganzen ablehnenden Rezension doch darin zugestimmt, daß »die Philosophie (gegenwärtig) eine Abgeschlossenheit gewonnen (habe), die es ihr zur Aufgabe (mache), ... in das Bewußtsein des Volkes übergehend, in dem konkreten Bereiche des Lebens, in Religion, Gesittung, Staat sich Geltung zu verschaffen« (JWK 1833, 303). Gutzkow und Wienbarg erhoben 1835 diesen Gedanken zum Programm ihrer »Deutschen Revue«[3] und fanden damit die Unterstützung der damals bedeutendsten progressiven Hegelianer, Karl Rosenkranz und Eduard Gans, sowie die des Mitbegründers der Jahrbücher für wissenschaftliche Kritik, Karl August Varnhagen von Ense. Die Zeitschrift wurde noch vor dem Erscheinen verboten, und Varnhagen, Rosenkranz und Gans mußten auf Veranlassung der Regierung öffentlich erklären, daß sie zum Jungen Deutschland keine positiven Beziehungen aufzunehmen beabsichtigt hätten[4].

Die Hallischen Jahrbücher können im Bereich der Philosophie für einen Nachfolger der gescheiterten jungdeutschen Zeitschrift gelten. Sie propagierten, wenn auch systematischer (und eintöniger) als die Jungdeutschen, jenes vage Pathos des Verwirklichens, das mit dem Verbot aller jungdeutschen Schriften (einschließlich der noch zu schreibenden) jäh verstummt war[5], und haben — trotz gelegentlicher Einschränkungen, die ge-

---

3 Sie sollte neben der Wissenschaft auch der Kunst eine Verbindung zum Leben geben.

4 Rosenkranz entschuldigte sich später bei Gutzkow, er habe vor der Wahl gestanden, seinen Lehrstuhl zu verlieren oder die junge Literatur zu desavouieren. Varnhagen, der persönlich unabhängiger war, schrieb in seiner öffentlichen Erklärung nur, ohne sich von bestimmten Ansichten zu distanzieren, er hätte sowieso keine Zeit zum Schreiben gehabt. Metternich fand diese ebenso wie die Ganssche »Erklärungen elender Art«, die im übrigen nur zeigten, daß »die schafsköpfigsten Menschen ... die Literatoren« seien (L 278, 551).

5 Rosenkranz gehörte auch wieder zu den Mitarbeitern der Hallischen Jahrbücher. Er brachte in seinem ersten Artikel (und in einem der ersten Artikel der Jahrbücher überhaupt) den oben zitierten Hinweis auf die Übereinstimmung der Tendenz Gutzkows mit der der Hegelschen Philosophie an. Überhaupt waren die Hallischen Jahrbücher in ihren Tendenzartikeln zunächst vorsichtig jungdeutsch (vorsichtiger als das Junge Deutschland vor 1835). Distanzierter wurde das Verhältnis nach den ersten Angriffen auf die »jungdeutschliche« Tendenz der Jahrbücher. Als dann allerdings die Hallischen Jahrbücher radikaler und die Jungdeutschen konservativer wurden, standen sich Jungdeutsche und Linkshegelianer bald feindselig gegenüber. Enttäuschung über den politischen Rückzug der Jungdeutschen wurde nicht das geringste Motiv der literarischen Kritik der Jahrbücher: »Der Spiritus verflog, das Phlegma bleibt, die Himmelsstürmer knöpfen

rade den Vorwurf einer »jungdeutschlichen« Tendenz entkräften sollten[6] — diesen Willen zum Vollbringen zu einem dominierenden Zug ihres philosophischen Journals gemacht, der im Lauf der Zeit immer schärfer hervortrat und immer größere Selbständigkeit gewann. Hieß es noch 1839, ohne einen offenen Hinweis auf politische Implikationen, es werde »gegenwärtig von allen Seiten kräftig dahin gearbeitet, der Wissenschaft Zugänge zum Leben zu bahnen und sie zu praktischen Resultaten zu verwenden« (HJ 39, 1776), so bezeichneten Ruge und Echtermeyer ein Jahr darauf in der Fortsetzung des Manifests gegen die Romantik diese praktische Tendenz bereits als »ein neues System« (HJ 40, 418), das »der Hegelschen Beschaulichkeit, welche in theoretischer Selbstzufriedenheit dem Prozesse [der Geschichte] bloß zusieht« (ebd.), den reformerischen Enthusiasmus der Zeit hinzufügt; denn »der Trunkenheit des Begriffs der Freiheit und des absoluten Systems folgt das System der geschichtlichen Freiheit, die Darstellung der wirklichen und der zu verwirklichenden Freiheit; an die Stelle der abstrakten und theoretischen ... Entwicklung tritt das System der konkreten Entwicklung, welches ... ans Ende jeglicher Geschichte die Forderung ihrer Zukunft setzt, als religiöser oder gewissenhafter Trieb die *Verwirklichung des Gewußten* zum praktischen Pathos des Subjekts macht [und] aus der faulen Beschaulichkeit des Hegelianismus die Fichtesche Tatkraft wieder auferweckt« (HJ 40, 1211).

Dem Hegelschen Abschluß der Geschichte wollten die Linkshegelianer ebensowenig zustimmen wie die Jungdeutschen. Um dem Quietismus des Hegelschen Vollendens zu begegnen, waren »die Hegelingen ... genötigt, wenn sie nicht der Historie den Kopf abreißen und sie als ein sterbendes Huhn wollten herumlaufen lassen, ... gegen Hegels Bescheidenheit zu protestieren« (HJ 40, 2331), die darin bestand, daß Hegel die wirkliche

die Ikarusflügel ab ... Gutzkow geht vom Nero zu Iffland, ... Kühne von der Quarantäne im Irrenhause zu Spindler, Laube vom Jungen Europa zu — man weiß noch nicht recht was, und Herr Mundt von Sozialpoesie und Weltpoesie zum historischen Roman« (DJ 42, 243). Die Generalabrechnung präsentierte dann Fr. Engels (ebd. 641 ff.).
Die Radikalisierung der Hallischen Jahrbücher führte ferner dazu, daß Rosenkranz die Mitarbeit einstellte und die Mitte der Hegelschule Distanz hielt. Ihr Versuch, ein eigenes Journal der liberalen Mitte mit dem alten Programm zu gründen (»Kritische Blätter für Leben und Wissenschaft«) wurde ihnen vom Ministerium verwehrt, weil sie »ohne praktisch-lebendige Kenntnis von Kirche und Staat ihr Blatt in bezug auf diese Gebiete von dem Standpunkte einer Philosophie redigieren würden, die ... nach dem Urteil aller höheren preußischen Staatsmänner mit der Kirche und dem Staate unverträglich sei« (L 139, 121).
6 So hieß es 1839 mit Bezug auf das Junge Deutschland, die Jahrbücher lehnten »die Zumutung ab, sich mit Parteiinteresse ins praktische Gebiet einzulassen« (HJ 39, 1054).

Vollendung der Geschichte in der Gegenwart sehen wollte, obwohl er damit seinem eigenen Prinzip widersprach und »die Wirklichkeit nicht in den Begriff, sondern in die Existenz« legte (ebd.). Gegen Hegel selbst, aber als Konsequenz seiner Philosophie, war der Abschluß des Systems zum Beginn der Zukunft zu machen und »zu fordern, daß die gedachte Wahrheit zur realen Wirklichkeit werden müsse« (HJ 1840, 1225). Zwar blieb der historische auch der vernünftige Prozeß, aber nun war »die Vernunft g e l t e n d zu machen von der Wissenschaft des Vernünftigen in den Dingen, von der Philosophie« (HJ 40, 418). Jener »herzlose Philosophismus, der die ganze Welt der Praxis entweder ignorierte oder sie mit dem sanften Adagio eines prädestinierten Scholastizismus lobhudelnd begleitete, ist bereits allgemein in Mißkredit« (HJ 40, 2242). Darum will die Philosophie, »ihres bloß logischen Seins müde« (HJ 41, 594), auch von sich aus, daß »die gedachte Wahrheit zur realen Wirklichkeit« (HJ 40, 1225) sich umgestalte. Und damit »das gesamte Dasein . . . die Gestaltung erhalte, die dem sich selbst begreifenden Gedanken gemäß ist« (HJ 41, 594), muß sich »das Wollen zum Wissen gesellen« (HJ 40, 1429).

An dieser Forderung, die Wirklichkeit auf die Höhe »der« Philosophie zu bringen, brauchte auch nichts geändert zu werden, als 1841, nach den Feldzügen der theologischen Kritik, nicht mehr Hegels Philosophie, sondern Bruno Bauers und Feuerbachs Anthropologie zur Grundlage der Praxis erklärt wurden. Denn in Wirklichkeit war das Verhältnis von Hegelscher Philosophie (auch in linkshegelscher Interpretation) und politischer Praxis so unspezifisch, daß die Revolutionen der kritischen Theorie sich ablösen konnten, ohne daß die Inhalte des allgemeinen Postulats des Vollbringens davon berührt wurden. Dieses Postulat war nur formal und meinte nie mehr, als den später von Engels als absolut revolutionär bezeichneten Aspekt des Hegelschen Satzes von der Identität von Vernunft und Wirklichkeit; nämlich einfach, daß Vernunft überhaupt geltend zu machen sei (Engels, L 157, XXI, 268). In unendlicher Monotonie haben die Hallischen Jahrbücher diesen Gedanken vorgebracht und allenfalls hinzugefügt, diese Vernunft äußere sich als Protestantismus (später: als Atheismus) in der Religion und als konstitutioneller (später: als republikanischer) Liberalismus in der Politik. Zwingend war aber die Verbindung von theologischer Kritik und politischer Revolution ebensowenig[7] wie der Glaube an die Philosophie als praktisch-politische Macht. Vielmehr verließ sich in Wirklichkeit die Hegelsche Linke in ihrem Vertrauen

---

7 So konnte Fr. Vischer 1841 eine Anstellung für D. F. Strauß fordern mit der Begründung, der Geistliche solle eine staatstreue Gesinnung vermitteln, aber wo stehe denn »geschrieben, daß ein der modernen Wissenschaft zugetaner Geistlicher dies nicht ebensogut, ja besser als ein autoritätsgläubiger zu tun vermöge?« (HJ 41, 265).

auf praktische Implikationen der Kritik darauf, daß faktisch Thron und Altar eine Identität der Interessen annahmen und sie gemeinsam verteidigten[8]. Unter dieser Voraussetzung allein konnte jede Radikalisierung der Philosophie auch für eine Verschärfung des politischen Kampfes gelten.

2. Die Aporie einer Hegelschen Praxis

So fraglos das Postulat des Handelns im Jungen Deutschland und in der Hegelschen Linken war, so hilflos blieb doch ihre Praxis selbst. »Praktischer politischer Umtriebe wurden die jungdeutschen Schriftsteller niemals geziehen[9]; auch haben sie sich niemals daran beteiligt« (Houben, L 211, 20). Ebenso gab es nicht einmal Ansätze einer politischen Organisation in der Hegelschen Linken. Jungdeutsche und Linkshegelianer waren Gruppen von Schriftstellern und Philosophen, die — so verfeindet sie auch untereinander sein mochten — darin übereinstimmten, daß die Geschichte von der Idee gelenkt werde und deshalb auch durch die Verbreitung von Ideen allein zu beeinflussen sei. Ihre Praxis blieb »geistig«, war Produktion von Journalartikeln, von Trivialromanen und von Tendenzliteratur: als Glaube an die Allmacht agitatorischer Aufklärung eine neue Form des Hegelschen Vertrauens in die selbsttätige Macht der Vernunft.

Diesen idealistischen Glauben begründete das Junge Deutschland zwar nicht, wie die Hegelsche Linke, in unmittelbarer Berufung auf Vernunft, Wissenschaft und Hegel, sondern suchte, seiner konkretistischen Einstellung entsprechend, in der Französischen Revolution von 1789 ein empirisches Paradigma; die Französische Revolution war für Mundt der »Mythos der neuen Zeit. Ihn deuten und die in ihn eingegrabenen Widersprüche lösen (hieß), die Sphinx in den Abgrund schleudern und den freien Menschen auf den Thron der Menschheit setzen« (L 113, 2). Die Geschichte der Französischen Revolution enthalte, schrieb Laube, »alle Fuß-

---

8 Der Rationalist Bretschneider hatte bereits 1835 darauf hingewiesen, wie abstrus im Grunde so eine Meinung sei; denn die Theologie hänge von der Gesellschaft ab, nicht umgekehrt, und Revolutionen, auch die französische, seien nicht durch freisinnige Theologen und Schriftsteller, sondern durch politische Mißstände herbeigeführt worden. Im übrigen ruhe »der Thron ... überhaupt auf keinem Dogma. Es wäre auch in solchem Falle schlimm um ihn bestellt« (L 9, 56).

9 Diese Bemerkung Houbens ist insofern nicht ganz zutreffend, als die österreichische Propaganda im Bundestag in bewußter Verschleierung der Wahrheit versuchte, die Identifizierung des Jungen Deutschland mit ähnlich benannten politischen Bewegungen (z. B. der ‚Giovanne Italia‘) nahezulegen, um das Verbot der jungdeutschen Schriften durchzusetzen.

stapfen unserer kommenden Jahrhunderte, man solle sie studieren und den Deutschen endlich eine schreiben« (L 94, I, 92). Aber das Junge Deutschland rezipierte die Revolutionsgeschichte in so hoch interpretierter Gestalt, daß diese nicht Grund, sondern nur Bestätigung seiner idealistischen Vorstellungen werden konnte. Am besonderen Phänomen erwies sich damit nur der allgemeine Vorgang, die Trivialisierung und die praktische Pointierung des Hegelschen Idealismus, aufs neue.

Hegel hatte die Französische Revolution als eine säkulare Umwälzung gedeutet, die, weit über eine bloße Umbesetzung von Herrschaftspositionen hinausgehend, eine prinzipielle Neubestimmung der Grundlage des politischen Handelns brachte. Ihre Bedeutung lag darin, daß der von der Philosophie aufgestellte Anspruch, die Verhältnisse des Staates nach dem Maße der Vernunft zu ordnen, sich in der Wirklichkeit durchsetzte: »Solange die Sonne am Firmamente steht und die Planeten um sie kreisen, war das noch nicht gesehen worden, daß der Mensch sich auf den Kopf, das ist auf den Gedanken stellt und die Wirklichkeit nach diesem erbaut« (L 22, IXX, 557). Mit der Französischen Revolution wurde »das Bewußtsein des Geistigen jetzt wesentlich Fundament, und die Herrschaft ist dadurch der Philosophie geworden« (ebd. 556).

In dieser Deutung ließ sich aus der Französischen Revolution die Lehre ableiten, daß der Mensch sich eben nur auf den Kopf stellen müsse, die Wirklichkeit folge dann schon nach. Die Arbeit des Geistes — des menschlichen Geistes in der säkularisierten Geschichtsphilosophie der Revolutionäre — schaffe die Wirklichkeit und mache das praktische Handeln selbst zur quantité négligeable, zu etwas, das sowieso, als Folge der Theorie, kommen muß. Unter dem Einfluß Hegelscher Gedanken formulierte daher Heine eine idealistische Handlungstheorie, in der die »stolzen Männer der Tat« (L 80, V, 258) nichts waren »als unbewußte Handlanger der Gedankenmänner« (ebd.), deren Tun durch die Philosophie »auf das bestimmteste vorgezeichnet« ist (ebd.). Vor allem der Fortschritt des Gedankens sei deshalb wichtig für die Fortschritte der Revolution; denn der Gedanke gehe »der Tat voraus, wie der Blitz dem Donner« (Heine, L 80, V, 307)[10]. Die Gedankenmänner, die Philosophen waren es also, die, wie Hegels Weltgeist, die Geschichte bestimmten, ohne unmittelbar in sie ein-

---

10 Diese Theorie wandte Heine dann auf die deutschen Verhältnisse an und prophezeite, daß aus der deutschen Philosophie unvermeidlich eine Revolution hervorgehen werde, wogegen »die französische Revolution nur wie eine harmlose Idylle erscheinen möchte« (L 80, V, 307). Der philosophische Blitz sei abgebrannt — »unsere philosophische Revolution ist beendigt. Hegel hat ihren großen Kreis geschlossen« (ebd. 303) — der Donner müsse folgen; es sei zwar »der deutsche Donner ... freilich auch ein Deutscher und ... nicht sehr gelenkig und kommt etwas langsam herangerollt; aber kommen wird er ...« (ebd. 307).

zugreifen. Die Säkularisierung christlicher Anschauungen wurde durch diese Übertragung Hegelscher Vorstellungen in eine Theorie des menschlichen Handelns vollkommen; der Mensch hatte nicht nur das Bewußtsein, sondern auch die Macht des göttlichen Geistes: »Der Mensch, wie der Gott der Bibel, braucht nur seinen Gedanken auszusprechen, und es gestaltet sich die Welt, es wird Licht oder es wird Finsternis ... Die Welt ist die Signatur des Wortes« (ebd. 258).

Diese Lehre von der Macht des philosophischen Gedankens zogen nach Heine auch die Jungdeutschen aus der Französischen Revolution. Die Philosophie hatte nach ihrer Meinung »Waffen und Gerät zur Revolution« geliefert (Laube, L 98, II, 42), Keime der Revolution gelegt (Börne, L 51, II, 625). Sie erwies überhaupt, »daß bis auf einen gewissen, ja vielleicht den äußersten Punkt, die Ideen schlagender wirken, als sogenannte (!) Fragen der Existenz« (Gutzkow, L 77, VIII, 85). Diese Anschauung galt dann im Jungen Deutschland gleichzeitig für eine allgemeine historische Wahrheit. Alle Revolutionen der Geschichte lehrten nach Gutzkow »das ewige Bedürfnis des Menschen, ein Gesetz, eine Idee, die alle zusammenhalte, an die Spitze der Gemeinschaft zu stellen« (L 57, 219). Immer bekam nach Wienbarg »nicht die rohe Gewalt, sondern die Idee ... den endlichen Ausschlag; (und) dabei wird's auch wohl in Zukunft sein Bewenden haben und unser gutes Recht endlich den Sieg behaupten« (L 134, 172). Für Mundt waren es »logische Revolutionen« (L 116, 87), die nun durchgekämpft werden mußten, »Gedankenkriege des Bewußtseins, die ihren Sieg schon gleich durch sich selbst errungen haben, nämlich durch Bewußtsein« (ebd.); denn »der jetzt zur Herrschaft gekommene Gott der Geschichte führt seine Kriege nur im Geist und in der Wahrheit« (ebd. 83). »Die Zeit beruht nun einmal ... auf Ideen« (Laube, L 105, 1836, 76); deshalb sind alle Taten, die man fordern kann, Taten des Gedankens, ausgeführt in belletristischen Journalen. Es sei, schrieb Heine an Kolb, »die Zeit des Ideenkampfes, und die Journale sind unsere Festungen« (L 80, VIII, 330). Diese Meinung, die Heine 1828 äußerte, kann für die ganze Epoche der idealistischen Revolutionäre (auch der Hegelschen Linken) gelten[11].

11 Die Überschätzung der Philosophie und die Geringschätzung aller sozialen und politischen Ursachen findet sich in gleicher Weise bei den Gegnern des Jungen Deutschland. Metternich nahm an, die Philosophie des achtzehnten Jahrhunderts habe »die Elemente zur Revolution gesammelt, verbunden und in Arsenalen zum künftigen Gebrauch verarbeitet, ... und welch reichhaltiger Vorrat an Kriegsmaterial vorhanden war, hat die Geschichte gelehrt« (L 278, 544). Ihm galt für die bewegende Kraft der Geschichte ebenso jener »Geist«, von welchem, »wer die Geschichte kennt, weiß, daß (er) sich seine eigenen Formen in der Welt der Erscheinungen schafft; was heute geglaubt wird, geht morgen in Taten über« (ebd.

Denn in der Hegelschen Linken blieb die Forderung des praktischen Handelns weithin im Bereich jungdeutscher Postulate. Nur wurde hier jener Widerspruch überdeutlich, der entstand, wenn der Entwicklungsprozeß des absoluten Geistes säkularisiert und in Anweisungen zum menschlichen Handeln umgesetzt werden sollte: Hielten die Linkshegelianer am theologischen Status der Vernunft fest, so machten sie die Forderung einer besonderen Praxis überflüssig; forderten sie dagegen das Vollbringen der Vernunft als Bedingung ihrer zukünftigen Existenz, so konnten sie nicht gleichzeitig die Allmacht des Denkens behaupten. Göttlich und menschlich, selbsttätig und wieder nicht selbsttätig zugleich konnte die Vernunft nicht sein. Entweder mußten also die Linkshegelianer die Unbedingtheit des göttlichen Anspruchs oder die des Postulats der Praxis für ihre Theorie abschwächen.

Die Hallischen Jahrbücher begnügten sich aber mit einer bloßen Substitution des Begriffs des absoluten durch den des menschlichen Geistes. Indem sie die übrigen Verhältnisse des Hegelschen Systems für ihre Philosophie unverändert lassen wollten und nur das menschliche Handeln zusätzlich forderten, machten sie gerade das Problem des Verwirklichens unlösbar; denn einerseits vertrauten sie weiter »der Vernunft als der absoluten Weltmacht« (An. I, 106), andererseits räumten sie ein, daß diese Vernunft praktiziert werden müsse, um auch die Wirklichkeit zu verändern. Das Mißliche dieser Position gab Ruge in einem Brief an Rosenkranz auch zu und gestand, daß er »eigentlich ... der Platonischen Ironie, d. h. dem Humor ergeben sei, ... wenn (er) einerseits zornig draufginge, andererseits dies selbst für überflüssig halten müßte« (L 167, 171); er »*heuchelte* die Gewißheit des Sieges, die der Geist hat und die freie Wahrheit nicht« (ebd.). Diesen Widerspruch verdeckte sich Ruge aber sogleich wieder, wenn er sein praktisches Engagement ganz passiv begründete mit der klagenden Bemerkung: »Was kann ich dafür, daß ich durch meine jetzige Stellung in die niedere Sphäre der Historie hereingerissen werde?« (ebd.)

So blieb das Bewußtsein des Widerspruchs für die Hallischen Jahrbücher folgenlos. Neben der Forderung des Handelns galt weiterhin dog-

548). Metternich und das Junge Deutschland handelten deshalb auch auf dem Boden der gleichen Überzeugungen, wenn sie um die Freiheit der Presse stritten: beiden war der Weg vom Wort zur Tat gering. Nur Pressefreiheit für umstürzlerische Gedanken fordern, hieß fast dasselbe wie den Umsturz verlangen.
Als zeitgenössisches Beispiel für den Jungdeutschen ganz entgegengesetzte Anschauungen wäre G. Büchner zu nennen. Büchner sah in der Französischen Revolution soziale Kämpfe; die Philosophen waren Randfiguren. Die jungdeutschen Hoffnungen einer Reform der Gesellschaft über die literarische Beeinflussung der gebildeten Klassen teilte er nicht, sondern wollte den gewaltsamen Umsturz durch Agitation unter den verarmten Bauern (mit dem »Hessischen Landboten«) und durch bewaffnete geheime Gesellschaften vorantreiben.

matisch der Hegelsche Satz von der Allmacht der Vernunft, und es schien
»bedauernswürdig, an eine andere Macht zu glauben« (HJ 40, 1936).
Einzig darin trugen sie der Anthropologisierung des absoluten Geistes
Rechnung, daß sie die menschlichen Promotoren der Vernunft ex professo,
die Philosophen, mit den Insignien des absoluten Geistes ausstatteten. Es
waren nun »die Philosophen die Herren der Welt; sie machen das Schicksal der Menschen, ihre Taten sind die Taten des Schicksals« (Bauer, L 144,
82). »Die Kultur einer jeden Epoche ist Produkt der Philosophie, denn
sie ist der Geist in seinen primitiven, produktiven Lebenstätigkeiten, in
seinen ursprünglichen und selbständigen Kräften« (HJ 38, 1077). Daher
bedarf, »wer die Welt regieren will, ... der Philosophie; denn sie ist der
Nerv des geschichtlichen Geistes« (DJ 41, 2).

Weil die Geschichte ganz beherrscht zu sein schien von der »unwider-
stehlichen Macht der Idee, welcher noch so große Massen des Ideenlosen
keinen Widerstand entgegenzusetzen vermögen« (Strauß, L 171, II, 737),
weil es »immer die Idee, und nur die Idee [ist], mag sie nun sein wollen oder nicht, die ... in allem überhaupt allein Macht und Gewalt hat«
(HJ 39, 997), war auch gar nicht mehr vorstellbar, wie das Verwirklichen
der Vernunft praktisch vor sich gehen sollte; oder vielmehr, wenn »nur
das Selbstbewußtsein, welches auf seinen gewonnenen Inhalt reflektiert,
... also die philosophische Kritik ... die Bewegung der Weltgeschichte«
machte (DJ 1841, 2), so konnte auch nur dieses Reflektieren selbst die relevante Praxis sein. Theorie und Praxis fielen damit in Hegelscher Weise
ineinander, und für die Hegelsche Linke wurde »jede wirkliche Wissenschaft ... Praxis« (An. II, 248).

3. Literatur und Wissenschaft als Praxis

Der idealistische Glaube an die Macht der Vernunft und Wissenschaft
führte damit die Hegelsche Linke zu einer Position, von der aus kaum eine
Möglichkeit des praktischen Eingreifens in die Geschichte erkennbar
wurde.

Das Junge Deutschland dagegen gab den idealistischen Bestimmungen
über die bewegenden Ursachen der Geschichte, von denen es nicht minder
überzeugt war als die Hegelsche Linke, eine praktische Wendung dadurch, daß es die philosophischen Ideen in der Geschichte nicht aus sich
selbst, sondern erst vermittelt durch die öffentliche Meinung wirksam vor-
stellte. Nur »in einer gewissen Beziehung kann man ... mit Grund sagen, daß die Gelehrten und Philosophen die Revolution befördert haben,
so betrachtet nämlich, daß jeder Revolution eine Umwandlung der öffentlichen Meinung vorausgegangen sein muß« (Börne, L 51, II, 567). »Die

Meinung bestimmt alles im Leben« (Kühne, L 90, 2), und erst als Meinung herrscht deshalb auch die Philosophie. Von der Philosophie ist die Meinung zwar abhängig; die Meinung bringt ihre Inhalte nicht selbst hervor, sondern »was heute Meinung ist, war vor zehn Jahren Philosophie« (Gutzkow, L 78, I, 172); aber die Meinung bleibt doch das wichtigste Moment im Übergang der theoretischen Vernunft in die Wirklichkeit: ohne von der öffentlichen Meinung angenommen zu werden, kann keine Idee, wie wahr sie auch immer sei, zur praktischen Wirksamkeit gelangen.

Damit nun die Idee in die Meinung und in die Geschichte überging, mußte sie mit Nachdruck verbreitet werden, und das hieß für die Jungdeutschen, daß die Schriftsteller sich ihrer annehmen müßten; denn sie erst, nicht die weltfremden Gelehrten, erreichten die Menge[12]. Es waren daher »die Schriftsteller, von denen in unserm Deutschland lediglich der Meinungen und Zustände Umschwung ausgehen« konnte (Mundt, L 136, 35, III, 281).

Damit hatten die Jungdeutschen die Möglichkeit und die Notwendigkeit des aktiven Eingreifens in die Geschichte gezeigt, ohne doch grundsätzlich die übergroße Wichtigkeit der philosophischen Ideen zu leugnen. Gleichzeitig gaben sie auch ihrer Schriftstellerrolle jene praktische politische Bedeutung, die ihrem Verständnis von den Erfordernissen der Zeit entsprach. Daß die Literatur für politisches Handeln gelten konnte, rechtfertigte sie in der Gegenwart.

Die hohe Einschätzung der Macht des Schriftstellers brachte dann die meisten jungdeutschen Autoren dazu, das literarische Handeln für das wichtigste welthistorische Handeln überhaupt zu erklären. So raisonierte Schlesier in der Zeitung für die elegante Welt, »wer die letzten Jahrhunderte der deutschen Nationalgeschichte unbefangenen Blickes betrachtet, der kennt nur ein Mittel, das bleibenden Einfluß auf die Erleuchtung und Fortbewegung des Volkes gewonnen, die Kunst und die Literatur« (L 135, 34, 1). Kunst und Literatur hingen aber nach seiner Meinung vor allem von der Literaturkritik ab, und so galt für Schlesier der Satz: »Die Kritik übt auf die Literatur, die Literatur auf die Kultur, die Kultur auf unsere Geschichte eine unbeschreibliche Wirkung. Die Kritik der Literatur hilft [also] der Geschichte des Volkes auf die Beine« (ebd.). Mundt war von der historischen Bedeutung der Literatur nicht minder überzeugt; ihm schien »Deutschland ... nur durch seine Schriftsteller zu retten« (L 116, 155), und er wollte deshalb »Pulver schreiben in die Zeit hinaus, auf dem

---

12 Heine z. B. begründete seine Popularisierung der Resultate der deutschen Philosophie damit, daß die Werke der Gelehrten »zwar sehr gründlich, unmeßbar gründlich, sehr tiefsinnig, stupend tiefsinnig, aber ebenso unverständlich« seien. »Was helfen dem Volke die verschlossenen Kornkammern, zu denen es keinen Schlüssel hat?« (L 80, V, 176).

Schlachtroß (seiner) kriegführenden Gedanken ... als ein Held ausziehen in das Schlachtgetümmel der Geschichte« (L 116, 12). Laube, in dem Glauben, daß »alles ... praktisch (liest), mit der Rücksicht, morgen zu tun, was man heute gelesen hat« (L 105, 37, 13), forderte: »Fünfzehn Romane und die Massen sind auf den Weg gebracht; wer schreibt sie?« (L 135, 33, 398).

Auf dem Felde der Literatur würde also nach Meinung der meisten Jungdeutschen die Entscheidung für die politische Zukunft durchgesetzt. Die »Taten der Gedanken« (Laube, L 135, 33, 360), für die sie ihre Bücher hielten, beeinflußten die Wirklichkeit; die Schriftsteller schrieben »im Buche des Lebens mit dem ehernen Griffel der Geschichte« (Wienbarg, L 128, 188).

Nur Gutzkow teilte die Auffassung von dem genuin politischen Charakter der Literatur nicht. Er erklärte vielmehr die literarischen Feldzüge des Jungen Deutschland für verhinderte politische Taten, die sie unternehmen mußten, um überhaupt etwas zu tun, »was *Ersatz* ist für das, was wir tun können« (L 56, II, 169). Nicht also weil er die Literatur für das wichtigste Schlachtfeld der Geschichte hielt, sondern weil literarische Werke unter den gegebenen Umständen überhaupt die einzige Möglichkeit boten, Vorstellungen über die Veränderung der politischen Wirklichkeit zu äußern, machte er die Literatur zu einem Instrument der Politik. Weil sich »die Jugend, auf der Flucht vor der aufgereizten bürgerlichen Gewalt, genötigt (sah), sich in Schlupfwinkeln zu verbergen, sprang (sie) aus der Politik in die Literatur, verwechselte die Begriffe der einen mit denen der andern und tobte seine letzten Leidenschaften auf einem Tummelplatze aus, wo die Neuerung mit keiner Gefahr verknüpft war« (L 60, 19)[13].

Mochte man aber in der politischen Literatur des Jungen Deutschland Ersatzhandlungen oder die eigentlichen Taten der Geschichte sehen, die Konsequenz blieb die nämliche: »Die Feder war an die Stelle des Schwertes getreten« (Gutzkow, L 78, I, S. IX), die Literatur hatte praktische Relevanz gewonnen und wurde unter praktischen Gesichtspunkten beurteilt. Als Handlungs-Element einer Theorie, die sich auf *Politik und*

---

13 1839, als Gutzkow sich aus dem jungdeutschen Debakel retten und auf seinen Beruf als Dichter zurückziehen wollte, beschrieb er maliziös die damalige Situation: »Die Dichter spannten die Tauben von ihren Wolkenwagen ab und legten Schlangen und Drachen ins Joch ... Die Taten wurden erstickt; nun mußten die Worte den Harnisch anziehen. Die Phalangen der Freiheitsfreunde wurden zersprengt; nun mußten die Scharfschützen des Worts aus Busch und Wald den Rückzug decken« (L 72, 25). Heine spottete mit ähnlichen Bildern, als er mit den politisierten Literaten zerfallen war: »... Turteltauben, / Liebessatt, sie wollen hassen, / Und hinführo statt der Venus, / Nur Bellonas Wagen ziehen!« (L 80, I, 428).

Geschichte bezog, war sie Mittel für Zwecke, die außerhalb der Literatur lagen und sich nicht aus ihrem Kunstcharakter begründen ließen. Ihr agitatorisches Potential vor allem und die vermeintliche Disposition zur politischen Wirkung bestimmten ihr Erscheinungsbild im Jungen Deutschland. Sie gaben der Literatur eine wichtige, durch nichts zu ersetzende Funktion, ohne ihr als Kunst einen besonderen Wert beizumessen. Kunstschönheit mochte weiterhin gelten als »die Brücke, die hinüberführt zur Wahrheit« (Kühne, L 82, 162); Ziel der jungdeutschen Schriftsteller war sie jedoch nicht. Denn erwies sich das Streben nach Schönheit als hinderlich bei der Erfüllung der agitatorischen Aufgabe der Literatur, so wäre eher auf die Schönheit als auf die gegenwärtige Wirksamkeit, eher auf den literarischen Nachruhm als auf den historischen Nutzen zu verzichten[14]. Die Auszeichnung, die das Junge Deutschland erwerben wollte, war nicht der Dichterlorbeer, sondern die Bürgerkrone, und diese verlieh nicht die Kunst, sondern die Geschichte. »Der größte [nicht der beste Dichter] ist ein Held der Geschichte, denn er hat sich auf den lodernden Wagen des Tages gestellt« (L 135, 33, 65).

Nicht eine neue Ästhetik setzte daher das Junge Deutschland an die Stelle der klassischen; auch blieb in der Regel Goethes Rang als Künstler unbestritten. Aber Goethes Verdienst als »der beste Dichter (wurde) in der Literaturgeschichte abgefunden« (L 135, 33, 65), während ihn für seine historische Rolle bitterster Tadel traf. So beklagte Laube den Tod des »großen Goethe« (L 96, II, 179), des »teutschen Horaz« (ebd.), er bekannte »innerste Bewegung« (ebd.) darüber, daß Deutschland »einen großen Dichter verloren« habe (ebd. 179), und gleichzeitig warf er dem »objektivsten und größten Dichter« (ebd. 336) vor, er habe sich selbst »inmitten des subjektivsten Absonderungsprozesses, des kolossalsten Egoismus« (ebd. 336 f.) gehalten und sei »von uns gegangen, ohne ein Wort für das getretene Vaterland zu haben« (ebd. 337). In ähnlicher Weise bemerkte Mundt, Goethe sei »ein schöner Statthalter Gottes auf Erden gewesen« (L 116, 152), aber sein Papsttum und sein Künstleregoismus wären in der Gegenwart schädlich. Zwar könne er sich »ordentlich nach der Zeit sehnen, wo (er) Goethe in seiner herrlichsten, unvergänglichen Wesenheit anzuerkennen im Stande sein werde« (ebd. 162). Jetzt aber sei es erforderlich, gegen die politische Indifferenz und gegen die ästheti-

---

14 Börnes forcierte Uneitelkeit des Schreibens erklärte Laube in einer zustimmenden Rezension: »Er w i l l nicht schön schreiben, damit ihn die Leute nicht lesen, weil er schön schreibt; er will auch nicht, daß es ein anderer tue. Taten will er machen, nicht Bücher: er ist so radikal, daß die Deutschen sich noch lange in ihm irren und ihn als einen witzigen Schriftsteller beurteilen werden. Was würden wir dazu sagen, wenn jemand dem Mirabeau für seine schönen Reden ein Plätzchen in der Literaturgeschichte suchen wollte?« (L 135, 33, 971).

sche Selbstgenügsamkeit der Kunstperiode zu protestieren und zu zeigen, »daß es des Lebens Aufgabe nicht ist, ... durch Bücherschreiben sich in die Ewigkeit einzuschwärzen« (ebd. 40)[15].

Den ästhetischen Maßstab der Klassik hat also das Junge Deutschland nur suspendiert, nicht durch einen anderen ersetzt. Weil die Zeit praktische Forderungen stellte, welche die Literatur aufgrund ihrer praktischen Wichtigkeit mit betreffen mußten, würde eine neue Epoche der Poesie erst beginnen, »wenn die jetzigen Postulate ins Schloß der Verwirklichung gefallen sind, wenn die neue Welt volle, allen erkennbare ganze Figur sein wird« (Laube, L 97, II, 356). Es war nach Wienbarg »das Leben,

---

15 Von Gutzkow gibt es ähnliche Äußerungen. In »Goethe im Wendepunkt zweier Jahrhunderte« schreibt er, für seinen politischen Quietismus dürfe Goethen »die Gegenwart die *Bürgerkrone* verweigern. Durfte man aber [wie Börne und Laube es einmal taten] Goethen den poetischen Lorbeerkranz entreißen...?« (L 60, 21)
Die Goetherezeption im Jungen Deutschland erfolgte überwiegend nicht unter Gesichtspunkten einer ästhetischen Wertung. Die historische Wirksamkeit vielmehr, die das Junge Deutschland für seine eigenen Produktionen forderte, war auch das Kriterium, an dem sich seine Stellung zu Goethe entschied. Gelang es, Goethes Kunst progressiv zu interpretieren, so konnte er auch zum Vorläufer ihrer eigenen Absichten erklärt werden.
Heine hatte dazu in der »Romantischen Schule« den Anfang gemacht. Nach ihm sah Laube in Goethes Kunst den Beginn einer »demokratischen Poesie« (L 135, 33, 549), die »alles zu verschönern, durch einen reichen Kopf zu verherrlichen« (ebd.) wußte; sie »machte die griechische Schönheit deutsch und vernichtete die esoterischen Gegenstände« (ebd. 550). Noch entschiedener war diese Wendung bei Wienbarg und Gutzkow. Wienbarg nannte Goethe den »Luther seines Jahrhunderts, dessen Bibel die Natur« gewesen (L 128, 173); seine Werke seien ein »Stern in der Nacht der Poesie« (L 131, 5), sie machten Goethe zum »natürlichen Protektor« der jungen Literatur (ebd. 9). Gutzkow bezeichnete Goethe als den Grenzstein, bei welchem »das Alte enden, aber auch das Neue beginnen« müsse (L 60, 17); sein Egoismus wäre nur ein »Egoismus, den man menschenfreundlich genug sein muß allen zu wünschen, nämlich den Egoismus der Gesundheit« (ebd. 187). Ihn hätte schließlich auch die junge Literatur; deshalb könne sie – im Lob nicht minder willkürlich und auf die Rechtfertigung der eigenen Position aus als im Tadel – Goethes Dichtungen nun für ein »künftiges Regulativ für jede zukünftige Schöpfung« (ebd.) ausgeben.
Diese Rezeption Goethes als eines zukunftweisenden Dichters galt dann auch Metternich für ein typisches Kennzeichen des Jungen Deutschland. In einem Brief an den Minister des preußischen Hofes, Sayn-Wittgenstein, schrieb er 1835: »In dem Treiben der jungen Literatoren mit dem Saint-Simonismus liegt das Gemeinsame, daß beide Sekten sich e i n e n Gott zu schaffen bemühen: Goethe soll augenscheinlich in Deutschland die Rolle des ebenfalls verstorbenen Saint-Simon für die Franzosen spielen« (L 278, 551). Goethe eigne sich dazu auch (obwohl er ein großer Dichter, Saint-Simon hingegen nur ein zynischer Narr sei), denn Goethe »war ein Sinnenmensch und seine Wahlverwandtschaften sind ein höchst unmoralisches der neuen Religion des Fleisches hingeneigtes Buch« (ebd.).

... das die Kunst verdirbt« (L 128, 112), also müßte die erste Aufgabe sein, das Leben zu ändern, die Kunst würde sich erst dann wieder entfalten können[16].

Poesie und Leben blieben damit im Jungen Deutschland getrennt wie in der Kunstperiode, gegen die es polemisierte[17]: das Leben war nicht poetisch[18], und die Poesie war nicht lebendig, sondern schön und marmorkalt[19]. Die Zeit hatte »keine Zeit für Poesie« (Laube, L 97, II, 356), es fehlte »zur Schönheit an Ruhe, aber zur Wahrheit (war) stachelnde Aufforderung da« (Laube, L 135, 33, 86).

Schönheit in ihren Werken zu erreichen war deshalb auch nicht Absicht der Jungdeutschen. Wenn sie Modernität forderten, so nicht als Prinzip einer neuen Ästhetik, sondern einer neuen Wirksamkeit. Für obsolet allenfalls, nicht für unkünstlerisch galt ihnen Goethe; unkünstlerisch vielleicht, aber modern wollten sie selbst sein. In die Literaturgeschichte nicht einzugehen schien dem Jungen Deutschland (mit Ausnahme vielleicht Gutzkows) kein Mangel; es beanspruchte für seine Werke nur Gebrauchswert, nicht Kunstwert. Bücher waren Instrumente der Politik und deren Aufgabe, »Pfeile des Geistes in die Zeit hinauszuschicken, um die Deutschen aufzurütteln« (Mundt, L 116, 152). Hätten sie diese Aufgabe erfüllt, wäre die Übergangszeit überwunden und der Geist ihrer Werke ins Volk und in die Geschichte übergegangen, so hätten sie »auch als Buch aufgehört zu leben« (ebd.).

Die Hallischen Jahrbücher sind der Frage nach einer konkreten Praxis, die aus der Philosophie hervorgehen und zu ihrer Verwirklichung führen

16 Wie als ästhetischer Maßstab die Goethesche Kunst so gerade von seinen erbittertsten politischen Gegnern konserviert wurde, konnten sich diese, nach 1835 endgültig aus der Politik vertrieben, in ihren künstlerischen Produktionen an Goethe (und an Varnhagen, »Goethes Stellvertreter auf Erden« [L 290, 400]) anlehnen. Laube wurde ein »Goetheanisierender Clauren« (Gutzkow, L 77, XII, 101) und Mundt kopierte Goethes Altersattitüde.

17 Die Gewichte freilich waren vertauscht: die Ausschließlichkeit des Lebens und seiner praktischen Forderungen trat an die Stelle der Ausschließlichkeit der Kunst. Darum parodierte Wienbarg Uhlands: »Singe, wem Gesang gegeben / ... / Das ist Freude, das ist Leben« —: »Denke, wem Verstand gegeben, / ... / *Handle, rede, das ist Leben,* / Nicht gereimter Worte Schwall« (L 48, 38, 1054).

18 Jedenfalls war das Leben nicht poetisch im Sinne der Kunstperiode. Wenn Mundt z. B. »kein Buch, sondern bloß ein Stück Leben« (L 118, 433) herauszugeben »mit feierlicher Resignation« (ebd.) erklärte, so hieß das, die Emanzipationsgeschichte seiner »Madonna« sei nicht »Kunst«, und sollte nicht mit einem Kunstvorbehalt, sondern als ein Muster für das wirkliche Leben gelesen werden.

19 Als »marmorkalt« bezeichneten die Jungdeutschen häufig Goethes Dichtungen. (Vgl. Heine, L 80, V, 50; Laube, L 97, II, 313; Gutzkow, L 60, 82).

sollte, in der Regel ausgewichen. So hieß es in der Vorrede zum fünften Jahrgang der Jahrbücher: »Die praktischen Fragen werden praktisch beantwortet werden von einer schon geltenden Bildung und Freiheit, während die Theorie, die wirklich auf der Höhe der Zeit steht, zunächst nur Gehör und Prüfung verlangt, um weitere Bildung herbeizuführen« (DJ 42, 1). Auch die Vorstellungen der einzelnen Vertreter der Hegelschen Linken waren kaum präziser. David Friedrich Strauß nahm nach seinem eigenen Eingeständnis bis 1848 gar nicht Anteil an praktisch-politischen Fragen (L 172, I, 18)[20]. Feuerbach, der »die Perioden der Menschheit ... nur durch religiöse Veränderungen« unterschieden sah (L 148, II, 76), äußerte 1843, also nach dem Verbot der Jahrbücher, in einem Brief an Ruge, er »bleibe dabei: die Theologie ist für Deutschland das einzige praktische und erfolgreiche Vehikel der Politik, wenigstens zunächst« (L 167, 120). Bruno Bauer glaubte, daß »die Theorie ... jetzt die stärkste Praxis« sei (L 158, I, 2, 250) und erklärte später: »Wenn es ein Fortschritt ist, daß ein Prinzip, welches bis dahin nur der Besitz von wenigen und von ein paar einzeln stehenden Organen war, Gemeingut der Menge wird, so kann doch der Übergang zur Masse, dieser Wechsel der Träger, als ein Rückschritt erscheinen, oder vielmehr er erscheint immer als eine R e a k t i o n, da er mit dem Fall und Untergang von einzelnen Personen und Organen verbunden ist, die bisher den Reiz größerer Schärfe, Bestimmtheit und einer persönlichen Repräsentation für sich hatten« (L 139, II, 10).

So war es Ruge allein, der gelegentlich in Briefen die Notwendigkeit einer wirklichen Praxis zugab und Überlegungen anstellte, wie diese ins Werk zu setzen sei. Bei allem Glauben an die Macht der Theorie schien es ihm gegenwärtig, als ob »die wahrhaft Wissenden in der Tat am Webstuhl der Zeit (sitzen); nur daß die Praktiker den Schneider spielen« (L 167, 186). Man müsse deshalb »Echtermeyers Dilemma [und das der Hegelschen Linken überhaupt], daß die Theorie höher sei als die Praxis« (ebd. 299) überwinden und »die unmittelbare Praxis der Theorie und die immer präsente Theorie der Praxis« (ebd.) fordern. Das rechte Leben der Kritik beginne erst »dann, wenn ... sie, wie jetzt Hegel, ins Blut zu gehen« anfinge (DJ 42, 2). Der historische Prozeß, den sie auslösen wolle, werde schließlich nicht von der Idee, sondern »von dem ‚politischen We-

20 Als dann Strauß für die Frankfurter Nationalversammlung kandidierte, hielt er »theologisch-politische Volksreden«, in denen er sich gerade bemühte, Religionskritik und Politik im Bewußtsein seiner Wähler zu trennen mit der Bemerkung, »ein Reichstag, nicht eine Synode soll(e) in Frankfurt zusammentreten« (L 172, I, 264). Statt der alten linkshegelschen Forderungen wollte er die Verringerung der bäuerlichen Grundlasten und eine Sozialversicherung für die Arbeiter durchsetzen.

sen', welches der Mensch ist, gemacht« (ebd. 299). Aber daraus zog Ruge den Schluß, daß es eben »nur daran (fehle), daß Charaktere und Intelligenzen in die reale Bewegung eintreten, welche die Konsequenzen ... unserer Bildung zu realisieren den *Mut* haben« (L 167, 269).

In den Jahrbüchern dominierte weiterhin die Auffassung, daß es eben die Theorie sei, die »sich immer energischer aller Gemüter bemächtigt« (DJ 41, 3), und diese Ansicht, die noch um vieles hilfloser war, als die des Jungen Deutschland, weil sie nur ganz passiv auf das Wirksamwerden der Idee warten ließ, blieb auch das letzte Wort Ruges zum Verhältnis von Theorie und Praxis nach dem Scheitern der Jahrbücher: Theorie und Praxis »gehen *schlechthin* in einander über. Jede wirkliche Wissenschaft *ist* Praxis ... (und es) ist freilich die augenscheinlichste Praxis, wenn man seine Theorie publiziert« (An. II, 248).

VI. Der Wirklichkeitsgehalt
der radikalen politischen Theorien

1. *Jungdeutscher und linkshegelscher Liberalismus*

Äußerte sich das Junge Deutschland meist skeptisch über die »übergeisti-
gen« (Mundt, L 116, 40) Deutschen und besonders über die Gelehrten, die
nur Theorien aussannen, ohne in der Wirklichkeit etwas zustande zu bringen, so zog sich die Hegelsche Linke ganz auf die unmittelbare Einheit von
Theorie und Praxis, das heißt auf den Praxischarakter der Theorie zurück.
Sie blieb damit Hegel treu und der Wirklichkeit fern, und Marx' Spott
über die ‚heilige Familie‘ der ‚kritischen Kritik‘, den er besonders gegen
Bruno Bauer richtete, kann für die Hallischen Jahrbücher überhaupt gelten: sie waren »nichts als die kritisch karikierte Vollendung der Hegelschen Geschichtsauffassung, welche wieder nichts anderes ist, als der spekulative Ausdruck des christlich-germanischen Dogmas vom Gegensatze
des Geistes und der Materie, Gottes und der Welt« (L 157, II, 89). Weil
die Hegelsche Linke von der unmittelbaren Herrschaft des Geistes überzeugt blieb und den »Aberglauben an materialistische Existenzen« (HJ
40, 1202) nicht teilte, blieb sie ohnmächtig gegenüber der Wirklichkeit.

Anders als die Hegelsche Linke hatte das Junge Deutschland versucht,
diesen Gegensatz aufzulösen; der Gedanke der ‚Emanzipation des Fleisches‘ implizierte die Anerkennung der materiellen Bedürfnisse des Menschen. Aber das Junge Deutschland berief sich auf diese unmittelbare
Wirklichkeit des Menschen doch nur, um gegen den asketischen Geist der
Vergangenheit zu protestieren. Angesichts der Zukunft wurde ihm diese
Realität wieder zur Idee und es kämpfte nicht für die Befreiung des Menschen, sondern für die Idee der Freiheit und tat es in idealistischer Weise;
denn die jungdeutsche Vorstellung der Praxis beruhte nicht auf demselben
Prinzip wie die emanzipatorische Theorie. Sie ging nicht von den Bedürfnissen des »Menschen als Menschen« (Gutzkow, L 78, IX, 303), sondern
vom Bedürfnis der Verwirklichung der Idee der Freiheit aus. Damit blieb
das Junge Deutschland abhängig von der Hegelschen Philosophie und be-
gab sich zugleich in einen Gegensatz zu seinen ursprünglichen Prinzipien.
Theoretische Unselbständigkeit führte es dazu, noch den Versuch einer
Überwindung der Tradition innerhalb derselben zu formulieren: den
Kampf gegen den religiösen Idealismus und für eine neue Wirklichkeit
führte es auf der Grundlage einer idealistischen Handlungstheorie, weil

die Macht, an die auch das Junge Deutschland vor allem glaubte, die Macht des Geistes blieb. Die Paradoxie der jungdeutschen Bewegung war so, daß noch aus dem Postulat der Emanzipation des Fleisches eine Forderung des Geistes wurde: nicht die realen Anknüpfungspunkte, sondern die idealistischen Begründungen ließen die Idee der Emanzipation unwiderstehlich scheinen. Legitimität verschaffte nicht das Bedürfnis, sondern seine ‚geistige‘, pseudoreligiöse Gestalt. So hatte auch das Junge Deutschland von Hegel »wenigstens *die* Kunst erlernt, . . . alle äußerlichen, sinnlichen Kämpfe in reine Gedankenkämpfe zu verwandeln« (Marx, L 157, II, 87) und die Forderungen der Unmittelbarkeit als solche des Gedankens zu vertreten.

Während die Übernahme Hegelscher Vorstellungen im Jungen Deutschland zum Widerspruch mit dem ursprünglichen jungdeutschen Konkretismus führte, konnten die Hallischen Jahrbücher ungebrochener an Hegels Philosophie anknüpfen. Für sie stand außer Frage, daß die wirkende Kraft in der Geschichte allein der Geist sei und daß es nur einer anthropologischen Umbestimmung dieses Geistes bedurfte, um ihm zu einer zeitgemäßen Wirksamkeit zu verhelfen. Nicht zuletzt weil die Linkshegelianer durch ihre akademischen Ambitionen in der unmittelbarsten Berührung mit der Hegelschen Philosophie standen, entwickelten sie ihre Zeitkritik aus den Prinzipien der Hegelschen Philosophie selbst und rezipierten noch den Widerstand einer ganz unphilosophischen Wirklichkeit innerhalb philosophischer Kategorien. Erfahrung und Bewältigung der Erfahrung beharrten damit auf denselben abstrakten Voraussetzungen.

Das Junge Deutschland lehnte sich zwar an die Hegelsche Philosophie an, war aber an ihrer abstrakten Problematik nur insoweit interessiert, als sich mit ihrer Hilfe politische Vorstellungen begründen ließen, die davon unabhängig waren. Der eigentliche Ausgangspunkt der jungdeutschen Bewegung lag in der Wahrnehmung der Wirklichkeit selbst; die Polarisierung der Zeit im Bilde einer toten Maske, unter der sich ein zukünftiges *Leben* regte, verarbeitete die Erfahrung der politischen Erstarrung der Restaurationszeit, wie sie nach 1830 besonders drückend empfunden wurde.

Dieser Erfahrungshintergrund bestand zwar in der Hegelschen Linken fort, konkretisierte sich aber als Gegensatz einer fortschreitenden kritischen *Vernunft* zu einer vernunftlosen und damit unwirklichen Wirklichkeit. Hatte sich die jungdeutsche Kritik gegen die Behinderung des ‚Lebens‘ durch jedwedes ‚System‘ gerichtet, weil alle theoretische und praktische Geschlossenheit dessen Entfaltung behindern mußte, so befehdete die Hegelsche Linke in der Gegenwart eine geistlose Praxis, die dem objektiven Stand der wissenschaftlichen Theorie nicht entsprach, und wollte ein »neues System« (HJ 40, 417) der realisierten Vernunft errichten.

Beide Bewegungen formulierten diese Sachverhalte als Kritik des Christentums. Die Linkshegelianer beriefen sich bei ihrer Kritik auf die Vernunft: zu ihr stand die christliche Lehre im Widerspruch. Die Jungdeutschen hingegen bezogen sich auf die unmittelbaren Ansprüche des Menschen: sie konnten unter der Herrschaft des traditionellen Christentums nicht zur Geltung gebracht werden. Die Überwindung des Christentums leistete im ersten Falle die kritische Theorie, im zweiten das Leben selbst. Zwar hielt das Junge Deutschland diese Überwindung auch für vernünftig, aber sie war nur mittelbar theoretisch; denn die Vernünftigkeit des individuellen emanzipatorischen Anspruchs galt aus sich selbst und wurde nur im nachhinein mit Hegelschen Begriffen untermauert. Wichtiger als der Aufweis der logischen Unmöglichkeit des Christentums schien das Abschneiden der Verbindung des christlichen konservativen Herrschaftsanspruchs durch die Betonung der subjektiven Autonomie. Es war »das größere Ziel dieser Richtung, die Menschen ... Selbstherrscher werden zu lassen. – Die Millionen Selbstherrscher sind das äußerste Ziel der Zivilisation« (Laube, L 98, I, 19).

Die theoretische Kritik des Christentums erfolgte deshalb sehr obenhin und bot wenig mehr als die Zuspitzung rationalistischer und Hegelscher Gedanken. Originalität und Stärke der jungdeutschen Polemik lagen in der ideologiekritischen Wendung gegen den konservativen Nutzen der christlichen Weltflucht und in der Betonung der individuellen Autonomie. Im extremen Individualismus lag der Kern der politischen Vorstellungen des Jungen Deutschland, dem auch die aus der Hegelschen Philosophie und aus der Hegelkritik entlehnten Motive untergeordnet wurden, und die Überhöhung dieses Individualismus zu einer neuen Religion, welche den einzelnen Menschen zum Gegenstand hätte, bildete das Ziel ihrer theoretischen Versuche.

Verhinderte das Überwiegen des individualistischen Momentes, daß sich das Junge Deutschland je so weit ins Theoretisieren verlor wie die Hegelsche Linke, so mußte aus dem nämlichen Grunde die Bestimmung der Zielvorstellungen formal und inhaltslos bleiben. Duldete die Entfaltung der Individuen keine systematische Festlegung der Zukunft, so war – das haben die Hallischen Jahrbücher dem Jungen Deutschland vor allem vorgeworfen – die geschichtliche Entwicklung der subjektiven Willkür überlassen. Die Freiheit, welche die Jungdeutschen anstrebten, »widerspricht jeder Formel« (Laube, L 94, I, 26/36), ,Liberalismus' ist in ihrem Verständnis »nur eine Methode ... [und] hat darum noch keine bestimmten Zielpunkte, die in diesen oder jenen fertigen Einrichtungen bestehen« (Gutzkow, L 78, I, 99). Vernünftiges Handeln in einer liberalen Zukunft wird nur darauf hinauslaufen, »sich selbst hervorzubringen« (Mundt, L 116, 149); dazu muß »ein jeder das unbeschränkte Gefühl seiner Person gewonnen haben« (Gutzkow, L 57, 217) und darf nicht durch die Schranken des Obrigkeitsstaates der politischen Restauration an der Verfolgung seiner individuellen Interessen gehindert werden.

Deutlich liegt diesen jungdeutschen Ansichten die Modellvorstellung des klassischen Liberalismus zugrunde, daß die freie Entfaltung der Individuen einen harmonischen Gesamtzustand der Gesellschaft und die vernünftige Gestalt des Staates hervorbringen würde. Die Reduktion des absolutistischen Zwangsstaates (und seiner geistigen Überhöhung in der Hegelschen Philosophie) auf den liberalen Begriff einer Gesellschaft gleichberechtigt konkurrierender Individuen bildete im Jungen Deutschland die Voraussetzung der Neuorganisation der staatlichen Macht: »Der Staat (sollte) aufhören, von oben aus als ein Ganzes, fertig Konstruiertes dazustehen; er soll sich aus dem Prinzip der Gesellschaft von unten aus, aus dem Schoße der Bedürfnisse und gesitteten Interessen *von selbst* erzeugen« (Gutzkow, L 63, 69).

Die Hegelsche Linke steht zu vielen jungdeutschen Vorstellungen nicht unmittelbar im Gegensatz. Auch sie wollte in ihrer Kritik des Christentums das Wesen des Menschen darstellen und den menschlichen Herrschaftsanspruch über die Geschichte begründen. Aber ihr Schlüsselbegriff war die philosophische Vernunft, ihr Ziel die realisierte Herrschaft der objektiven Sittlichkeit und ihr Mittel, die Revolution ins Werk zu setzen, die Philosophie. Die subjektivistischen Züge des Jungen Deutschland fehlten deshalb; die Hegelsche Linke anerkannte nur Bedürfnisse der Vernunft und bestand darauf, daß das Christentum untergehen müsse, weil es mit den Erfordernissen der Vernunft nicht mehr in Übereinstimmung war. Hätte sich die philosophische Vernunft einmal durchgesetzt, so wäre Hegels Gedanke vom Staat als der Wirklichkeit der sittlichen Idee erfüllt, und es wäre erreicht, »daß... die philosophische Kritik die Weltgeschichte macht« (DJ 41, 3).[1]

Die Strategien der jungdeutschen und der linkshegelschen Kritik liefen damit innerhalb eines ähnlichen Rahmens in entgegengesetzter Richtung. Gemeinsam war beiden die Deutung der Religion als des umfassendsten Musters der Verhaltensorientierung, in welchem die Politik ihren Platz fand; wenn sie die traditionelle Religion bekämpften, meinten beide zugleich den restaurativen Absolutismus und forderten — in der Annahme, daß die fundamentale Wirklichkeit, von der aus praktische Veränderungen ins Werk gesetzt werden könnten, die Religion sei — mit theologi-

---

1 Die Hegelsche Linke sah freilich keinen Gegensatz zwischen ‚vernünftiger‘ Individualität und allgemeiner Sittlichkeit; sie räumte nicht einmal die Möglichkeit eines Gegensatzes ein. Weil ihre Vernunft wissenschaftlich, objektiv und unteilbar war, schien jede subjektive Abweichung vom Wissen der Philosophie ex definitione unvernünftig.

schen Argumenten die Verwirklichung der Ziele des politischen Liberalismus. Auch blieben bei Jungdeutschen und Linkshegelianern die Inhalte des konstitutionellen Liberalismus der preußischen Reformzeit als Grundlage praktischer Forderungen unverändert erhalten[2], und das entscheidend Neue lag bei beiden nur in der ideologischen Überhöhung dieses Liberalismus durch die Verknüpfung mit dem Bewußtsein von der Göttlichkeit des Menschen. Während aber von jungdeutschen Voraussetzungen aus argumentiert wurde, daß es empörend sei, wenn die Individuen nicht über sich selbst bestimmen könnten, leitete die Hegelsche Linke aus der Göttlichkeit des menschlichen Wesens (oder der Gattung oder des Selbstbewußtseins) den Anspruch auf die Herrschaft der Philosophie ab.

Die Hegelsche Linke hat die subjektivistische Reduktion des absoluten Geistes im Jungen Deutschland nicht akzeptiert. Sie hielt am Vorrang der philosophischen Allgemeinheit vor den subjektiven Bedürfnissen fest und sah den neuen Staat nicht — wie in der Nachfolge des westlichen Liberalismus des Jungen Deutschland — aus dem Willen autonomer Individuen, sondern aus der sittlichen Idee hervorgehen. Es war der preußische Weg zum Liberalismus durch eine »Revolution von oben«[3], welche die führende Rolle des Staates prinzipiell nicht in Frage stellte, die der Hegelschen Linken vor Augen stand, wenn sie gegen die »französische Bewegung« (HJ 38, 1439) des Jungen Deutschland polemisierte. Nicht die liberale Zurückführung des Staates auf den Begriff der Gesellschaft, sondern die Anpassung des Staates an das fortgeschrittene Bewußtsein der Zeit war ihr wesentliches Ziel.

Obwohl Jungdeutsche wie Linkshegelianer von einer ähnlichen Polarisierung der Zeit ausgingen und die wertenden Prinzipien innerhalb ähnlicher Assoziationsfelder ansiedelten — übereinstimmend war das negative Prinzip mit den Begriffen Vergangenheit, Absolutismus, Unfreiheit und Theologie, das positive mit Zukunft, Liberalismus, Freiheit und Anthropologie verknüpft — konnte vor dem individualistischen Hintergrund der jungdeutschen Theoreme nur eine pragmatische Zukunftsgewißheit gelten, die sich auf die Annahme stützte, daß aus dem bloßen Geltendmachen der Individualität auch ein einheitlicher Entschluß der Zeitgenossen entstünde, der zu gleichsinnigem politischem Handeln führte. Hatte damit die jungdeutsche Zukunft nur den prekären Status einer Möglichkeit, die durch vereintes Handeln der Individuen zur Wirklichkeit gemacht werden konnte, so mußten die Theorien nicht viel gelten. In der Annahme, daß die Theorie sich beeilen müsse, um wirklich zu werden,

---

2 Erst Bruno Bauer forderte 1843 »die Menschenrechte und die *Republik*« (An. I, 131).
3 Der Ausdruck stammt von Hardenberg.

gaben die Jungdeutschen ihrer Kritik eine aktionistische Wendung, die besonders in der Auseinandersetzung mit der Philosophie deutlich wurde. Das Pathos »der Tat und des Ereignisses« (Gutzkow, L 67) übertönte hier ganz das des Erkennens.

Vor allem diesen subjektivistischen Hintergrund des jungdeutschen Liberalismus kritisierte die Hegelsche Linke. Weil er theoretisch unzureichend war, vermochte nach linkshegelscher Meinung »die Kritik, welche das Junge Deutschland anhob, ... noch nicht auf eigenen Füßen zu stehen« (E. Bauer, L 146, 57); denn ihre Allgemeinheit war nicht die logische Allgemeinheit der Vernunft, sondern nur die empirisch zufällige von Zeitprinzipien, in denen sich individuelle Ansichten vereinigten. Aus Vernunftprinzipien hingegen mußte der Staat der Zukunft hervorgehen.

Den wichtigsten Schritt über das Junge Deutschland hinaus unternahm die Hegelsche Linke deshalb auf dem Felde der Theorie. Ihr Liberalismus unterschied sich von dem des Jungen Deutschland nur darin, daß er für dieselben Forderungen eine abstraktere Begründung fand und glaubte, daß dadurch, daß Gedanken, die im Jungen Deutschland »noch formlos und unentwickelt in den Köpfen goren« (DJ 42, 643), nun »durch die Vermittlung der Philosophie zum Bewußtsein« (ebd.) gebracht wurden, diese Gedanken auch eine neue politische Wirksamkeit erlangen würden. Weil für die radikalen Hegelschüler begriffliche (,objektive') Fassung politischer Forderungen und Notwendigkeit in der Geschichte das gleiche waren, konnten sie einer Differenz, die vor allem die Form der Begründung, kaum aber politische Inhalte betraf, eminent politische Bedeutung beimessen. In Wirklichkeit war aber wohl, wie einer der Mitarbeiter der Hallischen Jahrbücher, Ruges Freund E. R. Prutz, rückblickend schrieb, »zwischen beiden mehr Verwandtschaft, als man gewöhnlich geneigt ist anzunehmen und namentlich als die Beteiligten von beiden Seiten zugeben möchte ... Das Jahr vierzig, die Verklärung des Jahres dreißig im allgemeinen, ... hat die wahre Verklärung, die Vergeistigung, Versittlichung des jungen Deutschland« gebracht (L 244, 334); »was bei jenen oppositionelles Gelüste, ein frivoles, neckendes Hintappen, halb Ernst, halb Spaß, das ist bei der Generation der Jahrbücher zur bewußten und ausgesprochenen Opposition geworden« (ebd. 335).

2. *Geist und Erfahrung*

Der methodische Unterschied zum Jungen Deutschland, auf den sich die Hallischen Jahrbücher so viel zugute hielten, führte jedoch keineswegs zu einer größeren Schärfe und Treffsicherheit der linkshegelschen Zeitkritik. Gerade der mit der wissenschaftlichen Form verknüpfte Absolutheitsanspruch der linkshegelschen Theorie brachte die Hallischen Jahrbücher dazu, die feindliche Wirklichkeit nur noch als quantité négligeable wahrzunehmen. Nach Hegelschem Vorbild war ihnen die Geschichte nur die Geschichte des Geistes, und der Gegner schien nicht eine bestehende Wirklichkeit, sondern das irreale Produkt eines »reaktionären Idealismus« (DJ 41, 514), das durch den »wahren Idealismus« (ebd.) der Philosophie nicht nur widerlegt, sondern auch praktisch überwunden wurde. Denn bei der politischen Auseinandersetzung handelte es sich nur um einen Ideenkampf, in dem die Wahrheit — die grundsätzlich im Besitze der Wissenschaft war — den Sieg gewinnen mußte; das hieß, daß die theoretische Avantgarde den geschichtlichen Sieg eigentlich schon errungen hatte, und in der Tat waren die Linkshegelianer der Meinung, »daß die Kritik der historischen Barbarei unsers heimischen Jahrhunderts ... sich in einer weltbewegenden und welterneuernden Epoche durchgesetzt« habe (An. II, 203), weil die Notwendigkeit der Vernunft auf ihrer Seite sei. »Gegen diese Notwendigkeit der Vernunft reagiert die Willkür der Romantik« (ebd.).

Was sich noch als manifeste Reaktion wahrnehmen ließ, verdiente deshalb auch nicht ernstgenommen zu werden. Allein aus bösem Willen oder aus Unverstand konnte der Widerstand gegen die neue Philosophie erwachsen: »Wider besseres Wissen« (An. II, 199) oder mit dem »Unverstand wüster Romantiker« (HJ 40, 1243) wurde die politische Ordnung der Zeit verteidigt. Dabei faßten die Hallischen Jahrbücher als romantische und reaktionäre Nachhut alles, was sich nicht auf der Höhe der linkshegelschen Prinzipien befand, und versammelten in dieser Kategorie schließlich die heterogensten Richtungen, denen nur die Gegnerschaft zur Hegelschen Linken gemeinsam war: unterschiedslos disqualifizierten die Hallischen Jahrbücher den revolutionären Liberalismus des Jungen Deutschland und den Ultra-Konservatismus der ‚Evangelischen Kirchenzeitung‘, den gemäßigten Liberalismus Florencourts und den aristrokratischen Egoismus Gentz’, ferner »Pietisten und Aristokraten, ... die Altromantiker und die Jungdeutschen, die abstrakten Literaten und die beschränkten Empiriker« (HJ 40, 1420), den Bettelstolz der wissenschaftlichen Sachdenklichkeit und die »spekulative Beschaulichkeit [der Hegelschen Rechten], welche ... jede Absurdität konstruiert« (HJ 40, 418), Jesuiten, Rationalisten und Bürokraten.

Deutlich ist, daß dieses verzeichnete Bild des Gegners kaum noch wirkliche Zusammenhänge wiedergibt. Als eine Ansammlung »absolut feindlicher Begriffe« (HJ 39, 258) zeigt es nicht die politische Reaktion, sondern das Negativbild der Hegelschen Linken; denn was als feindliches Prinzip beschrieben wurde, bestand nur im Absprechen aller jener Qualitäten, welche die Hegelsche Linke für sich beanspruchte: waren ihre kritischen Feldzüge Wissenschaft, so lag in den wissenschaftlichen Bemühungen des Gegners nur der Versuch, die Wissenschaft »an sich zu reißen, ... um ihr das innerste Leben auszusaugen« (HJ 39, 259); stützten sich die links-hegelschen Postulate auf wissenschaftliche Objektivität und Notwendig-keit, so herrschte auf Seiten der Gegner die »subjektive Willkür« (HJ 39, 1965) und das Bestreben der »Ausbreitung dieser subjektiven Willkür in die ganze objektive Welt« (HJ 39, 2401); wie die objektive Sittlichkeit das Prinzip der kritischen Theorie, so war das »Prinzip der Genußsucht« (HJ 39, 180) die leitende Vorstellung der Soldschreiber der Reaktion, und dem wahren Glauben der Philosophie schließlich stand entgegen der »blinde Atheismus« (HJ 40, 1139) der supranaturalistischen Frömmig-keit der Romantik.

Diese künstlichen Antagonismen, welche die Wirklichkeit entlang den Linien des linkshegelschen Selbstverständnisses definierten, zeigten am Ende nur noch die Allfeindschaft und die fortschreitende Selbstisolierung der Hallischen Jahrbücher, die in der Auflösung der konkreten Gegen-sätze in den unspezifischen Dualismus eines ‚guten‘ und eines ‚bösen‘ Prin-zips gipfelte. Als Gott und Teufel in zeitgenössischer Gestalt standen sich Hegelsche Linke und Romantik gegenüber: was aus dem Gegner sprach, war »die Empörung gegen alle göttliche Ordnung, ein Theolog würde sa-gen, das Prinzip des Teufels, wir nennen es weniger sträflich den Abfall vom Geist und von der Wahrheit, die eigentliche Sünde wider den Heiligen Geist« (HJ 39, 2441)[4]. Nicht als politische Auseinandersetzung der Re-stauration und des Liberalismus konnte deshalb der Kampf geführt wer-den; denn beide Parteien waren verwickelt in einen Kampf von kosmi-schen Ausmaßen: »Der größte Menschenkampf ... zwischen Licht und Finsternis, zwischen Inhalt und Form, zwischen Wirklichkeit und Schat-ten ... Sein oder Nichtsein, darum handelt es sich« (An. I, 238 f.).

Auf der gleichen Folie einer polarisierenden Aufteilung der Gegenwart waren so im Jungen Deutschland wesentlich verschiedene Bilder der Wirk-lichkeit entstanden. Während sich die Hegelsche Linke im Bewußtsein ihrer theoretischen Überlegenheit auf den Realitätsgehalt des Bestehenden gar nicht einließ, attackierte das Junge Deutschland zwar auf theoreti-schem Felde die religiöse Ideologie der Vergangenheit, nahm dabei aber doch an, daß die Wirklichkeit ein reales System konservativer Nützlich-keit darstelle, innerhalb dessen geistige Faktoren wirkliche Interessen deckten. Was die Jungdeutschen gegen die abgelebte Wirklichkeit ins Feld führten, war nicht das Produkt einer Theorie, sondern deren Vorausset-zung: die Wirklichkeit des individuellen Lebens. Außerintellektuelle Fak-toren spielten deshalb im Jungen Deutschland eine verhältnismäßig grö-

---

4 In einer Weise haben die Hallischen Jahrbücher damit nur den Spieß der ‚Evangelischen Kirchenzeitung‘ umgedreht.

ßere Rolle als in der Hegelschen Linken. So galt Kühne die historische Wahrheit nicht für ein Resultat der Logik, sondern für eine Funktion der Durchsetzbarkeit: »Wo Sieg ist, da ist Wahrheit, solange der Sieg Sieg bleibt; denn wenn der Siegende aufhört zu siegen, so hört er auf, die Wahrheit seiner Zeit zu vertreten« (L 90, 140); ebenso bemerkte Gutzkow, daß »aus Theorien nichts Ewiges geboren« werde (L 68, 147) und zeigte am Beispiel der Reformation, daß materielle Interessen hinter den Theorien stehen müßten, wenn diese sich durchsetzen wollten: Luther habe nur Erfolg gehabt, weil er »das Interesse in seine Ideen (zog) . . . (und) die Fürsten durch seine Säkularisationen« gewann (L 67, 186 f.).

Auf dem Höhepunkt seiner Wirksamkeit ging, nicht zuletzt unter Heines Einfluß, das Junge Deutschland davon aus, daß man den lockenden Verheißungen des Himmels vor allem das Versprechen eines realen Erdenglückes entgegensetzen müsse, um die anachronistische Vergangenheit zu überwinden, während die Hegelsche Linke den Kampf gegen das Bestehende auf einer so abstrakten Ebene führte, daß sie materielle Existenzen und wirkliche Interessen gar nicht wahrnahm und darauf vertraute, daß allein die Wahrheit der Philosophie die geistige Entfremdung der religiösen Vorstellungswelt überwinden und eine neue Wirklichkeit schaffen würde.

3. Die konservative Wendung der radikalen Bewegung

Interessen und Bedürfnisse, welche die Jungdeutschen im Gegensatz zur Hegelschen Linken in ihre theoretischen Überlegungen einbezogen, blieben ihnen dennoch zugleich auch suspekt. Daß die Idee der Interessen bedurfte, um sich durchzusetzen, mußte sie in den Augen der Jungdeutschen kompromittieren. Wenn daher Gutzkow gelegentlich sah, daß eine geistige Revolution konkreter Ansatzpunkte bedürfe, so bedeutete das nicht auch die moralische Anerkennung der allzu konkreten Interessen. Interessen gehörten vielmehr zu jenem »Aufwand von Demagogie« (L 67, 186), der nur aus taktischen Gründen zum Gelingen einer Revolution nötig war. Die eigentlich legitimierende Instanz des historischen Wandels blieb die Idee, und Interessen brauchte man »als den Vogelleim seiner Ideen, die sich nicht von selbst befestigen« (Gutzkow, L 66, 263).

Der Inhalt der Interessen war deshalb beliebig, und wenn es Erfolg versprach, ließ sich »der Mangel wirklicher Interessen . . . durch die Schöpfung künstlicher ersetzen« (ebd.).

So behauptete der Glaube an die alleinige Legitimität des Geistes in der Geschichte sein Übergewicht auch dort, wo einzelne Autoren des Jungen Deutschland versuchten, eine realistischere Ansicht der Geschichte zu gewinnen. Das Junge Deutschland wollte radikal sein und seine Wahrheit ‚ad hominem' demonstrieren; seine Vernünftigkeit sollte terrestrisch sein, Ausgangspunkt war der einzelne Mensch mit seinen Bedürfnissen und Forderungen. Er galt für das höchste Wesen der Geschichte, und mit fast eschatologischem Pathos wurde seine Entfaltung in einer humaneren Zukunft beschworen: Heine kämpfte für »die Gottesrechte des Menschen« (L 80, V, 234), Gutzkow sah alle Handlungen »darauf hinausgehen, Gott gewissermaßen zu produzieren« (L 67, 201), die Selbsterlösung des Menschen war Kühnes Programm der Zukunft, und Mundts Bild des Menschen lag die säkularisierte Vorstellung eines Künstler-Gottes zugrunde, der die Wirklichkeit nach seinem Maße schuf. Wie aber diesen jungdeutschen Phantasien kaum Anschauungen aus der politischen und sozialen Wirklichkeit unterlegt wurden, blieb der neue, mit göttlicher Würde bekleidete Mensch ein abstrakter Halbgott, eine ‚Idee', die von elementaren Fragen der Existenz gar nicht berührt wurde. Das Junge Deutschland emanzipierte sich vor allem aus geistigen Bindungen und umkleidete mit seinem Menschheitspathos sehr gemäßigte politische Forderungen, die mit der Gewährung der Pressefreiheit und einer liberalen Konstitution bereits erfüllt wären. Daß etwa Fragen der physischen Existenz für den Menschen ein eigenes Gewicht besäßen, daß — mit einer Marxschen Formulierung — »die Menschen imstande sein müssen zu leben, um ‚Geschichte machen' zu können« (L 156, 354), sahen die Jungdeutschen zunächst nicht; denn als die radikalen ‚porte-parole' des liberalen, wirtschaftlich gesicherten Bürgertums vertraten sie als Menschheitsinteressen rein politische Forderungen. Trotz des allgemein gehaltenen Pathos überschritten die Jungdeutschen die Schranken des zeitgenössischen Bürgertums nicht, auch wo sie ganz unbefangen Menschheitsforderungen stellten, deren objektiver Bedeutungsgehalt weiter war als die Forderungen, an die sie dachten.

Diese Diskrepanz zwischen der allgemeinen Emanzipationsforderung für »den« Menschen und den partikularen bürgerlichen Zielen mußte — für Gutzkow und Mundt später als für Heine — deutlich werden, als jungdeutsche Autoren auf Reisen nach Frankreich und nach der wachsenden Verbreitung der Schriften des französischen Frühsozialismus in Deutschland nach 1840 mit entwickelteren sozialen Verhältnissen bekannt wurden. Weder Gutzkow noch Mundt waren danach bereit, die sozialen Implikationen ihrer zunächst so weit gespannten Emanzipationsforderungen zu akzeptieren. Vielmehr zogen sie sich zur Verteidigung der bürgerlichen Interessen gegen die Ansprüche des Vierten Standes auf einen Standpunkt zurück, den sie zuvor selbst als einen reaktionären bekämpft hatten, und betonten nun die Notwendigkeit der Entbehrung und des Leidens sowie die vorwiegend ‚geistige' Bestimmung des Menschen, welcher die soziale Emanzipation zu widersprechen schien: »Wenn das an den sozialistisch-kommunistischen Block angeschlossene Volk die Fähigkeit der Leiden verliert, so . . . verliert es die Fähigkeit, im Gebrauch seiner Kräfte den Kampf um höhere ideelle Gesetze zu sehen«, schrieb Mundt (L 112, 35), und für Gutzkow mußte gar die Idee von der Göttlichkeit des Menschen herhalten, um den Anspruch des Proletariats auf Teilhabe an materiellen Gütern zurückzuweisen. Hinter diesem Anspruch stand nach seiner Ansicht nur »das Bedürfnis der Bequemlichkeit« (L 58, 239), dem entgegenzuhalten sei, daß »unsere irdische Bestimmung ist, gut, nicht glücklich zu sein . . . Wir sind Geschöpfe der Natur und haben die Bestimmung, vom Geist — der Natur gleichsam abgewonnen zu werden . . . Daß wir gut werden, ist das Werk einer zweiten Schöpfung, einer Schöpfung aus dem Geiste, aus der Offenbarung Gottes in die Welt, aus der Geschichte. Fühlen wir diese Bestimmung in unserm ganzen Menschen nach, so werden wir vor dem Unglück, dem Wirrsal dieser Welt, werden wir vor der ungleichen Verteilung der Güter nicht zurückschrecken. Alles, und n i c h t s   m e h r   a l s   d a s   U n g l ü c k, wird uns zum besten dienen. Diese trübe Ansicht des Lebens ist die der Stoiker und die des Christentums: wenn es sich um eine moralische Erziehung des Menschengeschlechts handelt, so weiß ich keine bessere« (ebd.).

So wurde die Idee der Offenbarung Gottes in der Welt, die 1835 als Impuls der Emanzipation der ganzen Menschheit gedacht war, zur repressiven Phrase, als sich zeigte, daß die Befreiung der Menschheit sich nicht auf die Beschränkung der aristokratischen Vorherrschaft über das Bürgertum einengen ließ. Indem Gutzkow sich 1842 der einst bekämpften Stratageme der konservativen Apologetik bediente, verkehrte er den ursprünglichen Gehalt der jungdeutschen Vorstellungen, um mit ihnen gerade emanzipatorische Forderungen zu unterdrücken, und machte damit deutlich, daß die Zeit des Jungen Deutschland als einer progressiven Bewegung vorüber war[5]. Die pathetischen Leerformeln vom Recht des Menschen auf das historische ‚Jenseits‘ einer selbstbestimmten Zukunft (Mundt), von der Göttlichkeit des menschlichen Handelns (Gutzkow), von der Selbsterlösung (Kühne) und von der Selbstherrschaft der Individuen (Laube) enthüllten ihre in Wirklichkeit nur sehr begrenzte Fortschrittsbedeutung im Kampf gegen die herrschende absolutistische Reaktion.

Gemessen am objektiven Gehalt der jungdeutschen Prinzipien mußte der konservative Rückzug Gutzkows und Mundts zwar als ein Rückfall erscheinen; subjektiv ging der Gesinnungswandel jedoch nicht sehr weit:

---

5 Heine hingegen zog, à contre-coeur, aus den emanzipatorischen Prämissen den Schluß, daß, wenn der Mensch der erscheinende Gott in der Geschichte sei, er zunächst ein Recht auf Brot habe: »Le pain est le *droit divin* du peuple« (L 80, V, 234), und »der Kommunismus ist die natürliche Folge dieser veränderten Weltanschauung« (ebd. VIII, 307).

die Jungdeutschen zielten mit ihren Forderungen nie auf mehr als einen liberalen bürgerlichen Staat und haben nur angesichts der Unbeweglichkeit der herrschenden Reaktion eine weiter ausholende, grundsätzlichere Begründung des Liberalismus gegeben. Die Hegelsche Linke stellte eine weitere Stufe innerhalb dieses theoretischen Radikalisierungsprozesses dar, blieb aber politisch lange Zeit bei den gemäßigt liberalen Forderungen. Daß die Begründungen, je prinzipieller sie gerieten, auch desto unpolitischer und verschwommener wurden, haben weder Jungdeutsche noch Linkshegelianer bemerkt, weil sie sich angesichts der Widersprüche zurückzogen in eine philosophische, eine ästhetische oder eine moralische Welt. Nach dem Scheitern der jungdeutschen Bewegung erklärte Wienbarg, daß er sich »rein und entschieden auf dem ästhetischen Gebiete« halten wolle (L 48, 40, 1), denn er sei »zum Publizisten und Tribunen nicht geschaffen« (L 132, S. VI). Laubes Streben ging »seit langer Zeit auf eine neuromantische Literatur« (L 105, 36, 2); Gutzkow wollte »die politischen Probleme ... auf moralische zurückführen« (L 67, 91), und Mundt ließ nur noch Versuche gelten, die »keiner anderen Veränderung als der wahren Versittlichung der Zustände entgegen(arbeiten)« (L 136, 5).

So haben die jungdeutschen Schriftsteller mit ihrer anthropologischen Wendung der Geschichtsphilosophie zwar gesorgt, daß es »wieder empirisch zugehen« würde (Kühne, L 90, 86) in der Welt; aber innerhalb dieser Empirie fanden sie keinen Platz; denn den Menschen, obwohl sie ihn zur Grundlage einer individualistischen Anthropologie erklärten, bekamen sie nicht wirklich in den Blick.

Der Hegelschen Linken ist nicht einmal die jungdeutsche Inkonsistenz von Theorie und Praxis vorzuwerfen: ihre Wirklichkeit war von Anfang an nur eine polemische Konstruktion, innerhalb deren der Mensch als reines Geistwesen existierte, das der materiellen Emanzipation gar nicht bedurfte. »Keinem von diesen Philosophen ist es eingefallen, nach den Zusammenhängen der deutschen Philosophie mit der deutschen Wirklichkeit, nach dem Zusammenhange ihrer Kritik mit ihrer eigenen materiellen Umgebung zu fragen« (Marx, L 156, 346), weil sie materiellen Faktoren keine Macht über den Geist einräumten. Der zur emanzipatorischen Phrase herabgekommene Geist besaß für Ruge »einen höheren Grad von Realität als die Tatsachen selber« (Nehrer, L 238, 181), und wie das (im Gegensatz zu Ruge) auch äußerlich konservativer gewordene Junge Deutschland tadelte er später an den sozialen Emanzipationsbewegungen, daß in ihnen die Idee der Freiheit »aus dem Kopf und dem Herzen in den Magen gesunken sei« (ebd. 118).

Jungdeutsche, Linkshegelianer und ihre Zeit

VII. Der politische und historische Kontext

1. Abstraktionen des Liberalismus und reflexiver Traditionalismus

Jungdeutsche und Linkshegelianer, Metternich und die preußische Reaktion verband, daß sie in den politischen Auseinandersetzungen der Zeit einen Prinzipienkampf sahen, der um den — wie sie glaubten, fundamentalsten — Bestand der Zivilisation, um ihre geistigen und moralischen Grundlagen, ausgetragen wurde. Als Apostel religiöser Vorstellungen empfanden sich die Exponenten beider Parteien, und sie engagierten sich in einer Art Religionskrieg, bei dem nicht nur politische Ansichten, sondern ein falscher Glaube und ein feindliches Prinzip zu überwinden waren. Diese prinzipielle Überhöhung des Konflikts, dessen konkretes Objekt profane Institutionen, vor allem Pressefreiheit und Konstitution, waren, entsprang nicht genuin aus der Spannung von restaurativem Konservatismus und radikalem Liberalismus. Vielmehr standen sich in diesen Bewegungen komplexe ideologische Spätprodukte der vorangegangenen Auseinandersetzung des konservativ-romantischen Historismus mit der konstruktivistischen Geschichtsphilosophie der Aufklärung in zum Teil absonderlicher Verkehrung gegenüber. So zeigte die theoretische Fassung des radikalen Liberalismus eher Beziehungen zu Denkmustern der politischen Romantik als zu denen der Aufklärung, obwohl Jungdeutsche wie Linkshegelianer aufgrund der politischen Inhalte ihrer Theorien als Vertreter des Liberalismus anzusehen sind, dessen historischer Ursprung in der Aufklärung liegt; während hierzu im Gegensatz Metternichs System zwar in der politischen Substanz konservativ war, zur konservativen Theorie der Romantik aber in bewußter Distanz blieb und stärker auf Vorstellungen der Aufklärung zurückgriff[1].

Der Grundimpuls des aufklärerischen Liberalismus hatte im Versuch einer bewußten Ordnung des Staates nach Grundsätzen der Natur und der Vernunft des Menschen gelegen. Aber diese Bestimmung bleibt so un-

---

1 Metternichs ‚Prinzipien' waren Ableitungen aus dem philosophisch-naturwissenschaftlichen Rationalismus und Empirismus der Aufklärung und deckten sich nicht mit romantischen Anschauungen (Srbik, L 283, I, 306, 375), während Jungdeutsche und Linkshegelianer ihre Prinzipien nach dem — durch Hegel vermittelten — romantisch-theologischen Vorbild konzipierten.

spezifisch, daß sie auch noch den konservativen Gegenzug, die »Theorie des natürlichen geselligen Zustandes, der Chimäre des künstlichen bürgerlichen entgegengesetzt«, begrifflich zu decken vermag. Entscheidend war die Wendung, welche die gegensätzlichen Theorien vom Postulat ‚natürlicher geselliger Zustände‘ gaben. Bei Haller zielte sie auf eine historische Apologie des Bestehenden, während die aufklärerische ‚existence physique et indépendante‘ (Rousseaus) eine Abstraktion *gegen* die Geschichte bedeutete. Die konservativ-romantische politische ‚Natur‘ konservierte Geschichte als legitimierendes ‚Wesen‘ der Institutionen; die französische Aufklärung hingegen forderte eine Herrschaftsordnung, die gerade nicht durch Gewohnheit, Herkommen und geschichtlich gewordene Natürlichkeit, sondern durch einen reversiblen Vertrag gleicher und freier Individuen stabilisiert würde. Aus dem »‚cri de la nature‘ der Freimaurer folgte die Ablehnung jedes Herrschaftsverhältnisses, sofern es nicht auf vertraglicher Basis beruhte, die Vernichtung allen positiven Rechts, das die bestehende Ordnung stützte, damit nicht allein des bestehenden Staates und der gegebenen Gesellschaft, sondern in letzter Konsequenz der Geschichte schlechthin. Geschichte wurde als Entfremdung entwertet und in ihrem Unrecht dem Recht der Natur entgegengesetzt« (Conze, L 263, 211).

Gegen diese revolutionäre ‚Geschichtsfremdheit‘ (ebd.) stand ein ursprünglich untheoretischer, konkretistischer Traditionalismus. Ihm konnte es in seiner Apologie geschichtlich ‚gewachsener‘ Zustände passieren, »und es passierte ihm stets, daß er die Geschichte unwillkürlich aus seinen eigenen Intentionen heraus sieht, nicht aber daß er bewußt oder halb bewußt, durch anderswo herangebrachte Gründe eine Sache zu rechtfertigen versucht, oder sie dadurch rettet, daß er sie auf eine ‚höhere‘ Begründungsebene verschiebt« (Mannheim, L 274, 473). Folgerichtig stützte sich die traditionalistische Abwehr der revolutionären Ideen der Aufklärung auf die konkrete Vernünftigkeit des Bestehenden und zeigte als Rechtfertigungsgrund allenfalls »eine ‚vernünftige Ursache‘ und nicht eine höhere, aus einer metaphysischen Ebene einsetzende Begründung« (ebd. 475)[2].

---

2 Dieses traditionalistische Geschichtsmodell war insofern nicht reaktionär, als es die Geschichte als Entwicklung, und nicht, wie in der romantisch-konservativen Theorie, als Kampf gleichwertiger Prinzipien faßte und nicht die Wiederherstellung eines vergangenen status quo verlangte. Freilich war auch der traditionalistische Entwicklungsgedanke ganz konkretistisch gefaßt: Entwicklung bestand »im Austausch der Einzeltatsachen durch andere Einzeltatsachen« (Mannheim, L 274, 426) — während »progressiver Reformismus ... die Tendenz (hat), um einer unliebsamen Tatsache willen die ganze Welt, die um diese Tatsache herumgebaut ist, in solche Tatsache möglich ist, umzugestalten« (ebd.).

Unhaltbar wurde diese traditionalistische Einstellung mit dem Zusammenbruch der alten Ordnungen nach den Napleonischen Kriegen. Zu tief griffen deren Folgen in die sozialen und politischen Verhältnisse ein, als daß die ungebrochene Anknüpfung ans Bestehende noch möglich gewesen wäre: politisch bedrängt mußte der Traditionalismus seine Vorstellung von der Wirklichkeit ideologisch verteidigen, weil die Wirklichkeit selbst zu zerbrechen drohte. Der Traditionalismus wurde defensiv und entwikkelte sich zur Gegentheorie des aufklärerischen Liberalismus. Er »rettete sich gleichsam dadurch, daß (er) immer mehr auf die Ebene der Reflexivität und der methodischen Beherrschtheit jene Einstellungen zur Welt erhebt, die für das originäre Erleben sonst verlorengegangen wären« (Mannheim, ebd. 446). In einem ganz ursprünglichen Sinne war dieses Reflexiv-Werden des Traditionalismus Reaktion; Reaktion nämlich auf die faktische und ideologische Störung seines Lebensraumes, welche die systematische Begründung der eigenen Position auf einer der gegnerischen Theorie kommensurablen geistigen Ebene erzwang. Folgerichtig orientierte sich die konservative Theorie auch an den aufklärerischen Vorgaben: der liberalen Gesellschaft gleicher Individuen, die sich durch einen Vertrag gebunden hatten, setzte sie kollektive Individualitäten, eine durch die Geschichte gebildete Gemeinschaft sozial verschiedener Gruppen entgegen; gegen das von der menschlichen Vernunft entworfene ‚System‘ des bürgerlichen Staates stellte sie die ‚lebendige‘ geschichtliche Wirklichkeit, die in einer nach unerschütterlichen Prinzipien regierten göttlichen Weltordnung bewahrt war, und im Gegensatz zum aufklärerischen Deismus bestimmte sie das Göttliche in der geschichtlichen Welt in pantheistischer Weise als letzte integrierende Einheit von historischer Wirklichkeit und Vernunft (vgl. Mannheim, L 274, 462, 498, 450).

Jungdeutsche und Linkshegelianer sind von der Geschichtsfremdheit der Aufklärung ebenso geprägt wie vom antiaufklärerischen Historismus[3], und vor diesem Hintergrund läßt sich die Herkunft einiger der heterogenen Elemente der radikalen Theorien in Deutschland zwischen 1830 und 1840 bestimmen. Gutzkow als Vertreter des jungdeutschen Liberalismus stritt *gegen* die theoretischen Voraussetzungen des klassischen Liberalismus mit Argumenten konservativer Herkunft, wenn er gegen Rousseau einwandte, »der reine, abstrakte Mensch des Genfer Philosophen (sei) immer nur ein Findelkind« gewesen (L 67, 99), seine Freiheit, sofern sie Freiheit

---

3 Im Grunde ist die Diskriminierung der konservativen und der aufklärerischen Theorie unter dem Gesichtspunkt der Geschichtsfremdheit nicht sehr treffend, denn das theoretische Muster des romantischen Konservatismus: die metaphysisch-religiöse Überhöhung der Vergangenheit, die Polarisierung der Welt, überhaupt die theologische Fundierung einer politischen Ordnung scheint der historischen Wirklichkeit nicht näher als die Theorie der Aufklärung.

von der Geschichte bedeute, bleibe eine leere Konstruktion; denn auch die Menschen Rousseaus, »sie mögen in der entlegensten Einöde geboren sein, sind unter der K o n t r o l l e geboren, ... die ihr Muttermal und in der Haut schon der Abdruck jener — Kette ist, die sie einst tragen werden« (ebd.). Weil der Mensch immer ein Produkt der Geschichte bleibe, könne auch »der abstrakte Mensch ... in dieser rasierten und entblößten Nacktheit [bei Rousseau] niemals ein Koeffizient der Geschichte« sein (ebd. 136).

Wenn sich auch die Jungdeutschen gegen die ‚abstrakt‘-individualistischen Voraussetzungen des französischen Liberalismus wandten, Voraussetzungen, die die Hallischen Jahrbücher als vermeintlich genuin romantischen Individualismus bekämpften, so versuchten doch beide, die politischen Resultate der aufklärerischen Theorien mit den theoretischen Mitteln des romantischen Historismus wieder zu begründen. Obwohl sie die in der Gegenwart fortbestehende Vergangenheit als Reaktion ablehnten, anerkannten sie gerade die legitimierende Kraft der Geschichte und bezogen sich bei der Rechtfertigung der liberalen Zukunft auf die (protestantische) Vergangenheit. Der Rückgriff auf die Reformation und die konservativen Fiktionen der Hallischen Jahrbücher (s. o.) haben ihren Grund zum Teil in der Übernahme apologetischer Denkmodelle des Konservatismus ohne deren Inhalte. Im Jungen Deutschland ging das Bedürfnis einer *historischen* Legitimation »so weit, daß die Jungdeutschen den Anachronismus gleichsam zum ästhetischen Vehikel vieler ihrer Roman- und Dramenentwürfe machten, indem sie aktuelle Probleme der Gegenwart nicht nur aus Angst vor der Zensur, sondern auch aus dieser ihrer Sympathie für weiterwirkende ‚Geschichte‘ in zurückliegende historische Zusammenhänge hineinlegten« (Dietze, L 187 b, 161 f.)[4].

Ferner zählt das wichtigste metaphysische Versatzstück der politischen Theorien des Jungen Deutschland und der Hegelschen Linken, der historische Pantheismus, ursprünglich zu den Requisiten der romantisch-konservativen Geschichtsapologetik (Mannheim, L 274, 462). Während sich die konservative Reaktion der Restaurationszeit wieder auf theistische Gegenpositionen zurückzog[5], haben Jungdeutsche und Linkshegelianer

4 Dietzes Versuch, durch die Eliminierung der historistischen Züge der jungdeutschen Theorien als »lächerliche Farce« (200) den Kern dieser Theorien »objektiv in die Ideologie der Aufklärung« (178) zurückzuverweisen, ist wenig einleuchtend. Das Junge Deutschland verband heterogene Elemente der aufklärerischen und der romantischen Theorien zu einem System von prekärer Konsistenz; darin liegt gerade sein eigentümlicher Charakter.

5 Vgl. Mannheim (ebd. 482): »Sobald die soziologische Situation brennender wird (von den dreißiger Jahren ab) und der Konservatismus sich auf theistischen Boden zurückziehen muß, und zwar auch im protestantischen Preußen, rücken die dogmatisch-metaphysischen Inhalte wieder in den Vordergrund. Man fühlt,

den Liberalismus auf der Folie einer pantheistischen Geschichtskonzeption begründet und aus dem apologetischen Gedanken einer göttlichen Sanktionierung des geschichtlich Gewordenen ein polemisches Argument gegen die konservative Fixierung des gegenwärtigen Standes der Geschichte gemacht, indem sie die liberale Fortentwicklung im Namen des göttlichen Geistes in der Geschichte forderten.

Auch der System-Vorwurf, den vor allem das Junge Deutschland gegen den Metternichschen Ordnungsstaat erhob[6], um Entfaltungsmöglichkeiten für das jedem System widersprechende ‚Leben‘ zu fordern, stellt eine Aufnahme des konservativen Kampfes gegen das ‚System‘ des konstitutionellen liberalen Staates unter veränderten Gesichtspunkten dar. Was die Romantik gegen »ein einziges starres System der Staatsordnung (in Form von Konstitutionsplänen)« (Mannheim, ebd., 487) einwandte, ließ sich ebenso gegen das erstarrte System des Metternichschen Ordnungsstaates richten, dessen Aufgabe »positiv nur Ordnung und Erhaltung« (Srbik, L 283, I, 127) und nicht die zukunftsorientierte Entwicklung der Geschichte war.

Stand, wie in den liberalen Systemen (und wie im Ordnungsstaat des aufgeklärten Absolutismus), so auch faktisch im Obrigkeitsstaat der Restaurationszeit, die Kirche, soweit ihr nicht eine subsidiäre Erziehungsfunktion zugemutet wurde, als Institution eigenen Charakters außerhalb der eigentlichen politischen Ordnung, so wurde in den radikal-liberalen Theorien wieder, wie in der Romantik, das konstituierende Prinzip des Staates in religiösen Begriffen formuliert. Ein neuer ‚allgemeiner‘ Glaube sollte die Wirklichkeit durchdringen und den Ausgangspunkt der Zukunft bilden. Überhaupt wurde die göttliche Vernunft auch in den radikal-liberalen Theorien öfter als die menschliche Verständigkeit zur Verteidigung der eigenen Position herangezogen, denn das metaphysische Grunddogma von der Einheit Gottes und der Geschichte, das die theologische Überhöhung der Politik ermöglichte, war beiden Bewegungen gemeinsam.

daß man den pantheistischen methodologischen Boden der Romantik preisgeben muß, und es ist Stahls Leistung, diesem Bedürfnis entsprochen zu haben, indem er dem monarchischen Prinzip wieder eine theistische Fundierung verlieh«. Hinzuzufügen ist vielleicht noch, daß diese Rückzugsbewegung des Konservatismus bereits vor Stahl im engeren Kreis des preußischen Kronprinzen einsetzte und von Leo und Hengstenberg vor einem breiteren Publikum propagiert wurde. Nicht zuletzt wurde dieser Rückzug so forciert, weil sich die revolutionäre Theorie auf einer pantheistischen Grundlage entfaltete.

6 Metternich verteidigte sich gegen den Systemvorwurf: »Das sogenannte Metternichsche System war kein System, sondern eine Weltordnung. Revolutionen ruhen auf Systemen, ewige Gesetze stehen außer und über dem, was mit Recht den Wert eines Systems hat« (nach Mannheim, ebd., 426; vgl. Srbik, L 283, I, 321 f.).

In diesem Zusammenhang wird auch deutlich, warum Metternich (soweit er seine politische Praxis theoretisch rechtfertigte) und seine revolutionären Gegner in der ideologischen Auseinandersetzung von so ähnlichen metaphysisch-religiösen Grundsätzen her argumentierten (s. o.): der radikale Liberalismus hatte sich im Jungen Deutschland und in der Hegelschen Linken teilweise auf den Boden der antiaufklärerisch-romantischen Theorie begeben, den zu verlassen der restaurative Konservatismus im Begriffe stand. Während die Metternichsche Praxis weitgehend wieder für die *traditionalistische* Beibehaltung des status quo arbeitete[7], verwandten Jungdeutsche und Linkshegelianer die ideologischen Waffen der Romantik zum Angriff auf das Metternichsche System. Dabei war die Verwendung romantischer Vorstellungen in den liberalen Theorien durchaus nicht bloß ein Produkt revolutionärer Willkür und Konfusion. Objektiv ermöglicht wurde sie einmal dadurch, daß die romantisch-konservative Theorie, die entstanden war, um die liberalen ,Ideen von 1789' zu konterkarieren, selbst liberale Vorstellungen umformte, um sie einem antiliberalen System einzupassen (ohne daß diese Verwendung deshalb systematisch zwingend geworden wäre); dann aber dadurch, daß jene aus den besonderen sozialen und politischen Bedingungen erklärbare Geschichtsfeindlichkeit der französischen Aufklärung dem liberalen Denken nicht allenthalben und für alle Zeit eigen war.

Wenn, zunächst, die politische Romantik gegen die atomistische Gesellschaftskonstruktion und die darauf gegründete Vertragstheorie des Liberalismus den Volkstumsgedanken und den Begriff des Volksgeistes gewandt hatte, so widerlegte sie damit nicht eigentlich das liberale Theorem von der Souveränität der Bürger, sondern gab ihm nur eine historische Dimension; denn der Geist eines Volkes, wenn er auch zunächst nur in der Darstellung der Vergangenheit gezeigt wurde, hatte — selbst dann noch, wenn er nicht explizit, wie in den radikalen Theorien, zum Zeitgeist umbenannt wurde — neben der Vergangenheit auch eine Zukunft[8], und mit nicht weniger Recht als der romantische Konservatismus konnte sich der

---

7 Zum Beispiel »lehnte Metternich 1820 das Drängen des badischen Ministers Berstett, der Konstitution Badens die Beschränkung der Kronsouveränität unmöglich zu machen, mit dem Hinweis ab, daß unter der Erhaltung des Bestehenden auch die Bewahrung neuer Institutionen zu verstehen sei, ... und daß in unruhigen Zeiten der Übergang vom Alten zum Neuen ebenso gefährlich sei wie die Rückkehr vom Neuen zu dem bereits erloschenen Alten« (Srbik, L 283, I, 371).

8 Über das Verhältnis des romantischen Volksgeistes zum Zeitgeist der jungdeutschen Bewegung vgl. Horowitz (L 208, 10 ff.).

Sowie die Ambivalenz des Volksgeist-Begriffs deutlich wurde, hat sich der restaurative Konservatismus gegen die romantische ebenso wie gegen die jungdeutsche Fassung des Begriffs gewandt (Horowitz, ebd., 9).

Liberalismus auf den Geist des Volkes berufen und erklären, bei der Forderung liberaler Institutionen gehe es darum, »dem *Geist unseres Volkes*
gemäße Formen aus dem Leben des Volkes selbst hervorzurufen« (Wel-
cker, L 276, 399). Da überhaupt der deutsche Frühliberalismus (der später
als die romantisch-konservative Theorie entstanden war) nicht von den
atomistischen Konstruktionen der Vernunft ausging, konnte er auch —
und Jungdeutsche und Linkshegelianer haben das getan — von sich behaupten, daß er im Gegensatz zum konservativen Festhalten an der Vergangenheit Geschichte überhaupt erst ermöglichen wollte. Geschichtsfeind-
lich, so lautet der umgekehrte Vorwurf, sei gerade der Immobilismus des
restaurativen Systems, der die unabdingbare Dynamik der Geschichte
zum Stillstand bringen wolle. Der Konservatismus sei es, der die lebendige Wirklichkeit des Volkes nicht sehe, weil er von Abstraktionen aus der
Vergangenheit ausgehe; auch die Gegenwart habe ihr eigenes moralisches
Prinzip (Wienbarg, L 127, 166), auch »die Epoche von 1830 bis 1850 und
das deutsche Volk sind unmittelbar zu Gott, ... so müßte der folgerich-
tige und angemessene Ausdruck der jungdeutschen Haltung lauten« (Horowitz, L 208, 15)[9].

Wenngleich die Übernahme von romantisch-konservativen Elementen
in die radikal-liberalen Theorien zur Voraussetzung den politischen Leer-

---

9 Ein Vergleich der metaphysischen Axiome des liberalen Radikalismus und
der politischen Romantik, wie er hier nur sehr kursorisch versucht wurde, be-
stätigt offenbar nicht die Annahme Karl Mannheims, daß die »Achse der soziologischen Geistesgeschichte« (L 274, 425, Anm.) in den Ontologien der sozialen Bewegungen zu finden sei. Vielmehr zeigt sich, daß Gemeinsamkeiten auf einer ontologischen Argumentationsebene ganz verschiedene konkrete Vorstellungen decken
können, und es scheint, als seien die ideologischen Überhöhungen konkreter Ziele
am wenigsten geschützt gegen einen dem ursprünglichen Interesse geradezu entgegengesetzten Gebrauch. Wenn damit auch nicht bestritten werden soll, daß politische Ontologien in einer bestimmten historischen Situation Ausdruck der sozialen Verhältnisse sind, so ist doch wohl die Beziehung weniger eng, als Mannheim
annimmt. Wenn sich erweist, daß die Bedeutung der Ontologien (und damit ihr
funktionaler Charakter) konkret innerhalb eines sehr weiten Rahmens variiert
werden kann, so sind Aufschlüsse über den sozialen Gehalt einer Metaphysik und
eines ,Denkstils' weniger aus der strukturellen Analyse, als vielmehr im Rekurs
auf die Interessen selbst zu erhalten. Erst auf einer weniger abstrakten Ebene
stellt sich der wirkliche Gegensatz wieder her: wenn es in der Auseinandersetzung
von Restauration und Revolution um bestimmte Institutionen ging, verloren die
ontologischen Gemeinsamkeiten ihre Bedeutung. So ähnlich die pantheistische
Konstruktion der Welt und die dualistische Aufschlüsselung der Zeit sein mochten, so verschieden waren die Implikationen, die ihnen zugeschrieben wurden;
Volkssouveränität, allgemeines Wahlrecht, Ministerverantwortlichkeit und Pressefreiheit oder altständisch-korporative Ordnung unter einem souveränen Monarchen — beides scheinbar Resultate pantheistischer Begriffssysteme — haben ihre
soziologische ,Achse' nicht in Ontologien, sondern in sozialen Interessen.

formelcharakter (und damit die konkrete Umdeutbarkeit) der logisch-me-
taphysischen Theoreme hatte, so ist damit nicht erklärt, warum den zwar
unbestimmten, historisch aber doch mit bestimmter, nämlich konservativ-
ständischer Bedeutung versehenen romantischen Vorstellungen Theorie-
funktionen innerhalb eines durchaus verschiedenen Zusammenhangs von
Interessen zugemessen wurde; denn diese Übernahme erfolgte nicht einfach aus der logischen Möglichkeit und bedarf deshalb der weiteren Begründung.

Eine der wichtigsten Ursachen für die theoretische Sonderentwicklung
des deutschen Frühliberalismus liegt in den verhältnismäßig unentwickel-
ten sozialen und ökonomischen Verhätnissen in Deutschland bis in die
Mitte des 19. Jahrhunderts. Preußen zur Zeit der französischen Revolution und in der Napoleonischen Epoche sei, schreibt Karl Mannheim,
»gleichsam ein soziologisches Experiment dafür, was dann geschieht,
wenn Ideen, die genuin aus einem entwickelteren Gesellschaftszustande
erwachsen sind, in einen sozial unterentwickelten, geistig aber hochstehen-
den Lebensraum einfließen« (L 274, 449): die politischen Ideen der französischen Aufklärung (und ihre, wie es schien, Materialisierung in der ersten Phase der Revolution) zeitigten zwar weitreichende Wirkungen in
Deutschland, trafen dort aber nicht auf eine soziale Klasse, die bereit und
in der Lage gewesen wäre, zu einer wirklichen Macht gegen den absolutistischen Staat zu werden. Es gab in Deutschland zwar eine — weitgehend
vom Staat abhängige — mittelständische Intelligenz, deren Habitus als
bürgerlich zu bezeichnen ist; ein zahlenmäßig relevantes, wirtschaftlich
unabhängiges und seiner Interessen bewußtes Bürgertum fehlte jedoch. Die
positive Aufnahme der Revolution durch die Gebildeten blieb damit zunächst ideologisch. »Wenn auch die Gebildeten wie das einfache Volk in
Deutschland sich von den Ideen von 1789 unmittelbar angesprochen wußten, so faßten sie sie doch nicht als einen Aufruf zum Umsturz in Deutschland auf. Ein Werk *geistiger* Befreiung sahen sie in Gang gebracht, von
dem sie hofften, daß es von einer starken und weisen Regierung durch
maßvolle Reformen ohne tiefere Erschütterung der sozialen Existenz
übernommen und verwirklicht werden könne« (Huber, L 270, I, 13 f.).

Nicht die (tendenziell revolutionäre) Forderung eines systematischen
Neuanfangs, sondern die Erwartung ‚zeitgemäßer‘ Veränderungen durch
die bestehende staatlich-bürokratische Macht stand so in Deutschland am
Anfang liberaler Bestrebungen, noch bevor die ersten Reformen (in Preußen) in Gang kamen. Die französische Idee eines Gesellschaftsvertrages,
welche die Aufkündigung aller historisch ‚gewachsenen‘ Verhältnisse implizierte, wurde nie konsequent zur Legitimationsgrundlage der bürgerlichen Opposition; vielmehr fanden sich gerade im Frühliberalismus vor
allem Elemente der ‚organischen‘ Staatslehre des Konservatismus (Huber,

ebd., II, 375), vermischt mit der genuin liberalen Forderung individueller Rechtsgarantien. Im ganzen war nicht die Vorstellung einer Gesellschaft autonomer Individuen, sondern »der Begriff der Gemeinschaft ... in der ersten Hälfte des 19. Jahrhunderts der Zentralbegriff der liberalen Staatsphilosophie« (Huber, ebd., II, 374).

Als dann in der preußischen Reformzeit an der Stelle des noch nicht aktionsfähigen Bürgertums die staatliche Bürokratie gegen den Widerstand des ständischen Adels einen Teil jener sozialen und politischen Reformen durchsetzte, die in Frankreich die Revolution gebracht hatte, war die Möglichkeit einer oppositionellen Zuspitzung des Liberalismus gegen den bestehenden Staat noch geringer. In Preußen fehlte der ‚klassische‘ Konflikt einer konservativen, die etablierte Herrschaft einer sozialen Klasse stützenden Staatsmacht mit dem progressiven Bürgertum; die Ansätze des Neuen wurden im Rahmen der alten Ordnung verwirklicht.

Die den französischen Zuständen entgegengesetzte Situation eines progressiven Regimes mit einer reaktionären Opposition war damit entstanden, und es ist dieses Bild Preußens, das auch dann noch, als es längst ohne Realitätsgehalt war, das Bewußtsein des Liberalismus bis zu den Hallischen Jahrbüchern und über sie hinaus bestimmte. Die reaktionäre Wendung Preußens nach dem Wiener Kongreß wurde zwar, zumal Friedrich Wilhelm III. sich wiederholt zur Einberufung einer repräsentativen gesamtstaatlichen Volksvertretung verpflichtet hatte, als Verrat an den Versprechungen aus den Freiheitskriegen empfunden; aber der Widerstand richtete sich nicht grundsätzlich gegen diesen Staat, sondern gegen den Abfall von seinem wahren (‚protestantisch‘-reformistischen) Prinzip, und in verschiedenen Vorstößen (die 1847, am Vorabend der Revolution, zur Einberufung preußischer Generalstände führten) versuchten die Liberalen, dieses alte Verfassungsversprechen einzulösen. Auch als längst »die Aufhebung der Revolution im Staat, ... wie sie Hegel und die Reformer verstanden, nicht mehr möglich« war (Conze, L 264, 347) und es »nur noch eine Emanzipation *gegen* den Staat geben« konnte (ebd.), gab der Liberalismus seinen Forderungen keine revolutionäre Wendung. Er beharrte auf den evolutionistischen Vorstellungen seines Ursprungs und glaubte, sein moralisches, sein vernünftiges (und sein 1820 kodifiziertes) *Recht* innerhalb der bestehenden Ordnung durchsetzen zu können. Es blieb »das zwischen 1815 und 1848 nicht gelöste Hauptproblem des politischen Liberalismus in Deutschland, ... daß er ... das ‚Vernünftige‘ zugleich als das von Rechts wegen Bestehende begriff, daß dies von Rechts wegen Bestehende jedoch in der Wirklichkeit ... nur als ‚Zerrbild‘ bestand« (Conze, ebd., 234).

Der ideologische Zwiespalt eines tendenziell revolutionären nationaldemokratischen Legitimitätsprinzips und eines konservativ-historischen

Entwicklungsmodells im deutschen Liberalismus prägte auch noch dessen radikale jungdeutsche und linkshegelsche Formen. Die Inkonsistenz der politischen Vorstellungen des Jungen Deutschland und die konservativen Fiktionen in den ersten Jahrgängen der Hallischen Jahrbücher sind, noch in der scheinbar konsequenteren theoretischen Fundierung, Abbilder der Widersprüche des preußischen Liberalismus zwischen dem Wiener Kongreß und dem Regierungsantritt Friedrich Wilhelms IV. Denn obwohl die radikalen Bewegungen im Unterschied zum Liberalismus der Mitte in den Spannungen der Zeit einen prinzipiellen Konflikt sahen und diesen mit den Mitteln der romantischen Theorie zu revolutionär-religiösen Antagonismen verschärften, hielten sie doch zugleich an den historischen Legitimitätsvorstellungen fest, wenn sie die Anknüpfung an die progressive Vergangenheit und deren liberale Fortentwicklung forderten. Erst 1841 löste sich die Avantgarde der Hallischen Jahrbücher von den historistischen Legitimationsversuchen des Liberalismus, um sich auf eine rein vernünftige Theorie zu stützen[10].

2. Der deutsche Radikalismus[11]

Hatte — bei einer sehr summarischen, hier aber wohl ausreichenden Betrachtungsweise — der Liberalismus mit seinen radikalen Gruppen das wesentliche Ziel, die Errichtung eines monarchischen deutschen Gesamtstaates mit parlamentarisch-demokratischen Institutionen, gemein, so unterschied sich die radikale Bewegung seit etwa 1817 mit Ausnahme der jungdeutschen und der linkshegelschen Periode durch ihre Hinwendung zu

10 Den Anspruch, auch die Vernunft in der *Geschichte* zu begreifen und in ihren Theorien darzustellen, haben die Linkshegelianer freilich auch dann nicht aufgegeben.

11 Das Mißliche dieses von Huber (L 270, II, 402 ff.) übernommenen Begriffs liegt darin, daß es sich beim Radikalismus bis 1840 nicht in dem gleichen Sinn wie bei den übrigen vier Gruppen des deutschen »Fünf-Parteien-Systems« des Vormärz (Konservatismus, politischer Katholizismus, Liberalismus, Radikalismus, Sozialismus) um eine Partei mit einem verhältnismäßig stabilen sozialen, ideologischen und institutionellen Kern handelt. »Radikalismus« ist eine bloße Residualkategorie, die von der Burschenschaftsromantik bis zum »wahren Sozialismus« alles umfaßt, und deren gemeinsamer Nenner nur eine formale ‚Radikalität' beim Darstellen inhaltlich sehr verschiedener Vorstellungen ist. Wenn es auch in dieser Hinsicht zweckmäßiger scheint, den politischen Radikalismus als eine eigene politische Bewegung erst mit dem Auftreten des kleinbürgerlichen Republikanismus beginnen zu lassen und das Junge Deutschland und die Hegelsche Linke politisch dem Liberalismus zuzurechnen, so läßt sich doch an der Konstruktion *einer* radikalen Bewegung vor 1840 ein Zusammenhang zeigen, der, obwohl er nur mittelbar politisch relevant ist, ideologische Traditionen deutlich macht.

einer Praxis, welche Gedanken an einen gewaltsamen Umsturz nicht ausschloß. Diese Praxis, die bis 1830 fast ausschließlich von Studenten getragen und allenfalls von kleinbürgerlichen und literarischen Emigranten gefordert wurde, blieb jedoch politisch isoliert. Sie beschränkte sich zunächst vornehmlich auf symbolische Handlungen und scheiterte auch mit ihren eigentlich politischen Aktionen im Nachklang der Julirevolution[12] an der Passivität der Bevölkerung.

Das erste Auftreten des Jungen Deutschland fällt in die Zeit der radikalen politischen Aktionsversuche von 1830 bis 1832 und ist zwar auch Reaktion darauf und ihr Zurücknehmen ins Geistige. Aber die Zusammenhänge sind so eindeutig nicht, daß sich sagen ließe, daß »das Mißlingen dieser [aktionistischen] Einzelvorstöße bewirkte, daß sich der Radikalismus in seiner dritten Phase auf die geistige Revolutionierung der bürgerlichen Gesellschaft beschränkte, so vor allem in der Bewegung des Jungen Deutschland« (Huber, ebd., II, 404); denn zugleich stellen die jungdeutsche und die linkshegelsche Bewegung genuine, zum aktionistischen Radikalismus alternative und von ihm unabhängige Reaktionsweisen auf die deutsche Situation nach 1830 dar.

Die mannigfachen ideologischen und persönlichen Verbindungen des literarischen Radikalismus zur Studentenbewegung ließen jedoch deren agitatorische Elemente in den literarischen Radikalismus gelangen, und die ideologische Konfusion nach 1830 ist zu einem guten Teil aus diesem Erbe zu erklären. In gewisser Weise sind der praktische und der literarische Radikalismus Erprobungsversuche vorangegangener Überlegungen auf verschiedenen Gebieten: wollten die aktionistischen Gruppen nun praktisch durchsetzen, was in ihren Köpfen lange schon rumorte, so suchten die revolutionären Schriftsteller und Philosophen zunächst, jenes akademische Amalgam heterogener Vorstellungen zu stabilisieren und zu propagieren.

Das Erbe der radikalen Studentenbewegung datierte aus der Zeit der antinapoleonischen Kriege. Die antifranzösische Allianz der reaktionären und der progressiven Kräfte in Deutschland, die historisch eine Episode blieb, zeitigte nachhaltige ideologische Folgen; denn obwohl diese Allianz noch während des Krieges zerfiel, als ‚Freiheitskrieg‘ und ‚Befreiungskrieg‘ sich als unvereinbare Ziele erwiesen — die konservativen Mächte, Österreich an ihrer Spitze, kämpften für die Befreiung der alten europäischen Ordnung vom Druck der französischen Hegemonie, die fortschrittlichen Kräfte hingegen für die Freiheit Deutschlands in einem konstitutionell verfaßten nationalen Gesamtstaat — bestand vor allem in der Stu-

12 Zum Beispiel bei der Besetzung Göttingens 1831 und beim Sturm auf die Frankfurter Hauptwache 1833.

dentenbewegung das geistige Korrelat der Allianz, das Ineinander konservativer und progressiver Vorstellungen, noch lange fort. Christlich-romantischer Glaube und aufklärerische Vernunft, alter Reichsgedanke und neue Verfassungsideen, national-demokratischer und romantisch-teutscher (nun bereits deutlicher antisemitischer) Nationalismus verbanden sich zu politischen Entwürfen, die — am deutlichsten im »Reichsverfassungsentwurf« der Gießener ‚Unbedingten‘ — die heterogensten Elemente zusammenzwangen. Demokratisch-unitarische und ständische Gedanken, christliches Puritanertum und Bewunderung für die französische Revolution, vermengt »mit einer oft groteske Formen annehmenden Deutschtümelei und frühsozialistischen Einfällen« (Scharff, L 276, 399), koexistierten innerhalb einer radikalen, aber im Grunde unpolitischen Opposition, die überhaupt keine Chance zur Realisierung ihrer Vorstellungen hatte.

Lag die Radikalität der Studentenbewegung bis 1830 in der unablässigen Forderung nach Verwirklichung der Vorstellungen aus der Zeit der Freiheitskriege, so bestand die Radikalisierung in der Literaturbewegung von 1830 bis 1840 vor allem in der sich steigernden Intransigenz bei deren Begründung. Auffallend ist, daß Jungdeutsche und Linkshegelianer die religiösen Begriffe aus der Frühzeit des studentischen Radikalismus nicht etwa eliminierten, sondern gerade sie nun mit besonderem Nachdruck zur Begründung heranzogen, ja, daß ihre ganze Radikalisierung nur in der religiösen Überhöhung der liberalen Ansätze bestand und sich nicht auf politische Inhalte bezog. Das theoretische Muster dieser radikalen Theorien gab offensichtlich weiterhin die Romantik, der die Religion das konstituierende Moment des Staates war.

Der klassische Liberalismus hatte die Religion als eine private Angelegenheit der Bürger behandelt[13] und sie allenfalls unter den defensiven Schutz des Staates gestellt; aber nicht der laizistische Vernunftstaat der Aufklärung, sondern die romantische Gegenidee einer Staatskirche und eines von einem einheitlichen quasi-religiösen Geist durchdrungenen Einheitsstaates stand den radikalen Theoretikern vor Augen, wenn sie im Zusammenhang mit ihren politischen Plänen von einem »neuen Bau der großen Weltkirche« (Laube, L 94, II, 3) schwärmten. Zwar war etwa für Ruges idealen Staat der Zukunft »die Kirche vollständig überflüssig« (Nehrer, L 238, 153), aber nicht, weil dieser Staat die Glaubensvorstellungen den Individuen überließ, sondern weil er »es selbst übernahm, für

13 Auch zum Beispiel die Zivilverfassung des Klerus in Frankreich (1790) zielte nicht auf eine dogmatische Lehrsubstanz. »En donnant une constitution c i v i l e au clergé, elle [la Constituante] n'avait pas cru avoir outrepassé ses droits. Elle n'avait pas touché au spirituel« (Mathiez, L 275, 238).

Religion . . . zu sorgen, die ‚unmenschliche Übung des Christentums‘ durch den Kultus der Schönheit, des freien Gedankens und der republikanischen Tugenden auf würdige Art zu ersetzen« (ebd.).

Das Strukturideal des radikalen Liberalismus war so dem Liberalismus selbst im Grunde feindlich. Es zeigte mehr Verwandtschaft mit konservativen Vorstellungen, wenn es eine politisierte Theologie mit dem Anspruch absoluter Gültigkeit zum organisierenden Prinzip des Staates erhob[14]. Dabei ist es für die Struktur der radikalen Staatskonzeption von geringer Bedeutung, daß die religiösen Inhalte durch eine unorthodoxe Interpretation des Christentums materiell verändert wurden — darin unterscheidet sich der radikale Liberalismus nicht von der Romantik —, und daß diese Veränderungen vielleicht vernichtender für die traditionelle Religion waren, als die liberale Indifferenz und die aufklärerische Kritik kirchlicher Mißbräuche; denn das Aufbauprinzip des Staates aus dem Geist einer Religion wird davon nicht berührt.

Die Radikalisierung des Liberalismus im Jungen Deutschland und in der Hegelschen Linken bezog sich, darauf wurde hingewiesen, nicht auf politische Inhalte, sondern bot nur eine neue Begründung liberaler Forderungen. Die romantisch-religiöse Strukturierung des Staates aus einem einheitlichen Prinzip ist eher das Produkt dieser Form radikaler Begründungen als das Ergebnis politischer Überlegungen. Einem Denkhabitus, dem Radikalität, Konsequenz und Durchschlagskraft nur als Funktion ‚höherer‘, theoretisch umfassender, metaphysisch-philosophischer Ableitungen sich darstellte und dessen Denkfiguren darauf hinausliefen, konkrete Vorgaben mit theologischer Würde zu umkleiden, entsprach das Postulat einer Ordnung der politischen Welt aus *einem* Geiste, auch wenn die konkreten Ordnungsvorstellungen, die demokratischen Institutionen, die aus diesem einheitlichen Geist der Zukunft entspringen sollten, gerade nicht auf die Darstellung einer religiösen Totalstruktur, sondern auf die Anerkennung der verschiedenen ‚Geister‘ (und Interessen), auf eine institutionelle Regelung des Kampfes zwischen ihnen und letzten Endes auf die Zerstörung einer romantisch-homogenen politischen Welt hinausliefen.

Das romantische Strukturideal des radikalen Liberalismus steht so im Widerspruch zu den konkreten Forderungen, die er verwirklichen wollte,

---

14 In ihrem »Manifest gegen die Romantik« erhoben Ruge und Echtermeyer nicht den Vorwurf, *daß* die Romantik die Religion (und besonders das Christentum) zur Grundlage des Staates machte, sondern daß sie von der Religion eine falsche Vorstellung habe. Novalis wurde deshalb überwiegend positiv bewertet, zu tadeln war nur, daß »seine mythische Verhüllung . . . ihm die Sicherheit des Weges, den sein Geist und der Geist der neuen Zeit vor sich hat«, verdeckte (HJ 39, 2140). Novalis’ Irrtum, den die Hallischen Jahrbücher korrigierten, lag darin, daß er die sichtbare katholische Kirche und nicht die unsichtbare Kirche der Zukunft zum Ideal erhob.

und es scheint, als liege ihm gar keine durchdachte politische Konzeption zugrunde. Es war eine in den theoretischen Radikalisierungsversuchen geübte ‚Technik des Denkens‘ vor allem, die darin bestand, »daß sie einen Tatbestand auf eine höhere Begründungsebene erhebt, als auf der er uns sonst entgegenzutreten pflegt« (Mannheim, L 274, 459) — Mannheim sieht in ihr »die denkerische Eigenart (der) romantischen Literatenschicht« (ebd.) und bezeichnet sie (mit einem Novalis entlehnten Begriff) als »Romantisieren« (ebd.)[15] — jene metaphysische ‚Potenzierung‘ konkreter Vorgaben zu Manifestationen einer höheren Idee, welche die Rechtfertigung liberaler Institutionen aus einem einheitlichen Prinzip erzwang.

Die jungdeutschen und linkshegelschen Versuche, in einem theoretischen Radikalisierungsprozeß jene Verfahrensweisen, welche die Romantik apologetisch an die altständisch-konservative, genuin religiöse Vorstellungswelt gewandt hatte, nun dem Liberalismus dienstbar zu machen und sie zur Verklärung progressiver Ziele zu verwenden, mußte jedoch scheitern, weil die Rechtfertigung liberaler Institutionen gerade die Anerkennung der politischen und ideologischen Konkurrenz zur Voraussetzung hat — wenn nicht die Institutionen selbst sinnlos werden sollen[16]. Die scheinhafte Radikalisierung des Liberalismus im Jungen Deutschland und in der Hegelschen Linken zeigt so überdeutlich das im Grunde unpolitische Muster dieses literarischen Radikalismus. Denn weder bestand er in einer Fortbildung und Verschärfung politischer Inhalte, noch auch nur in ihrer weitergehenden theoretischen Durchdringung. Nur der Sinnzusammen-

---

15 Bei Novalis heißt es: »Die Welt muß romantisiert werden. So findet man ihren ursprünglichen Sinn wieder. *Romantisieren ist nichts als eine qualitative Potenzierung.* Das niedere Selbst wird mit einem besseren Selbst in dieser Operation identifiziert, so wie wir selbst eine solche qualitative Potenzreihe sind. Diese Operation ist noch ganz unbekannt. Indem ich dem Gemeinen einen hohen Sinn, dem Gewöhnlichen ein geheimnisvolles Ansehen, dem Bekannten die Würde des Unbekannten, dem Endlichen einen unendlichen Schein gebe, romantisiere ich es« (nach Mannheim, ebd., 459). Mannheim zeigt die politische Applizierbarkeit dieses (nicht auf seine apologetisch-konservativen Funktionen hin konzipierten) Verfahrens an einem Beispiel: »Solch typisches Romantisieren . . . die Romantisierung des Adels. Das Vorhandensein des Adels ist eine empirische Tatsache; alle historischen Fehler und Tugenden des Adels als bekannt gesetzt, *leistet das romantische Denken das Seinige, indem es in ihm ein Prinzip entdeckt, und zugleich das Werden als einen Kampf verschiedener Prinzipien darstellt.* Dadurch sind Tatsachen, die als solche insbesondere für das positivistisch eingestellte Denken in einem Wirkungszusammenhang gegeben wären, zu Sinnzusammenhängen gemacht. Sicher rückt durch eine solche ‚Romantisierung‘ der Tatbestand in ein schärferes Licht (‚etwas ist immer richtig gesehen‘), aber der Realzusammenhang wird dadurch verdeckt« (Mannheim, ebd. 459 f.).
16 Es ist dies freilich nur eine Bestimmung des Liberalismus. Etwa Rousseaus Konzeption der ‚volonté générale‘ weist in eine andere (romantisch-radikale) Richtung.

hang war auf eine neue Ebene verschoben, profane Forderungen erhielten eine geistige Aura und den Anschein einer höheren Legitimität. Nach der ‚Romantisierung‘ des Liberalismus gab es neue, falsche Gründe für die alte, zeitgemäße Sache, und der Adressat dieser Gründe blieb jene gebildete bürgerliche Mittelschicht, deren Interessen die radikale Literaturbewegung zu religiösen Forderungen erhob.

3. Der politische Radikalismus nach 1840

Die inhaltliche Radikalisierung des Liberalismus und überhaupt eine politisch radikale Bewegung begann in Deutschland, sieht man von ephemeren Ausnahmen im Südwesten ab, erst um 1840, etwa gleichzeitig mit dem Zusammenbrechen des literarischen Radikalismus, wesentlich aber davon unbeeinflußt. Der soziale Schwerpunkt dieser neuen radikalen Bewegung lag nicht mehr im wirtschaftlich gesicherten Bürgertum, sondern in den durch Überbevölkerung, mangelnde Industrialisierung und bäuerliche Erbteilung bedrohten Unterschichten. Nach 1840 wurde »die radikale Demokratie ... aus einer Sache der intellektuellen Opposition, wie sie es im Jungen Deutschland und bei den Linkshegelianern gewesen war, zu einer Sache des kleinen städtischen und ländlichen Mittelstandes« (Huber, L 270, II, 405). Entsprechend blieben die Wortführer nicht jene Schriftsteller, Philosophen und Journalisten, die vor allem geistige Fesseln sprengen wollten; an ihre Stelle traten politische Agitatoren, die auf die Schaffung einer handlungsfähigen radikalen Partei hinarbeiteten. »An die Stelle des romantisch-enthusiastischen Stils ... (trat) die auf konkrete Verfassungsziele gerichtete und rational organisierte Parteiarbeit. Die politischen Führer der heroisch-enthusiastischen Zeit ... verloren ihren Einfluß« (Huber, ebd., II, 404).

Der Verschiebung der Träger und der sozialen Zielgruppen der radikalen Bewegung folgte auch die Veränderung der Zielvorstellungen und der Begriffe: war für den bürgerlichen Liberalismus und seine literarischen Vertreter »das ‚Volk‘, um dessen Freiheit und Mitbestimmungsrecht sie kämpften, die Schicht der wirtschaftlich Selbständigen« (ebd.), so begriff der neue Radikalismus unter dem Volk »gerade die Schicht der wirtschaftlich Abhängigen, deren Befreiung aus dieser Abhängigkeit ihnen als das gesellschaftspolitische Ziel des Verfassungskampfes galt« (ebd.).

Das religiöse Pathos der literarischen und philosophischen Revolutionäre wurde damit funktionslos; die konkreten Interessen der kleinbürgerlichen Bewegung deckten sich weder mit den jungdeutschen Emanzipationsphantasien noch mit den philosophischen Theorien der Hegelschen Linken; die Forderung nach Freiheit und Gleichheit der kleinbürgerlichen und kleinbäuerlichen Massen zielte auf die Behebung sozialer Mißstände und konnte der romantischen Überhöhung entbehren.

Die reaktionäre Wendung des Jungen Deutschland und der klanglose Untergang der Hallischen Jahrbücher drei Jahre später spiegeln das objektive Verhalten dieser Standpunkte innerhalb der radikalen Bewegung. Während das Junge Deutschland auch subjektiv aus der Politik ausschied, seinen progressiven Anspruch aufgab und sich der literarischen Geschäftigkeit verschrieb, hielten die Linkshegelianer zwar an ihren Grundsätzen fest[17] und begleiteten — zumeist mit bissigen Kommentaren — die Entwicklung neuerer politischer Richtungen, wurden aber über ihrer Prinzipientreue nur zu ihren eigenen Historikern (Popitz, L 242, 19).

---

[17] Nur Bruno Bauer bekannte sich eine Zeitlang zur Bewegung des ,wahren Sozialismus' und wurde später Mitarbeiter der konservativen ,Kreuzzeitung'.

VIII. Der wirtschaftliche und gesellschaftliche Hintergrund

1. Die Inkongruenz der politischen und der ökonomischen Verfassung

Eine der auffallendsten Erscheinungen der Wirtschafts- und Sozialgeschichte im Vormärz ist die Inkongruenz der Entwicklung der wirtschaftlichen und der politischen Verfassungen innerhalb der einzelnen Länder und zwischen ihnen. So gingen in Baden, dem Land mit der wohl liberalsten politischen Verfassung in Deutschland, die liberalen Reformen der Wirtschaftsordnung gerade aufgrund der Vorherrschaft des mittelständischen Bürgertums (s. u.) nicht über Ansätze hinaus[1], und »eine Gewerbeordnung, die zur Gewerbefreiheit hinführte, (kam) erst 1862 in Baden zustande« (Fischer, L 264, 161), während auch die politisch konservativen Regierungen in Preußen die liberalen Wirtschaftsprinzipien der Reformzeit verteidigten und alle Bestrebungen zurückwiesen, die auf eine Einschränkung der Gewerbefreiheit hinausliefen. Hatten »dreißig Jahre konstitutionellen Lebens in Baden ... die gesellschaftliche Struktur fast unbeachtet gelassen« (Fischer, ebd., 169), so wurde in Preußen der von Stein und Hardenberg begonnene Umbauprozeß von einer ständischen in eine moderne Klassengesellschaft während der Restauration auch um den Preis der Expropriierung des kleinen Adels[2] bewußt in Gang gehalten. Dabei sah sich die Regierung bei der Durchsetzung der liberalen Wirtschaftsordnung nicht nur der Opposition des Adels, sondern auch jener »seltsamen Opposition der Gewerbetreibenden gegenüber, die zwar politisch durchaus auf Seiten der Bewegungspartei stehen mochten, aber den Wirtschaftsliberalismus ... bekämpften« (Stadelmann, L 284, 147).

Es gehört zum widersprüchlichen Bild der Restaurationszeit, daß sich der politische Liberalismus als ein Hemmnis für die Durchsetzung der Prinzipien des wirtschaftlichen Liberalismus erwies. Während die Vertreter des politischen Liberalismus die Staatsverfassungen Frankreichs und Englands für vorbildlich hielten, haben sie die liberalen Wirtschaftsver-

---

1 Einzelheiten bei W. Fischer, »Staat und Gesellschaft in Baden« (L 264, S. 143 ff.).
2 Zwischen 1820 und 1830 verloren in der Folge der ökonomischen Liberalisierung und der Agrarkrise 80 % des Adels ihren Grundbesitz. (Brahmsted, L 261, 54, Anm. 1; Schnabel, L 279, 111).

fassungen »besonders England(s) und Frankreich(s), aber auch Preußen(s)
... als Gegenbilder hingestellt, von denen sich gerade viele Liberale energisch distanzierten« (Fischer, L 264, 158); wohingegen sich die spätabso-
lutistisch-bürokratischen Regierungen Preußens an den ökonomischen
Prinzipien jener Länder orientierten, deren politische Ordnungen sie
perhorreszierten. Zielte »die Grundtendenz der liberalen Zoll- und Ge-
werbepolitik [in Preußen] ... auf die Heranbildung einer selbständigen
Unternehmerschicht nach englischem Vorbild« (Koselleck, L 271, 102),
also auf eine kapitalistische Entwicklung, so ging es dem oppositionellen
Bürgertum um die Konservierung der vorindustriellen kleingewerblichen
Strukturen. Daher leisteten auch in Preußen die einzigen parlamentarischen Institutionen, die Selbstverwaltungskörperschaften in den Städ-
ten, »gegen die Aufhebung der Zunftverfassung ... heftigen Widerstand« (Koselleck, ebd., 101). Sie blieben damit zwar zunächst ohne
Erfolg — »in unbeirrbarer Konsequenz wies jahraus jahrein das preußische Ministerium jede Eingabe zurück, die die freie Konkurrenz auch nur
irgendwie zu beschränken forderte« (ebd.) — aber in der Folge dieser Ab-
weisung der wirtschaftspolitischen Forderungen des vorindustriellen Bürgertums entstand in den Selbstverwaltungsinstitutionen »ein gesetzlich
geschaffenes Ferment politischer Gärung, das um so wirksamer war, als
rein quantitativ die Städte eine untergeordnete Rolle spielten« (Koselleck, ebd., 100).

Die scheinbare Verkehrung ökonomischer und politischer Interessen ist
freilich nicht das Produkt jener ideologischen Verwirrung, von der bereits
die Rede war, sondern eher deren Voraussetzung. Träger der politisch
liberalen Bewegung vor der industriellen Revolution in Deutschland war
ein Bürgertum, das mit der Industrialisierung gerade in die Randbereiche
der Gesellschaft gedrängt wurde und seine noch dominierende Stellung in
den etablierten liberalen Systemen (für die Baden ein Beispiel geben kann)
zur Verzögerung dieses Prozesses benutzen konnte und dort, wo ihm diese
Möglichkeit verwehrt war, etwa im autokratisch regierten Preußen, oppo-
sitionell wurde.

Anders als in Frankreich gab es im Deutschland der dreißiger Jahre des
19. Jahrhunderts ein Bürgertum, aber kaum eine Bourgeoisie im sozioökonomischen Sinn des Terminus. Frankreich hatte unter dem Schutze der
Napoleonischen Diktatur bereits die erste Phase der Industrialisierung abgeschlossen (Sée, L 280, 115); in den parlamentarischen Institutionen des
Bourbonischen Restaurationsregimes und der Julimonarchie standen sich
— manipuliert durch das enge Zensuswahlrecht — nur zwei Besitzklassen[3]

---

3 Nämlich propriétaires fonciers und bourgeoisie d'affaires als legitimistische
(konservative) und orleanistische (liberale) Partei. (Dansette, L 267, 15, vgl.
Marx, »Der 18. Brumaire des Louis Bonaparte«, L 157, VIII).

gegenüber, deren Differenzen weniger ideologisch als ökonomisch bestimmt waren und die deshalb auch unter der proletarischen und der kleinbürgerlichen Bedrohung während der Zweiten Republik als ‚Ordnungspartei' gemeinsam die Herrschaft behaupteten[4]. In Deutschland dagegen war »im Beginn der zwanziger Jahre an der Gesamtstruktur der Volkswirtschaft kaum etwas Wesentliches geändert; sie war dieselbe wie sie 1750 oder 1800 gewesen war« (Sombart, L 282, 79). Es gab eine kleine Finanzbourgeoisie vorkapitalistischer Prägung (Baden hatte nicht einmal eine allgemeine Notenbank), den grundbesitzenden Landadel und einen kaum ökonomisch definierten ‚Mittelstand' (Marx spricht gelegentlich von der »deutschen Mittelklasse«, L 156, 321), der Gewerbetreibende, freie Berufe und die (nichtadligen) Staatsfunktionäre umfaßte. »Im Mittelstand vereinigte sich . . . alles, was nicht zum Adel und nicht zum niederen Volk gehörte. Er trug in unserem Sinne kein ausgesprochenes Klassengepräge, sondern erschien bald mehr als die Gruppe aller mittelmäßig begüterten Personen, bald mehr als die der Gebildeten« (Sombart, L 282, 444)[5].

Die deutsche Mittelschicht war wegen ihrer Inhomogenität und wegen der defensiven Festlegung auf den vorindustriellen sozialen und wirtschaftlichen status quo nicht imstande, aus eigener Kraft Veränderungen durchzusetzen; wo sich aber infolge exogener Faktoren[6] ein parlamentarisches System durchsetzte, erlangte sie leicht eine dominierende Stellung, die zur Stabilisierung der kleingewerblichen und beamteten Honorationenschicht führte. Wenn der ideologisch wichtigste Vertreter des Mittelstandes, das »reine Bildungsbürgertum« (Koselleck, L 271, 100), in der Opposition mit der — durch die sozioökonomischen Konsequenzen nicht offen motivierten — politischen Forderung nach formalen demokratischen Kontrollen operierte, so vertrat er objektiv die Interessen des gesamten Mittelstandes, obwohl das eingestandene Ziel nur die Teilhabe der ‚Gebildeten' an einer demokratischen Machtausübung war; denn eine De-

---

4 In den deutschen Verhältnissen gab es analoge Entwicklungen (S. Seite 152).
5 Vgl. die Formulierung des preußischen »Allgemeinen Landrechts«: »Die bürgerliche Gesellschaft besteht aus mehreren kleinen, durch Natur oder Gesetz, oder durch beide zugleich verbundenen Gesellschaften und Ständen« (Koselleck, L 271, 81).
6 Nämlich vor allem durch die Gebietsveränderungen nach dem Reichsdeputationshauptschluß und nach den Siegen Napoleons, die die Beibehaltung der alten Rechtsordnungen in den neu gebildeten Mittelstaaten unmöglich machten. (Huber, L 270, I, 317) »Die Gewährung . . . parlamentarischer Einrichtungen war hier [in den Mittelstaaten] in der Absicht geschehen, oppositionelle Bewegungen in den neuen Gebieten abzufangen, diese Gebiete durch ständisch-parlamentarische Organe zu ‚integrieren'. Dieser Versuch ist als in höchstem Grade gelungen zu bezeichnen« (Schieder, L 264, 27 f.).

mokratisierung unter den sozialen und ökonomischen Bedingungen der Restaurationszeit mußte, das zeigt die Zusammensetzung des badischen Parlamentes ebenso wie noch die der Paulskirchenversammlung, eine Majorität des vorindustriellen Bürgertums bringen, die die Möglichkeit zur politischen Konsolidierung der Macht dieser Klasse bot, die ökonomisch an Bedeutung verlor.

2. Die Krisis der ständisch bestimmten Hegemonie

Der bestimmende Vorgang der Restaurationsepoche ist der Zusammenbruch der ständischen Wirtschaftsordnung und in Verbindung damit die Krisis der aristokratischen Wirtschaftshegemonie auf dem Lande und die sozialen und ökonomischen Reaktionsversuche des vorindustriellen Bürgertums gegen die Gefährdung seines sozialen Status durch die sich abzeichnende Entwicklung einer neuen kapitalistischen Bourgeoisie[7]. Die erste Bewegung wurde aufgefangen durch die nachdrückliche Stützung des adligen Großgrundbesitzes sowohl in den liberalen wie in den autokratisch regierten Ländern[8] und durch die Bevorzugung des Adels in der höheren staatlichen Verwaltung und im Militär. Auch erwiesen sich nicht wenige Vertreter des Adels durchaus als anpassungsfähig an einen rein kapitalistischen Wirtschaftsstil (Bramsted, L 261, 39 f.), und wie die liberale Wirtschaftspolitik in Preußen während der ersten Hälfte des 19. Jahrhunderts sowohl den Interessen des adligen Grundbesitzes (Schnabel, L 279, 117 f.) wie denen der kapitalistischen Bourgeoisie entgegenkam, entstand, gefördert durch die einseitige Bevorzugung der alten und der neuen wirtschaftlichen Oberschicht, eine ökonomische Elite, »in der kapitalkräftiges Bürgertum und Adel zusammenwuchsen« (Koselleck, L 271, 96).

7 Hält man, wie Bramsted (L 261, 38 f), die mittelständische Herkunft der meisten romantischen Apologeten der ständischen Gesellschaft für ein signifikantes Merkmal, so könnte man von einer ephemeren Allianz dieser Kräfte um die Jahrhundertwende sprechen.

8 In Preußen blieb zum Beispiel über die Hälfte des gutsherrlichen Grundbesitzes in den östlichen Provinzen steuerfrei (Koselleck, L 271, 99). In Baden bestimmte das Adelsedikt von 1819, dessen Festsetzungen während des ganzen Vormärz geltendes Recht blieben: Es verbleiben den Standesherren »alle Einkünfte von ihren Dominalhöfen, eigentümlichen Gütern, Schäfereien und Erblehen, alle bisher bezogenen Zehnten, samt den Neubruchzehnten, ... Bodenzins von Gütern, Handlohn von Gütern, eigentümliche Brauereien und Branntweinverlage, alle aus der Erbpflichtigkeit herfließenden Abgaben, als Leibschilling, Rauchhühner, Totfall, Manumissionsgebühren, die seither üblich gewesenen Bannutzungen namentlich Bannkeltern; die Forstgefälle und Waldrugstrafen, die Jagd- und Fischereinutzungen; die Herrschaftsfronden und Frondrelutionsgelder, die Nachsteuer oder Abzugsgebühren bei Auswanderungen ...« (Fischer, L 268, 162).

Die Opposition gegen beide Gruppen, gegen den Adel und gegen die Bourgeoisie, ging vor allem vom ständischen Bürgertum (und später von den pauperisierten kleinbürgerlichen Schichten) aus. Vordergründig war es ein Kampf der ‚Bildung‘, der dort, wo er sich gegen den Adel richtete, nicht, wie gelegentlich angenommen, von der ideologischen Avantgarde des Kapitalismus geführt wurde, sondern sich auch gegen diesen richtete, und dessen antikapitalistische Züge andererseits kein sozialistisches Gepräge trugen, obwohl einzelne Vertreter des Bildungsbürgertums in den vierziger Jahren zu Alliierten früher sozialistisch-demokratischer Bestrebungen werden konnten[9]. Im Grunde war diese mittelständische Opposition, ihren mitunter revolutionär anmutenden Ausfällen gegen den Adel und gegen den ‚Industrialismus‘ zum Trotz, reaktionär und verarbeitete die Symptome der Zeitkrisis nur defensiv, wenn sie sich »noch immer von einem Schritt zurück in die Selbstgenügsamkeit einer kleingewerblichen und kleinbäuerlichen Welt ... einen Ausweg aus der Krise versprach« (Fischer, L 268, 168)[10].

Die jungdeutschen Schriftsteller, obwohl sie — mit der Ausnahme Kühnes — aus der halb proletarischen Unterschicht des Bürgertums kamen, waren die literarischen Sachwalter der mittelständischen Opposition und vor allem des liberalen Bildungsbürgertums in Preußen. Ohne das Bewußtsein sozialer und ökonomischer Implikationen übernahmen sie dessen doppelte Frontstellung gegen den Adel und gegen die Industrie im Namen von Geist und Bildung.

Die Bildungsopposition des Bürgertums gegen den Adel nahm das Junge Deutschland in literarisierter Form auf, indem es vom Standpunkt der geistigen Überlegenheit des Bürgertums das der Realität kaum entsprechende Bild eines als Klasse sozial absteigenden Adels entwarf, der sich nur durch die Anpassung an die Wertvorstellungen des Bildungsbürgertums retten könne. So erklärte zum Beispiel Mundt, wie in Frankreich, so gebe es bald »auch in Deutschland keinen Adel mehr« (L 116, 133), um daran die Aufforderung zu schließen: »Aristokratie, versuche doch Dein letztes Rettungsmittel! Vergeistige Dich, ... nimm unter die Zahl Deiner Ahnherrn noch den Geist auf, und Du wirst unsterblich sein!« (Ebd. 135). Die »antiaristokratische Tendenz, die, offen oder verborgen, bei fast allen mittelständischen Schriftstellern ihren Ausdruck findet« (Bramsted, L 261, 47), richtete sich im Jungen Deutschland nicht gegen die dem Adel verbliebenen ökonomischen und politischen Privilegien, sondern gegen die nach

---

9 Aufschlüsse hierüber sind von der Dissertation von D. Bunselmeyer, »Theorien über Literatur und Gesellschaft im ‚wahren Sozialismus‘ (1843—1848)« [FU Berlin, unveröffentlicht] zu erwarten.

10 Das wohl beste literarische Dokument dieser bürgerlichen Opposition sind „Die Epigonen“ von Karl Immermann.

Meinung der Jungdeutschen ungerechtfertigte aristokratische Attitüde sozialer Überlegenheit: daß »Könige und Aristokratie sich nicht an das Bürgertum assimilieren — ... das ist der wesentlichste, der persönliche Vorwurf wider sie« (Horowitz, L 208, 45)[11].

Zum beginnenden Kapitalismus ist die Beziehung des Jungen Deutschland zunächst negativ durch weitgehendes Ignorieren: wirtschaftliche Fragen haben die Jungdeutschen bei ihren Erörterungen über Staat und Gesellschaft ebensowenig interessiert wie die Linkshegelianer. »Auch der Redakteur der ‚Frankfurter Börsenzeitung‘ [Gutzkow] spekulierte lieber mit den Chancen spanischer Freiheitsgenerale, als daß er sich zu tief in Ein- und Ausfuhrziffern, in Bankbilanzen, in Schutzzöllen und Valutaberechnungen langweilte« (Männer, L 229a, 65). Mutatis mutandis gilt diese Bemerkung für die ganze Bewegung des literarischen und philosophischen Radikalismus. Aber es handelt sich dabei nicht so sehr um einen subjektiven Mangel der einzelnen Autoren, als vielmehr um ein charakteristisches Merkmal der Zeit (vgl. Koselleck, L 271, 90, bes. Anm. 42) und um ein eminent politisches Kennzeichen des ständischen Bürgertums, das sein Selbstverständnis gerade in außerökonomischen Kategorien formulierte. Gegen den Kapitalismus wandten sich daher die jungdeutschen Schriftsteller, ohne sich auf Sachzusammenhänge einzulassen, indem sie isolierte Symptome, die zum Teil (wie etwa die Zunahme der pauperisierten Unterschicht im vormärzlichen Deutschland) Folgen der unzureichenden alten Wirtschaftsordnung waren, der (kaum vorhandenen) industriellen Entwicklung zurechneten und gegen die herannahende »Hyperculmination der Industrie« (Gutzkow, L 78, I, 110) jenen Standpunkt behaupteten, den sie auch dem Adel gegenüber eingenommen hatten, den Standpunkt der Bildung. Die Gefahr, welche die Jungdeutschen vornehmlich in der Industrialisierung erblickten, lag vor allem in der Gefährdung der traditionellen ‚Bildung‘, deren Herrschaft sie herbeiführen wollten. Ihre Befürchtung war, daß »unter den Siegern über die historische Klasse ... sich wieder eine Aristokratie« (Laube, L 94, II, 30) herausbilden könne, die Aristokratie des Geldes, und diese mußte vom Standpunkt des ge-

---

11 Horowitz bemerkt weiter, daß der jungdeutschen (und wohl auch der bürgerlichen) Ablehnung des Adels zugleich eine geheime Bewunderung zugrunde lag. Unzeitgemäß und doch vorbildlich »erscheint die bekämpfte Feudalität und deren Lebensform; sie verkörpert das wahre Menschentum ... Innerlich fühlt sich der Bürger im Jungdeutschen dem Aristokraten unterlegen. Die seigneuriale Gebärde, die Verachtung aller Rechenhaftigkeit und Alltäglichkeit, der großzügige Lebensstil erscheinen ihm vor allem nachahmenswert. Die ritterlichen adligen Tugenden stehen ihm hoch über den bürgerlichen. Daß oft gerade der Aristokrat zum Repräsentanten bürgerlich-liberaler Tugenden gewählt wird ... ist kein Zufall« (45). Einzelheiten zur jungdeutschen Adelskritik in: E. K. Bramsted, »Aristocracy and the Middle-classes in Germany (1830—1900)« (L 261).

bildeten Bürgertums abstoßender scheinen als die alte feudalistische, denn sie wäre »platter und prosaischer . . . Das trostlose Geschäft schwingt sich im Gewande der Industrie auf den Thron, mir schaudert vor dieser neuen, bloß rechnenden Herrschaft, wo die Herzen nichts mehr gelten« (ebd.). Die typische Reaktion gegen diesen »neuen Feind, . . . die Geldaristo- kratie« (ebd.) blieb, daß die ‚Poeten‘ ihre unerschütterliche Absicht be- kannten, »sehr auf der Hut (zu) sein« (ebd.), um sich »den Sieg nicht stehlen zu lassen, den *Sieg der Bildung*« (ebd.). In einem ähnlichen Zu- sammenhang bekannte Gutzkow, er greife selbst die »gotische Physio- gnomie unserer Erziehung . . . ungern an« (L 78, I, 21), weil er fürchtete, »die weißgetünchte Flachheit unseres modernen Maschinen- und Dampf- geistes möchte ihre Stelle einnehmen« (ebd.). Die Vorstellung von der prosaischen Flachheit des Maschinenzeitalters, eine ästhetizistische Vorstel- lung also, war es, die ihre Ablehnung der modernen Industrie rechtfer- tigte. Sie sahen »eine Öde . . . eintreten, wo man freilich zu nichts ande- rem zurückkehren kann als zum Trost der Moral« (Gutzkow, L 78, I, 10), und angesichts der sozialen Folgen der Industrialisierung wußten die Jungdeutschen dann in der Tat nichts weiter als die alte christliche Entsa- gungsmoral zu predigen. Denn hinter ihrer Ablehnung stand konkret nur die Angst vor einem Funktionsverlust der bürgerlichen Bildungsschicht und ihrer literarischen Intelligenz und nicht ein gesellschaftspolitisches Engagement[12].

3. Stellung und Funktion der literarischen Intelligenz

Die ökonomische, die politische und die literarische Elite des Vormärz trennte ihre verschiedene soziale Herkunft und Klassenzugehörigkeit. Die Jungdeutschen und zum Teil die Linkshegelianer waren sozial aufgestie- gen aus dem Kleinbürgertum in die bürgerliche Bildungsschicht, innerhalb deren sie aber eine wenig gesicherte Stellung einnahmen, auch wenn sie deren Vorstellungen intellektualisierten und radikalisierten. »Das Bür- gertum, für dessen politische Herrschaft der Jungdeutsche eintritt, und aus dessen untersten Schichten er stammt, ist ihm fremd, teils fremd und ver- haßt« (Horowitz, L 208, 46); denn das gebildete Bürgertum bildete, zu- mal in Berlin, verhältnismäßig hermetische Gruppen, in denen ‚Bildung‘ ein mehr durch gesellschaftlichen Umgang als durch akademische Schulung ausgebildeter ‚feinsinniger‘ Kult der Eingeweihten war, dem — bei aller

---

12 Deutlich ist ein solcher Zusammenhang noch in Heines Vorrede zur fran- zösischen Ausgabe von »Lutetia«, wo diese Argumente, nun bezogen auf den Kommunismus, wiederholt werden. Sie bestimmten freilich dort nicht Heines po- litische Entscheidung.

oft persiflierten Lächerlichkeit — diskriminierende Funktionen zur Bestimmung der Zugehörigkeit zum engeren oder weiteren Kreis dieser Gruppe zukamen.

Hierzu im Gegensatz war die jungdeutsche Bildung nicht habituell, sondern bewußt erworben, und sie trug noch lange die Spuren dieser schulmäßig-akademischen Herkunft. Die sozialen Motive für die Hegelrezeption nach 1830, auf die Löwenstein hinweist, treffen gerade im Fall des Jungen Deutschland; dem mitunter chaotisch anwachsenden Bildungsbedürfnis der von Haus aus Bildungsfremden kam die Hegelsche Philosophie »entgegen dadurch, daß sie die höhere deutsche Bildung, die bisher nur auf einen kleinen Kreis beschränkt war, einem weiteren zugänglich machte. Denn die systematisch-wissenschaftliche, methodische Form seiner Philosophie versprach, einen mit der Vernunft allein zu den letzten Dingen vordringen zu lassen. Bildung konnte, wie es schien, so erworben werden ohne den Prozeß des einsamen Sich-Bildens aus sich heraus, ohne Krisen und Risiko allein durch Denken und Lernen« (L 224, 71)[13].

Die vor allem durch Philosophie und Theologie bestimmte Bildung der Jungdeutschen blieb theoretischer, unliterarischer, und sie bildete gerade durch ihre intellektualistischen Züge einen Fremdkörper innerhalb des etablierten Bildungsbürgertums. Mundt, Laube und Kühne übten Anpassung und bezahlten ihren darauf erfolgten gesellschaftlichen Aufstieg damit, daß sie ihre jungdeutschen Qualitäten aufgaben, während Gutzkow diese Anpassung zunächst verweigerte. Die Folge war, daß die angepaßten Jungdeutschen zur literarischen Bedeutungslosigkeit herabsanken und persönlich vorankamen, wohingegen Gutzkow durch sein Widerstreben für längere Zeit in die Reihen des journalistischen »Schriftstellerproletariats« (Gutzkow, L 77, VIII, 181) verwiesen war und seinen Lebensunterhalt durch Arbeiten verdienen mußte, die seinen literarischen Ambitionen nicht entsprachen. In einem Nachruf auf den liberalen Publizisten Eduard Duller beschreibt Gutzkow seine eigene Lage bis zur Anstellung als Dramaturg am Dresdner Hoftheater, wenn er die Lebensumstände beklagt, unter denen ein Schriftsteller produzieren muß, der »zu einer Richtung gehört, die man von oben her verwirft« (L 77, VIII, 181): er »bleibt sein Leben lang auf sich angewiesen. Ämter, Unterstützungen der Großen sind ihm

13 Allerdings ist es wohl nur im Selbstverständnis dieses Bildungsbürgertums das Einsame und Risikoreiche des Erwerbs der ‚Bildung‘, das den Unterschied zum angelernten Bildungswissen ausmacht, während die unterschiedlichen Bildungsattitüden objektiv vor allem dadurch zustande kommen, daß die gesellschaftlich habitualisierte Aneignung von Kulturnormen oder deren (relativ mühevoller) Erwerb ohne den bürgerlichen Hintergrund die Bildung und deren Handhabung prägen. Einsamer und risikoreicher dürfte im übrigen das sozial nicht gestützte ‚Lernen-Müssen‘ von Bildung sein.

verschlossen. Wachend über die Lauterkeit seiner Überzeugungen, darf er kaum nach irgendeiner Seite hin Schritte zur Verständigung wagen. Er ist der moderne geistige Proletarier, den vielleicht ein Erfolg über die Sorgen einige Jahre hinwegführen kann, der aber immer wieder aufs neue bedacht sein muß, für seine ferneren Hilfsquellen selbst zu sorgen, um sich sein Talent wie nur irgend möglich ergiebig zu machen« (ebd.; vgl. Mannheim, L 274, 455).

Es war nicht zuletzt der Assimilierungsprozeß der Literaten ans Bildungsbürgertum mit Hilfe der Philosophie, der sie zu Theoretikern dieser Klasse werden ließ. Ebenso wie es »kein bloßer Zufall (war), daß der Konservatismus als T h e o r i e nicht von Menschen geprägt wurde, die konservativ ‚geboren‘ sind, sondern die es sein wollten oder geworden sind« (Löwenstein, L 224, 92), so ist auch die Tatsache, daß die Formulierung der politischen Vorstellungswelt des Bildungsbürgertums in theoretischen Sätzen nicht von diesem Bürgertum selbst, sondern von sozial ins Bürgertum aufgestiegenen Schriftstellern und Philosophen geleistet wurde, das Ergebnis einer sozialen Nähe und Fremdheit zugleich in der Beziehung dieser Theoretiker zu ihrer Klasse. Gerade das relative Abseitsstehen der literarischen Intelligenz und ihre *bewußte* Übernahme bürgerlicher Vorstellungen ermöglichte die schärfere Wahrnehmung der ‚grundsätzlichen‘ Elemente einer sozialen Haltung.

In der Erfüllung dieser Funktion als Ideologen einer Klasse, der sie nur bedingt selbst angehören, verkörpern Jungdeutsche und Linkshegelianer in charakteristischer Weise Merkmale einer literarisch-philosophischen Intelligenz, die, mit der stärkeren sozialen Mobilität nach der Auflösung der ständischen Ordnung entstanden, wirtschaftlich konstitutionell in einer prekären Lage und sozial relativ freischwebend, zum »typischen Rechtfertigungsdenker« (Mannheim, L 274, 457) für sozial fester gebundene Gruppen wurde. Sie engagierte sich von einem scheinbar allgemeinen Standpunkt in konkreten sozialen und politischen Auseinandersetzungen, indem sie sich zum ideologischen Verstärker besonderer Interessen machte. Was Mannheim am Beispiel der politischen Romantik zeigt, wird bei den radikalen Theoretikern des ‚gebildeten‘ Liberalismus in ähnlicher Weise deutlich: daß nämlich aus den »am modern kapitalistisch werdenden Strom weniger engagierten Schichten (die man als kleinbürgerlich bezeichnen könnte)« (452), eine literarische Intelligenz sich rekrutiert, der gerade der »halbkonkrete Zug« (ebd. 456) eines Denkens in instabiler Balance zwischen besonderen sozialen Bedingungen und Interessen und allgemeinen Ideen, »zwischen der Weltfremdheit der Idealisten und der alleinigen Ausgerichtetheit auf konkrete Aufgaben« (ebd.) eignet. Dieses politische Denken bleibt zwar einerseits abhängig von der Intentionalität sozial und ökonomisch relevanterer Klassen, behauptet diesen gegenüber

jedoch auch eine gewisse Überlegenheit (und besitzt sie tatsächlich), die
ihm die bewußte Durchdringung und Formulierung einer klassengebun-
denen Vorstellungswelt verleiht[14].

Zwar Vertreter der Interessen einer Klasse, konnten sie doch zugleich zu
deren Kritikern werden, wenn sie die ,Logik der Sache' zum Maßstab für
die Sache selbst machten und von der Wirklichkeit jene Konsequenz forderten, welche die Theorie besaß. Stärker als bei den Interessenvertretern
selbst fand sich deshalb bei den ,kleinbürgerlichen' Ideologen ein doktri-
närer Zug, der sowohl im Falle der politischen Romantik wie in dem des
literarischen Radikalismus die reservierte Haltung der genuin konservativen und bürgerlichen Politiker bedingte[15]. Sie ließ Jungdeutsche und
Linkshegelianer in einer sozial und politisch isolierten Stellung in der Gesellschaft des Vormärz wie in ihrer eigenen Klasse verharren: die radikale
literarische und philosophische Bewegung blieb eine Spielart des Liberalismus, die zwar ein gewisses wohlwollendes intellektuelles Interesse, nicht
aber eine Revolution zu stimulieren vermochte. Zu ihrer Verteidigung
regte sich keine Hand und erhob sich kaum eine Stimme, als sie nach dem
Verbot durch den Bundestag und durch die preußische Regierung gewaltsam verstummte.

14 Einen ähnlichen Tatbestand faßt Marx ins Auge, wenn er die »kleinbürgerlichen« Ideologen der 2. Republik in Frankreich beschreibt und bemerkt, man
dürfe sich nicht vorstellen, daß sie selbst alle ,shopkeepers' seien oder für diese
schwärmen. »Sie können ihrer Bildung und ihrer individuellen Lage nach him-
melweit von ihnen getrennt sein. Was sie zu Vertretern des Kleinbürgertums
macht, ist, daß sie ... zu denselben Aufgaben und Lösungen theoretisch getrieben
werden, wohin jene das materielle Interesse und die gesellschaftliche Lage praktisch treiben. *Dies ist überhaupt das Verhältnis der politischen und literarischen
Vertreter einer Klasse zu der Klasse, die sie vertreten*« (L 157, VIII, 142).
15 Ein Beispiel ist sowohl Metternichs Distanz zu den politischen Theoretikern
der Romantik, wie die Verteidigung der ,Deutschen Jahrbücher' durch die liberale Fraktion in der sächsischen Kammer (Vgl. B. Bauer, L 139, 212 f.).

IX. Biedermeier oder Vormärz

Wenn Jungdeutsche und Linkshegelianer sich als Künder einer säkularen Revolution empfanden, deren Vorboten sie allenthalben in der Zeit wahrzunehmen glaubten, so gaben sie vor allem der geistigen Unruhe und der politischen Unzufriedenheit Ausdruck, die sich an den Universitäten und im gebildeten Bürgertum verbreitet hatten. Was sie als Krisis der Zeit empfanden und darstellten, war jedoch nur Symptom, nicht die Krisis selbst. »Der eigentliche Unterschied der industriellen Gesellschaft ... in ihren frühen Stadien und der ihr vorausgehenden Gesellschaftsform ... liegt vor allem in der gleichzeitigen Außerkraftsetzung des Systems von Normen und Werten, das die Ordnung der vorindustriellen Gesellschaft garantierte und legitimierte« (Dahrendorf, L 265, 3). Diese umfassende Krisis des Überbaus sahen die revolutionären liberalen Schriftsteller und Philosophen, ohne bis zu deren Ursachen vorzudringen. Indem sie den Zeitbegriff (oder den allgemeineren des Geistes) hypostasierten und aus ihm die realen Spannungen ableiteten, gaben sie den kritischen Befund über ‚die Zeit‘ für ein gar nicht weiter erklärungswürdiges Faktum aus: es war eine Krisis der Zeit selbst, die aus dem Kampf eines neuen und eines alten Geistes in ihr hervorging und die vom fortschrittlichen »Geist der Zeit« selbst gelöst würde. Geist als letzte und höchste Wirklichkeit ließ sich nicht aus den Zusammenhängen der Empirie, sondern allenfalls aus der Wahrheit der philosophischen Theorie ableiten und versperrte so gerade den Zugang zu den realen Faktoren der Krisis der Zeit und des Bewußtseins.

Hinter den intellektuellen Symptomen der Krisis stand die soziale und ökonomische Krisis der Restaurationszeit. Sie lag in der Umwandlung der ständisch gebundenen in eine liberale kapitalistische Wirtschaft und in den damit verbundenen sozialen Umschichtungsprozessen, die sich zwar so langsam vollzogen, daß sie konkret noch kaum erlebbar wurden, deren Spuren sich aber im Krisenbewußtsein der Zeit finden.

Das unmittelbare soziale Problem der Restaurationszeit, das rasche Ansteigen der Anzahl pauperisierter Existenzen in der Unterschicht[1], dem mit den traditionellen Mitteln (der Armenpflege und des Arbeitszwanges) nicht mehr zu steuern war, erzeugte die wohl einzige tendenziell revolutionäre Gruppe in der Gesellschaft des Vormärz. Nur die noch auf dem Boden der vorindustriellen Gesellschaft erwachsene, ihr nicht mehr assimilierbare Schicht pauperisierter Kleinbürger und -bauern, die mit der Industrialisierung ins Proletariat überging, organisierte sich *gegen* den bestehenden Staat und schritt dann, nach dem Scheitern der Revolution von 1848, zu direkten politischen Aktionen.

Zwischen dieser latent revolutionären Unterschicht und dem revolutionären Liberalismus des Jungen Deutschland und der Hegelschen Linken besteht kaum eine unmittelbare Beziehung; weder hat die Literaturbewegung Einflüsse des kleinbürgerlichen Radikalismus verarbeitet, noch hat sie selbst auf ihn Einfluß geübt. Stadelmann schreibt zwar in seinen Überlegungen über die sozialen Ursachen der Revolution von 1848, »die ökonomisch-gesellschaftliche Lage (sei) vergleichsweise die Konstante, die geistigen Strömungen, Ideale und Utopien . . . die Variable in der Rechnung der Historie« (L 284, 140), darum wäre der Weg der Revolution »nicht über die stärksten Arme und die ärgsten Nöte, sondern über die spintisierenden Gedanken und über die philosophischen Programme« gegangen (ebd.).

In Wirklichkeit entstand aber die politisch radikale Bewegung aus anderen Voraussetzungen als die literarische und folgte ihren eigenen Entwicklungstendenzen. Es mag zwar auf den ersten Blick scheinen, als verfolgten beide Bewegungen zum mindesten das gleiche Ziel; denn der politische sowohl wie der literarische Radikalismus kämpfte für eine liberale Verfassung. Während aber der politische Radikalismus, die organisierte Bewegung der in das alte Wirtschaftssystem nicht integrierbaren Unterschicht, sich von verfassungspolitischen Veränderungen auch eine Änderung des sozialen Status versprach, erwartete das wirtschaftlich gesicherte Bürgertum von einer liberalen Verfassung gerade die Festigung der eigenen Stellung. Die oppositionelle Koalition zerbrach deshalb noch im Verlauf der 48er Revolution, weil die sozial konservativen Interessen des

1 Es gab im Preußen der Restaurationszeit zwar jene von Marx einmal als »naturwüchsig« (L 156, 223) bezeichnete Armut der Unterschichten vorindustrieller Gesellschaften, kaum aber in relevantem Ausmaß die »künstlich produzierte Armut« (ebd.) des Industrieproletariats in der Akkumulationsphase des Kapitalismus (vgl. Sombart, L 281, 1089 ff.); nennenswerte Industrien gab es nur in Schlesien und in der Rheinprovinz. Aber in Berlin 1831 und in Köln 1847 lebte jeder vierte Bürger in Abhängigkeit von öffentlicher Unterstützung. Dieser Pauperismus im Vormärz »ist in Deutschland weniger eine Folge der jungen Industrie mit ihren niedrigen Löhnen als vielmehr der noch zu geringen Aufnahmefähigkeit der Industrie angesichts der fortschreitenden Überbevölkerung gewesen« (Conze, L 262, 113).

Bürgertums durch den radikalen Republikanismus stärker gefährdet schienen als durch den konservativen Ordnungsstaat; das Bürgertum rückte sehr bald wieder »an die Vertreter der alten Mächte näher heran; im Bürgertum und auch im Kleinbürgertum sehnte man sich wieder nach Ruhe und Ordnung« (Scharff, L 276, 439), und zur Erleichterung des liberalen Bürgertums wurde die republikanische Revolution, die in Dresden, in der Pfalz und in Baden gesiegt hatte, durch preußische Truppen blutig unterdrückt.

Die malcontente Stimmung im Bürgertum des Vormärz, der die radikale Literatur und Philosophie Ausdruck verlieh, entsprang eher dem Bewußtsein einer moralisch ungerechtfertigten Zurücksetzung, als wirklicher sozialer Unzufriedenheit; entsprechend zielten sowohl die politischen Vorstellungen des Bürgertums wie die seiner literarischen Wortführer nicht wirklich auf einen Umsturz der Verhältnisse, sondern auf die Einbeziehung der Repräsentanten von Geist und Bildung in die herrschende Klasse[2]. Ein ,Sieg der Bildung' lief nicht auf eine revolutionäre Umgestaltung der Wirklichkeit, sondern auf die Ausweitung der biedermeierlichen Bürgerwelt zum politischen System hinaus. Dieses politische System des Biedermeier, für das die liberale Ordnung Badens ein Beispiel gibt, konstituierte sich im Rekurs auf die »gesitteten Interessen« (Gutzkow, L 63, 69) des mittelständischen Bürgertums und wollte eine ungefährdete Bürgerlichkeit sowohl gegen die Herrschaft des ,Pöbels' wie gegen die ,Geldaristokratie' behaupten. Ihr widerstrebte zwar aus moralischen Gründen »die herzlose Bedrückung einer wehrlosen Schar abhängiger Arbeiter« (Fischer, L 268, 159) durch kühne Spekulanten und Unternehmer (nicht zuletzt auch deshalb, weil sie sich selbst von der ,schwindelhaften' Ausdehnung des Kapitalismus bedroht sah), der Armut wußte sie aber nur mit der Moral und allenfalls mit caritativen Maßnahmen zu begegnen, und gegen die ungesitteten Interessen des Pöbels führten sie schließlich Soldaten ins Feld; denn sobald die Opfer gerade jener sozialen und ökonomischen Krisen, für die es in der mittelständischen Wirtschaftsordnung keine Lösung gab, sich in einer Weise bemerkbar machten, die der Vorstellung »einer idyllischen Harmonie zwischen den Interessen aller« (Fischer, ebd., 158) widersprach, verleugneten die Bürger ebenso wie ihre literarischen Vertreter ihre liberalen Emanzipationsvorstellungen und erklärten noch angesichts der elementaren Not, daß vordringlich die moralische Erziehung des Volkes sei und daß »nichts mehr als das Unglück ... zum besten dienen (würde), wenn es sich um eine moralische Erziehung des Menschengeschlechts handelt« (Gutzkow, L 58, 239).

2 Spät erst erreichte der Liberalismus die von ihm erstrebte *Amtsübernahme*, »die von einer Machtübernahme, wie sich zeigen sollte, weit entfernt war« (Huber, L 270, II 389), und gab sich damit zufrieden.

Dem biedermeierlichen Ideal einer ‚gesitteten' Welt ohne tiefgehende soziale Konflikte verhaftet blieb die politische Philosophie des literarischen Radikalismus auch dann noch, wenn sie die Forderung nach politischer Mitbestimmung des gebildeten Bürgertums zum revolutionären Pathos steigerte und sie gegen die restaurative Ordnung kehrte. Sengles auf das Verhältnis der jungdeutschen Literatur zum literarischen Realismus gemünzte Bemerkung, daß die jungdeutsche Bewegung »nur die dialektische Ergänzung der christlichen Reaktion, ... (und) keineswegs Realismus« gewesen sei (L 249b, 151), trifft auch die politische und soziale Vorstellungswelt des literarischen und philosophischen Radikalismus: sie zeigte das durch einen erstarrten restaurativen Obrigkeitsstaat in die Opposition gedrängte biedermeierliche Selbstbewußtsein in einer extremen revolutionären Übersteigerung, der kein revolutionäres Interesse entsprach. Ein Zeitgenosse bereits, Karl Rosenkranz, hat 1839 Jungdeutsche und Linkshegelianer auf ihre falsche Einschätzung der Lage hingewiesen: »Daß es einmal zu einem Auflauf, zu einer Schlägerei des Pöbels mit der Polizei, zu einem Schloßbrande und dergleichen komme, ist nur natürlich« (L 163, V, 7); Vorboten einer wirklichen Revolution dürfe man darin freilich nicht erblicken, eine solche sei in Deutschland nicht zu erwarten, denn »dazu ist der Mittelstand zu vernünftig« (ebd.).

In der Tat mußte die Erwartung einer vom vorindustriellen Bürgertum ausgehenden säkularen Umwälzung der Verhältnisse unerfüllt bleiben; der literarische Radikalismus hatte die Unzufriedenheit des Bürgertums überschätzt und seine eigenen Theorien mißverstanden, wenn er ihre Konsequenz, die Herrschaft der Gebildeten, für revolutionär hielt.

Literaturverzeichnis

Das folgende Literaturverzeichnis weist die zur vorgelegten Arbeit benutzte Literatur und vor allem die im Text zitierten Schriften nach. Vollständigkeit ist darüber hinaus nicht angestrebt.

I. Hegel und die konservative Hegelrezeption

1 Vermischte philosophische Abhandlungen, 20 Bändchen, Bd. II: (Chr. W. v. Sigwart), Kritik von Hegels Encyklopädie; Tübingen 1831.

2 *Bachmann, Carl Friedrich*, Anti-Hegel. Antwort an Herrn Professor Rosenkranz in Königsberg auf dessen Sendschreiben nebst Bemerkungen zu der Rezension meiner Schrift über Hegels System in den Berliner Jahrbüchern von Herrn Professor Hinrichs in Halle. Ein unentbehrliches Aktenstück zu dem Prozesse gegen die Hegelsche Schule; Jena 1835.

3 — Über Hegels System und die Notwendigkeit einer nochmaligen Umgestaltung der Philosophie; Leipzig 1833.

4 *Baumgarten-Crusius*, L. F. O., De philosophiae Hegelianae in usu theologiae; Jena 1826.

5 *Beneke, Friedrich Eduard*, De veris philosophiae initiis; Diss. Berlin 1820.

6 *Billroth, Gustav*, Beiträge zur wissenschaftlichen Kritik der herrschenden Theologie; Leipzig 1831.

7 *Bretschneider, Karl Gottlieb*, Über die Grundansichten der theologischen Systeme der Herren Schleiermacher, Marheineke und Hase; Leipzig 1828.

8 — Der Saint-Simonismus und das Christentum; Leipzig 1832.

9 — Die Theologie und die Revolution. Oder: die theologischen Richtungen unserer Zeit in ihrem Einflusse auf den politischen und sittlichen Zustand der Völker; Leipzig 1835.

10 *Conradi, Casimir*, Selbstbewußtsein und Offenbarung, oder Entwicklung des religiösen Bewußtseins; Mainz 1831.

11 *Cousin, Cictor*, Über französische und deutsche Philosophie; Stuttgart und Tübingen 1834.

12 *Elsner, Moritz*, Eine gegen Hegel gerichtete Anklage des Hochverrats aus dessen Schriften beantwortet; Breslau 1839.

13 Erläuterung der Hegelschen Lehre über Sein, Nichts und Werden. Zunächst eine Erwiderung auf die ‚Einige Zweifel an der Lehre des Herrn Professor Hegel‘; Berlin 1829.

14 *Fichte, Immanuel Hermann*, Beiträge zur Charakteristik der neueren Philosophie, zur Vermittelung ihrer Gegensätze; Sulzbach 1829.

15 *Fortlage, C.*, Die Lücken des Hegelschen Systems der Philosophie; Heidelberg 1832.

16 Notwendige Glossen, zu besserem Verständnisse des Hegelschen Nekrologs in der Allgemeinen Preußischen Staatszeitung 1831, Nr. 333; Berlin 1831.

17 *Göschel, Karl Friedrich*, Aphorismen über Nichtwissen und absolutes Wissen im Verhältnisse zum christlichen Glaubensbekenntnis. Ein Beitrag zum besseren Verständnisse unserer Zeit; Berlin 1829.

18 — Hegel und seine Zeit, mit Rücksicht auf Goethe. Zum Unterrichte in der

gegenwärtigen Philosophie nach ihren Verhältnissen zur Zeit und nach ihren wesentlichen Grundzügen; Berlin 1832.

19 *Gruppe, O. F.,* Antäus. Ein Briefwechsel über spekulative Philosophie in ihrem Konflikt mit Wissenschaft und Sprache; Berlin 1831. Als: Philosophische Werke, Bd. I, herausgegeben von Fritz Mautner; München 1914.

20 — Wendepunkt der Philosophie im 19. Jahrhundert; Berlin 1834.

21 — Die Winde oder ganz absolute Konstruktion der neuern Weltgeschichte durch Oberons Horn gedichtet von Absolutus von Hegelingen; Leipzig 1831.

22 *Hegel, Georg Wilhelm Friedrich,* Sämtliche Werke. Jubiläumsausgabe in zwanzig Bänden, herausgegeben von Hermann Glockner; Stuttgart 3/1958.

23 — Vorlesungen über die Philosophie der Religion, herausgegeben von Georg Lasson, Bd. I; Hamburg 1925.

24 *Hinrichs, Hermann Friedrich Wilhelm,* Die Religion im inneren Verhältnisse zur Wissenschaft. Mit einem Vorworte von G. W. F. Hegel; Heidelberg 1822.

25 *Hoffmann, Karl Joh.,* Hegel in seiner Wahrheit vom Standpunkte der strengsten Unbefangenheit; Berlin 1833.

26 Jahrbücher für wissenschaftliche Kritik, Stuttgart und Tübingen, ab Juli 1833 Berlin.

27 (*Kalisch, P.*), Briefe gegen die Hegelsche Encyklopädie der philosophischen Wissenschaften; Berlin 1829.

28 *Keil, Oswald Theodor,* Einige Bemerkungen über den Standpunkt, welchen die deutsche Philosophie durch Hegel erreicht hat; Liegnitz 1828.

29 Evangelische Kirchenzeitung, herausgegeben von E. W. Hengstenberg; Berlin 1828 ff.

30 *Krug, Wilhelm Traugott,* Schelling und Hegel. Oder: Die neueste Philosophie im Vernichtungskriege mit sich selbst begriffen; Leipzig 1835.

31 — Der hallische Löwe; Leipzig 1838.

32 Über die Hegelsche Lehre, oder: absolutes Wissen und moderner Pantheismus; Leipzig 1829.

32a *Leo, Heinrich,* Die Hegelingen; Halle 2/1839.

33 *Mager, Karl W. E.,* Briefe an eine Dame über die Hegelsche Philosophie; Berlin 1837.

34 *Marbach, Gotthard Oswald,* Schelling, Hegel, Cousin und Krug, Erörterungen auf dem Gebiete der Philosophie; Leipzig 1835.

35 Mitteilungen über den Einfluß der Philosophie auf die Entwicklung des inneren Lebens; Münster 1831.

36 *v. Reichlin-Meldegg, Karl Alexander,* Die Autolatrie oder Selbstanbetung, ein Geheimnis der junghegelschen Philosophie; Pforzheim 1843.

37 *Richter, F.,* Die Lehre von den letzten Dingen; Berlin 1833.

38 (*Ruehle v. Lilienstern, O. A. J. J.*), Über Sein, Werden und Nichts; Berlin 1833.

39 *Schaller, Julius,* Die Philosophie unserer Zeit. Zur Apologie und Erläuterung des Hegelschen Systems; Leipzig 1837.

40 *Schubarth,* Dr. *Karl Ernst* und *Carganico,* Dr. *K. E.,* Über Philosophie

überhaupt und Hegels Encyklopädie der philosophischen Wissenschaften insbesondere. Ein Beitrag zur Beurteilung der letzteren; Berlin 1829.

41 Über Sein, Nichts und Werden. Einige Zweifel an der Lehre des Herrn Professor Hegel; Berlin 1829.

42 *Weiller, Kajetan*, Der Geist der allerneuesten Philosophie der Herren Schelling, Hegel und Kompagnie; München 1804.

43 *Weisse, Christian Hermann*, Über das Verhältnis des Publikums zur Philosophie zu dem Zeitpunkte von Hegels Abscheiden; Leipzig 1832.

44 — Über den gegenwärtigen Standpunkt der philosophischen Wissenschaft. In Beziehung auf das System Hegels; Leipzig 1829.

45 Winke zur Kritik Hegels, bei Gelegenheit der unwissenschaftlichen Anmaßungen des Herrn G-s in der Preußischen Staatszeitung; München 1832.

46 Über die Wissenschaft der Idee. Erste Abteilung. Die neueste Identitätsphilosophie und Atheismus, oder über immanente Polemik; Breslau 1831.

47 Zeitschrift für Philosophie und spekulative Theologie, herausgegeben von Immanuel Hermann Fichte; Bonn 1837.

II. Das Junge Deutschland

48 Literarische und kritische Blätter der Börsenhalle, ab Oktober 1840: Deutsches Literaturblatt (Beilage), ab Juni 1842: Hamburger literarische und kritische Blätter; Hamburg.

49 Blätter für literarische Unterhaltung; Leipzig.

50 *Börne, Ludwig*, Gesammelte Schriften, herausgegeben von Alfred Klaar; Leipzig o. J.

51 — Gesammelte Schriften, vollständige Ausgabe in drei Bänden; Leipzig (Reclam), o. J.

52 Der Delphin, ein Almanach für 1838; Altona 1837

53 Dioskuren, (Herausg. Theodor Mundt); Berlin 1836

54 Der Freihafen, Galerie von Unterhaltungsbildern aus den Kreisen der Literatur, Gesellschaft und Wissenschaft, herausgegeben von Theodor Mundt; Altona 1838 ff.

55 *Gutzkow, Karl*, Appellation an den gesunden Menschenverstand. Letztes Wort in einer literarischen Streitfrage; Frankfurt/M 1835.

56 — Beiträge zur Geschichte der neuesten Literatur; Stuttgart 1839.

57 — Briefe eines Narren an eine Närrin; Hamburg 1832.

58 — Briefe aus Paris; Leipzig 1842.

59 — Divination auf den nächsten Württembergischen Landtag; Hanau 1832.

60 — Über Goethe im Wendepunkt zweier Jahrhunderte; Berlin 1836.

61 — Götter, Helden, Don Quixote. Abstimmungen zur Beurteilung der literarischen Epoche; Hamburg 1838.

62 — Maha Guru, Geschichte eines Gottes; Stuttgart und Tübingen 1833.

63 — Die rote Mütze und die Kapuze. Zum Verständnis des Görresschen Athanasius; Hamburg 1838.

64 — Nero, Tragödie; Stuttgart und Tübingen 1835.

65 — Novellen; Hamburg 1834.

66 — Zur Philosophie der Geschichte; Hamburg 1836.

67 Als: Philosophie der Tat und des Ereignisses Bd. VIII von (L 76).

68 — Säkularbilder, Anfänge und Ziele des Jahrhunderts; Jena o. J. (Neue überarbeitete Ausgabe von L 78).

69 — (Herausg.) Schleiermachers vertraute Briefe über die Lucinde; Hamburg 1835.

70 — Seraphine; Hamburg 1837.

71 — Soireen; Frankfurt/M 1835.

72 — Vergangenheit und Gegenwart; in (L 81).

73 — Verteidigung gegen Menzel und Berichtigung einiger Urteile im Publikum; Mannheim 1835.

74 — Vor- und Nachmärzliches; Leipzig 1850.

75 — Wally, die Zweiflerin; Göttingen 1965 (Faksimilierter Nachdruck der 1. Ausgabe von 1835).

76 — Gesammelte Werke; Jena o. J. (2/1879).

77 — Ausgewählte Werke, herausgegeben von Heinrich H. Houben; Leipzig o. J.

78 — Die Zeitgenossen. Ihre Schicksale, ihre Tendenzen, ihre Charaktere. Aus dem Englischen des E. L. Bulwer; Stuttgart 1837.

79 *Heine, Heinrich,* Briefe, herausgegeben von Friedrich Hirth; Mainz 1950 ff.

80 — Werke und Briefe, herausgegeben von Hans Kaufmann; Berlin 1961 ff.

81 Jahrbuch der Literatur, herausgegeben von Karl Gutzkow; Hamburg 1838.

82 *Kühne, F. Gustav,* Weibliche und männliche Charaktere; Leipzig 1838.

83 — Das Junge Deutschland, Erinnerungen; in: Westermanns illustrierte deutsche Monatshefte, Bd. L, 1881.

84 — Empfundenes und Gedachtes, herausgegeben von Edgar Pierson; Dresden und Leipzig 1890.

85 — Mein Karneval in Berlin 1843; Braunschweig 1843.

86 — Klosternovellen; Leipzig 1838.

87 — Deutsche Männer und Frauen; Leipzig 1851.

88 — Novellen; Berlin 1831.

89 — Portraits und Silhouetten; Hannover 1843.

90 — Eine Quarantäne im Irrenhause. Novelle aus den Papieren eines Mondsteiners. Leipzig 1835.

91 — Gesammelte Schriften; Leipzig 1862 ff.

92 *Laube, Heinrich,* Kritiken (1829—1835), ausgewählt und eingeleitet als Beitrag zur Geschichte des Jungen Deutschland von S. D. Stirk; Breslau 1934.

93 — Moderne Charakteristiken; Mannheim 1835.

94 — Das junge Europa, Bd. I: Die Poeten; Leipzig 1833.

95 — Geschichte der deutschen Literatur; Stuttgart 1829 f.

96 — (Hrsg.) Wilhelm Heinses sämtliche Schriften, Bd. I; Leipzig 1838.

97 — Das neue Jahrhundert, Bd. I: Polen; Fürth 1833, Bd. II: Politische Briefe; Leipzig 1833.

98 — Gesammelte Werke, herausgegeben von Heinrich H. Houben; Leipzig 1908.

99 *Menzel, Wolfgang*, Briefe an Wolfgang Menzel, herausgegeben von H. Meisner und E. Schmidt; Berlin 1908.

100 — Denkwürdigkeiten; Bielefeld und Leipzig 1877.

101 — Geist der Geschichte; Stuttgart 1835.

102 — Geschichte der deutschen Literatur; Leipzig 1858.

103 — Kritik des modernen Zeitbewußtseins; Frankfurt/M 1869.

104 — Die deutsche Literatur; Stuttgart 1828.

105 Mitternachtzeitung; Braunschweig.

106 Morgenblatt für gebildete Stände, Literaturblatt, redigiert von Wolfgang Menzel; Stuttgart und Tübingen.

107 *Mundt, Theodor*, Ästhetik; Göttingen 1966 (Faksimilierter Nachdruck der 1. Ausgabe von 1845).

108 — Der Basilisk oder Gesichterstudien; Leipzig 1833.

109 — (Hrsg.) Charlotte Stieglitz, ein Denkmal; Berlin 1835.

110 — Das Duett; Berlin 1831.

111 — Die Einheit Deutschlands in politischer und ideeller Entwicklung; Leipzig 1832.

112 — Die Geschichte der Gesellschaft in ihren neueren Entwickelungen und Problemen; Leipzig 2/1856.

113 — Geschichte der Literatur der Gegenwart; Berlin 1842.

114 — Hengstenberg und die Evangelische Kirchenzeitung; in: Konversationslexikon der neuesten Zeit und Literatur, Bd. II; Leipzig o. J.

115 — Die Kunst der deutschen Prosa, ästhetisch, literargeschichtlich, gesellschaftlich; Leipzig 1837.

116 — Moderne Lebenswirren, Briefe und Zeitabenteuer eines Salzschreibers; Leipzig 1834.

117 — Madelon oder die Romantiker in Paris; Leipzig 1832.

118 — Madonna, Unterhaltungen mit einer Heiligen; Leipzig 2/1840.

119 — Thomas Münzer. Ein deutscher Roman; Altona 1842 f.

120 — Spaziergänge und Weltfahrten; Altona 1838.

121 — Kritische Wälder, Blätter zur Beurteilung der Literatur, Kunst und Wissenschaft unserer Zeit; Leipzig 1833.

122 Phönix, Frühlingszeitung für Deutschland, herausgegeben von Eduard Duller; Frankfurt/M.

123 Deutsche Revue, neu herausgegeben von J. Dresch; Berlin 1904.

124 Schriften in bunter Reihe; Leipzig.

125 Frankfurter Telegraph, herausgegeben von Dr. Eduard Beurmann; Frankfurt/M.

126 Telegraph für Deutschland, herausgegeben von Karl Gutzkow; Hamburg.

127 *Wienbarg, Ludolf*, Ästhetische Feldzüge; Hamburg 1834.

128 — Ästhetische Feldzüge, herausgegeben von Walter Dietze; Berlin, Weimar 1964.

129 — Das Geheimnis des Wortes; Hamburg 1852.

130 — Holland in den Jahren 1831 und 1832; Hamburg 1833.

131 — Zur neuesten Literatur; Hamburg 1835.

132 — Quadriga, Vermischte Schriften, Bd. I; Altona 1840.

133 — Geschichtliche Vorträge über altdeutsche Sprache und Literatur; Hamburg 1838.

134 — Wanderungen durch den Tierkreis; Hamburg 1835.

135 Zeitung für die elegante Welt; Leipzig.

136 Literarischer Zodiakus, Journal für Zeit und Leben, redigiert von Dr. Theodor Mundt in Berlin; Leipzig.

III. Die progressive Hegelrezeption

137 Anekdota zur neuesten deutschen Philosophie und Publizistik, von Bruno Bauer, Ludwig Feuerbach u. a., herausgegeben von Arnold Ruge; Zürich und Winterthur 1843.

138 *Bauer, Bruno,* Das entdeckte Christentum, eine Erinnerung an das achtzehnte Jahrhundert und ein Beitrag zur Krisis des neunzehnten, neu herausgegeben von E. Barnikol; Jena 1927.

139 — Der Fall und Untergang der neuesten Revolutionen, Bd. II: Der Aufstand und Fall des deutschen Radikalismus; Berlin 2/1850.

140 — Vollständige Geschichte der Parteienkämpfe in Deutschland während der Jahre 1842—46; Charlottenburg 1847.

141 — Herr Dr. Hengstenberg; Berlin 1839.

142 — Kritik der Evangelien und der Geschichte ihres Ursprungs; Berlin 2/1851.

143 — Kritik der evangelischen Geschichte der Synoptiker; Leipzig 1841, Bd. III Braunschweig 1842.

144 — Die Posaune des Jüngsten Gerichts über Hegel, den Atheisten und Antichristen; Leipzig 1841.

145 — und *Arnold Ruge,* Hegels Lehre von der Religion und Kunst, vom Standpunkt des Glaubens aus beurteilt; Leipzig 1842.

146 Beiträge zum Feldzuge der Kritik, Norddeutsche Blätter für 1844 und 1845; Berlin 1846.

147 *Feuerbach, Ludwig,* Ausgewählte Briefe von und an Ludwig Feuerbach, herausgegeben von Wilhelm Bolin; Leipzig 1904.

148 — Sämtliche Werke, herausgegeben von W. Bolin und F. Jodl; Stuttgart-Bad Cannstatt 2/1959 f.

149 *Gans, Eduard,* Rückblicke auf Personen und Zustände; Berlin 1836.

150 — Vermischte Schriften; Berlin 1834.

151 — Vorlesungen über die Geschichte der letzten fünfzig Jahre; in: Historisches Taschenbuch, herausgegeben von Friedrich Raumer, Jhg. 4/5; Leipzig 1833/34.

152 Deutsche Jahrbücher für Wissenschaft und Kunst, herausgegeben von Arnold Ruge; Leipzig.

153 Hallische Jahrbücher für deutsche Wissenschaft und Kunst, herausgegeben von Arnold Ruge und Theodor Echtermeyer in Halle; Leipzig.

154 s. (L 32a)

155 Allgemeine Literaturzeitung, herausgegeben von Bruno Bauer; Berlin.

156 *Marx, Karl,* Die Frühschriften, herausgegeben von Siegfried Landshut; Stuttgart 1953.

157 — und *Engels, Friedrich,* Werke; Berlin 1962.

158 Dies., Werke, Schriften, Briefe. Historisch-kritische Gesamtausgabe, herausgegeben von D. Rjazanov und W. Adoratskij; Frankfurt/M 1927 ff.

159 *Michelet, L.,* Entwicklungsgeschichte der neuesten deutschen Philosophie; Berlin 1843.

160 *Rosenkranz, Karl,* Handbuch der allgemeinen Geschichte der Poesie; Halle 1833.

161 — Hegel als deutscher Nationalphilosoph; Leipzig 1870.

162 — Hegel, Sendschreiben an Carl Friedrich Bachmann; Königsberg 1834.

163 — Studien; Königsberg 1844 ff.

164 — Neue Studien; Königsberg 1837.

165 — Das Verdienst der Deutschen um die Philosophie der Geschichte; Königsberg 1835.

166 — und Karl August Varnhagen von Ense, Briefwechsel zwischen Karl Rosenkranz und Varnhagen von Ense, herausgegeben von Arthur Warda; Königsberg 1927.

167 *Ruge, Arnold,* Briefwechsel und Tagebuchblätter, herausgegeben von Paul Nerrlich; Berlin 1886.

168 — Unser System; Leipzig 1850.

169 — Sämtliche Werke; Mannheim 1847 f.

170 *Strauss, David Friedrich,* Briefe an Georgii, herausgegeben von H. Maier; Tübingen 1912.

171 — Das Leben Jesu, kritisch bearbeitet; Tübingen 1835, Bd. II 1836.

172 — Gesammelte Schriften; Bonn 1876.

173 — Streitschriften; Tübingen 1841.

174 — Vergängliches und Bleibendes im Christentum, in: L 54, 1.Jg. III, 1838.

175 Literarische Zeitung, redigiert von Dr. Eduard Meyen; Berlin.

IV. Sekundärliteratur

176 *Adorno, Theodor W.,* Drei Studien zu Hegel; Frankfurt/M 1963.

177 *Alker, Ernst,* Die deutsche Literatur im 19. Jahrhundert; Stuttgart 1962.

178 *Bader, Desider,* Metternich und das Junge Deutschland, Bruchstücke aus einem Ideenkonflikt; Diss. Budapest 1935.

179 *Bauer, Werner,* Gutzkows Maha Guru; Diss. (masch.) Tübingen 1924.

180 *Bergmann, Ernst,* Die ethischen Probleme in den Jugendschriften der Jungdeutschen; Leipzig 1908.

180a *Bieber, Hugo,* Der Kampf um die Tradition. Die deutsche Dichtung im europäischen Geistesleben; Stuttgart 1928.

181 *Bourfeld, Paul,* Die gesellschaftlichen Umschichtungen im sozialen Roman zwischen 1830 und 1850; Diss. Bonn 1921.

182 *Brandes, Georg,* Hauptströmungen der Literatur des 19. Jahrhunderts; Berlin 1924.

183 *Brenning, Emil,* Ludolf Wienbargs Nachlaß, in: Euphorion XV, 1908.

184 *Burkhardt, Gerhard,* Ludolf Wienbarg als Ästhetiker und Kritiker. Seine Entwicklung und geistesgeschichtliche Stellung; Diss. (masch.) Hamburg 1956.

185 *Butler, E. M.* The Saint-Simonian Religion in Germany; Cambridge 1926.

186 *Caselmann, A.* Gutzkows Stellung zu den religiös-ethischen Problemen seiner Zeit; Diss. München 1900.

187 *Cassirer, Ernst,* Freiheit und Form, Studien zur deutschen Geistesgeschichte; Darmstadt 1961.

187a *Dietze, Walter,* Junges Deutschland und deutsche Klassik; Berlin 3/1962.

188 *Draeger, Otto,* Theodor Mundt und seine Beziehungen zum Jungen Deutschland; Marburg 1909.

189 *Subotic, Dragutin P.,* Rahel Levin und das Junge Deutschland. Ihr Einfluß auf die jungen Geister; Diss. München 1914.

190 *Dresch, Joseph,* Gutzkow et la Jeune Allemagne; Paris 1904.

191 *Eck, Else von,* Die Literaturkritik in den Hallischen und Deutschen Jahrbüchern (1839—1842); Berlin 1926.

192 *Fester, Richard,* Eine vergessene Geschichtsphilosophie. Zur Geschichte des Jungen Deutschland; Hamburg 1890.

193 *Franck, Karl Edmund,* Karl Gutzkows literarisches Werk als Ausdruck seines Zeiterlebnisses; Diss. (masch.) Kiel 1951.

194 *Freiburg-Rüter, Clemens,* Der literarische Kritiker Karl Gutzkow, in: Form und Geist, XV, 1930.

195 *Friedrich, Hans,* Die religionsphilosophischen, soziologischen und politischen Elemente in den Prosadichtungen des Jungen Deutschlands; Diss. Leipzig 1907.

196 *Galley, Eberhard,* Der religiöse Liberalismus in der deutschen Literatur von 1830 bis 1850; Diss. Rostock 1934.

197 *Geiger, Ludwig,* Das Junge Deutschland; Berlin o. J.

198 *Gervinus, Georg Gottfried,* Geschichte der poetischen National-Literatur der Deutschen; Leipzig 1835 ff.

199 *Gottschall, Rud.,* Die deutsche Nationalliteratur in der ersten Hälfte des 19. Jahrhunderts; Breslau 1872.

200 *Grupe, Walter,* Mundts und Kühnes Verhältnis zu Hegel und seinen Gegnern; Diss. Halle 1928.

201 *Häberle, Karl,* Individualität und Zeit in Heinrich Laubes Jungem Europa und in Karl Gutzkows Ritter vom Geiste; Erlangen 1938.

202 *Halm, Hans,* Die Zeitung für die elegante Welt; Diss. (masch.) München 1924.

203 *Harsig, E.,* Wolfgang Menzel und das Junge Deutschland; Münster 1909.

204 *Hase, Karl,* Das Junge Deutschland, ein theologisches Votum; Pardium und Ludwigslust 1837.

205 *Hass, Hans-Egon,* Eichendorff als Literarhistoriker. Historismus und Standpunktforschung — ein Beitrag zur Geschichte der Literaturgeschichtsschreibung und ihrer Methodenprobleme, in: Jahrbuch für Ästhetik und allgemeine Kunstwissenschaft, herausgegeben von Heinrich Lützeler, II; Bonn 1954.

206 *Haym, Rudolf,* Hegel und seine Zeit, Vorlesungen über Entstehung und Entwickelung, Wesen und Wert der Hegelschen Philosophie; Berlin 1857.

207 *Hecker, Konrad,* Mensch und Masse. Situation und Handeln der Epigonen; Dessau 1933.

208 *Horowitz, Ruth.* Vom Roman des Jungen Deutschland zum Roman der Gartenlaube. Ein Beitrag zur Geschichte des deutschen Liberalismus; Breslau 1937.

209 *Houben, Heinrich Hubert,* Kleine Blumen, kleine Blätter aus Biedermeier und Vormärz; Dessau 1925.

210 — Gutzkow-Funde; Berlin 1901.

211 — Jungdeutscher Sturm und Drang, Ergebnisse und Studien; Leipzig 1911.

212 — Zeitschriften des Jungen Deutschlands, in: Bibliographisches Repertorium, Veröffentlichungen der deutschen bibliographischen Gesellschaft Bd. IV; Berlin 1909.

213 *Iben, Harry,* Karl Gutzkow als literarischer Kritiker; Diss. Greifswald 1928.

214 *Jahn, Franz,* Wolfgang Menzel als politischer Charakter; Diss. Berlin 1928.

215 *Jung, Alexander,* Denkmale eines literarischen Verkehrs, Briefe über die neueste Literatur; Hamburg 1837.

216 — Vorlesungen über die moderne Literatur der Deutschen; Danzig 1842.

217 *Kainz, Friedrich,* Studien über das Junge Deutschland, in: Euphorion, XXVI, 1925, 388—417.

218 *Karpeles, Gustav,* Heinrich Heine und seine Zeitgenossen; Berlin 1888.

219 *Kayser, Rudolf,* Ludolf Wienbarg und der Kampf um den Historismus, in: The German Quarterly, XXIX, 1956.

220 *Kleinmayr, Hugo (v.),* Welt und Kunstanschauung des Jungen Deutschland; Wien und Leipzig 1930.

221 *Kramp, Willy,* Geist und Gesellschaft; Diss. Königsberg 1934.

222 *Krauss, Werner,* Karl Marx im Vormärz, in: Deutsche Zeitschrift für Philosophie, I, 1953.

223 *Lichtenberger, Henri,* Heinrich Heine als Denker; Dresden 1905.

224 *Löwenstein, Julius,* Hegels Staatsidee; ihr Doppelgesicht und ihr Einfluß im 19. Jahrhundert; Berlin 1927.

225 *Löwith, Karl,* Feuerbach und der Ausgang der klassischen deutschen Philosophie, in: Logos 1928, III.

226 — Von Hegel zu Nietzsche. Der revolutionäre Bruch im Denken des 19. Jahrhunderts; Stuttgart 5/1964.

227 — Die philosophische Kritik der christlichen Religion im 19. Jahrhundert, in: Theologische Rundschau 1933, III/IV.

228 *Lübbe, Hermann,* Politische Philosophie in Deutschland; Basel und Stuttgart 1963.

228a *Lublinski, S.,* Literatur und Gesellschaft im 19. Jahrhundert; Berlin 1899 f.

229 *Marcuse, Ludwig,* Revolutionär und Patriot, das Leben Ludwig Börnes; Leipzig 1929.

229a *Männer, Ludwig,* Karl Gutzkow und der demokratische Gedanke; München/Berlin 1921.

230 *Marggraff, Hermann,* Deutschlands jüngste Literatur- und Kulturepoche; Leipzig 1839.

231 *Massmann, H. F.,* Das vergangene Jahrhundert der deutschen Literatur, oder: Ist kein Schiller da?; München 1927.

232 *Mauthner, Fritz,* Der Atheismus und seine Geschichte im Abendlande; Hildesheim 1963.

233 *Mayer, Gustav,* Die Junghegelianer und der preußische Staat, in: Historische Zeitschrift, CXXI, 1920.

234 *Mehring, Franz,* Das Junge Deutschland, in: Die Neue Zeit, Wochenschrift der deutschen Sozialdemokratie, XXX, 1912.

235 *Meyr, Melchior,* Über die politischen Richtungen unserer Zeit; Erlangen 1838.

236 *Möckel, Karl,* Der Gedanke der Menschheitsentwicklung im Jungen Deutschland; Diss. Leipzig 1916

237 *Moog, Willy,* Hegel und die Hegelsche Schule; München 1930.

238 *Nehrer, Walter,* Arnold Ruge als Politiker und politischer Schriftsteller; Heidelberg 1933.

239 *Nerrlich, Paul,* Herr von Treitschke und das Junge Deutschland; Berlin 1890.

240 *Paulus, H. E. G.,* Des großherzoglich badischen Hofgerichts zu Mannheim vollständig motiviertes Urteil über die in dem Roman ‚Wally, die Zweiflerin' angeklagten Prozeßvergehen, nebst zwei rechtfertigenden Beilagen und dem Epilog des Herausgebers; Heidelberg 1836.

241 *Pierson, Edgar,* Gustav Kühne, sein Lebensbild und Briefwechsel; Leipzig o. J. (1890).

242 *Popitz, Heinrich,* Der entfremdete Mensch, Zeitkritik und Geschichtsphilosophie des jungen Marx; Darmstadt 2/1967.

243 *Proelss, Joh.,* Das Junge Deutschland; Stuttgart 1892.

244 *Prutz, E. R.,* Vorlesungen über die deutsche Literatur der Gegenwart; Leipzig 1847.

245 *Reissner, Hanns Günther,* Eduard Gans, ein Leben im Vormärz; Tübingen 1965.

246 *Rohmer, Friedrich,* An die moderne Belletristik und ihre Söhne und die Herren Gutzkow und Wienbarg insbesondere. Zwei Sendschreiben; Stuttgart 1836.

247 *Santkin, Paul,* Ludwig Börnes Einfluß auf Heinrich Heine; Diss. Bonn 1913.

248 *Scherer, Wingolf,* Heinrich Heine und der Saint-Simonismus; Diss. (masch.) Bonn 1949.

249 *Schweizer, Viktor,* Ludolf Wienbarg. Beiträge zu einer jungdeutschen Ästhetik; Leipzig 1896.

249a *Sengle Friedrich*, Arbeiten zur Literatur; Stuttgart 1965.

249b — Stilistische Sorglosigkeit und gesellschaftliche Bewährung, in: Formkräfte deutscher Dichtung; Göttingen 1963.

250 *Stephani, Max Jos.*, Heinrich Heine und ein Blick auf unsere Zeit; Halle 1834.

250a *Stuke, Horst*, Philosophie der Tat, Studien zur ‚Verwirklichung der Philosophie‘ bei den Junghegelianern und den Wahren Sozialisten; Stuttgart 1963.

251 *Suhge, Werner*, Saint-Simonismus und Junges Deutschland; Berlin 1935.

252 *Taubes, J.*, Abendländische Eschatologie; Bern 1947.

252a *Thrum, Gerhard*, Der Typ des Zerissenen; Diss. Leipzig 1930.

253 *Topitsch, Ernst*, Marxismus und Gnosis, in: Sozialphilosophie zwischen Ideologie und Wissenschaft; Neuwied/Berlin 1961.

254 *Veit, Moritz*, Saint-Simon und der Saint-Simonismus; Leipzig 1834.

255 *Wihl, Ludwig*, Geschichte der deutschen Literatur. Ein Handbuch; Altona 1840.

256 *Wildhaber, Arno*, Das Bild der Reformation in der jungdeutschen Epoche; Diss. Bern 1936.

257 *Wiese, Benno v.*, Politische Dichtung Deutschlands; Berlin 1931.

257a — Zeitkrisis und Biedermeier in Laubes ‚Das junge Europa‘ und in Immermanns ‚Epigonen‘, in: Dichtung und Volkstum (Euphorion) XXXVI, 1935, 163—197.

258 *Windfuhr, Manfred*, Immermanns erzählerisches Werk. Zur Situation des Romans in der Restaurationszeit; Gießen 1957.

259 *Wülfing, Wulf*, Schlagworte des Jungen Deutschland, in: Zeitschrift für deutsche Sprache XXI ff., 1965 ff.

260 *Wyss, Hilde*, Bettina von Arnims Stellung zwischen der Romantik und dem Jungen Deutschland; Diss. Bern 1935.

V. Politische, Wirtschafts- und Sozialgeschichte

261 *Bramsted, Ernest K.*, Aristocracy and the Middle-Classes in Germany; Social types in German Literature 1830—1900; Chicago and London 2/1964.

262 *Conze, Werner*, Vom Pöbel zum Proletariat, in: L 285.

263 — Das Spannungsfeld von Staat und Gesellschaft im Vormärz, in: L 264.

264 — (Hersg.) Staat und Gesellschaft im Vormärz; Stuttgart 1962.

265 *Dahrendorf, Ralf*, Soziale Klassen und Klassenkonflikt; Stuttgart 1957.

266 — Industrie- und Betriebssoziologie; Berlin 1956.

267 *Dansette, Adrien*, Deuxième République et Second Empire; Paris 1942.

268 *Fischer, Wolfram*, Staat und Gesellschaft Badens im Vormärz, in: L 264.

269 *Holborn, Hajo*, Der deutsche Idealismus in sozialgeschichtlicher Bedeutung, in: L 285.

270 *Huber, E. R.*, Deutsche Verfassungsgeschichte; Stuttgart 1957, Bd. II 1960.

271 *Koselleck, Reinhard*, Staat und Gesellschaft in Preußen 1815—1848, in: L 264.

272 *Lütge, Friedrich,* Deutsche Sozial- und Wirtschaftsgeschichte; Berlin, Göttingen, Heidelberg 2/1960.

273 *Mannheim, Karl,* Ideologie und Utopie; Frankfurt/M 4/1965.

274 — Das konservative Denken, in: (Ders.) Wissenssoziologie, Auswahl aus dem Werk, eingeleitet und herausgegeben von Kurt H. Wolff; Berlin/Neuwied 1964.

275 *Mathiez, Albert,* La révolution française; Paris 1959.

276 *Scharff, Alexander,* Deutscher Bund und deutsche Verfassungsbewegung, sowie Revolution und Reichsgründungsversuche, in: Peter Rassow (Hersg.) Deutsche Geschichte im Überblick; Stuttgart 2/1962.

277 *Schieder, Theodor,* Partikularismus und Nationalbewußtsein im Denken des deutschen Vormärz, in: L 264.

278 *Schoeps, H. J.,* Metternichs Kampf gegen die revolutionäre Weltanschauung in Briefen, in: Historische Zeitschrift CCV, 1967, 529—565.

279 *Schnabel, Franz,* Deutsche Geschichte im 19. Jahrhundert, IV: Die vormärzliche Zeit; Freiburg 1964.

280 *Sée, Henri,* Französische Wirtschaftsgeschichte; Jena 1936.

281 *Sombart, Werner,* Die vorkapitalistische Wirtschaft; München/Leipzig 1928.

282 — Die deutsche Volkswirtschaft im 19. Jahrhundert; Berlin 5/1921.

283 *Srbik, Heinrich Ritter von,* Metternich, der Staatsmann und der Mensch; München 1925.

284 *Stadelmann, Rudolf,* Soziale Ursachen der Revolution von 1848, in: L 285.

285 *Wehler, H. U.* (Hrsg.), Moderne deutsche Sozialgeschichte; Köln/Berlin 1966.

VI. Ergänzende Literatur

286 *Immermann, Karl,* Werke, herausgegeben von Harry Maync; Leipzig und Wien o. J. (1920).

287 *Kant, Immanuel,* Werke in 10 Bänden, herausgegeben von Wilhelm Weischedel; Darmstadt 1968.

288 *Lessing, Gotthold Ephraim,* Sämtliche Werke in 20 Bänden; Stuttgart o. J.

289 *(Reimarus, Hermann Samuel),* Fragmente des Wolfenbüttelschen Ungenannten, herausgegeben von G. E. Lessing; Berlin 4/1835.

290 *Varnhagen, Rahel,* Briefwechsel mit August Varnhagen von Ense, herausgegeben von Friedhelm Kemp; München 1967.

Wissenschaftliche Paperbacks Literaturwissenschaft

ATHENÄUM VERLAG GMBH · FRANKFURT/MAIN